新闻实务训练

A Coaching Guide to Journalism

刘冰 著

图书在版编目（CIP）数据

新闻实务训练／刘冰著．—北京：北京大学出版社，2017.8
（21 世纪新闻与传播学规划教材·新闻学系列）
ISBN 978-7-301-28567-1

Ⅰ.①新… Ⅱ.①刘… Ⅲ.①新闻工作—高等学校—教材 Ⅳ.①G21

中国版本图书馆 CIP 数据核字（2017）第 184861 号

书　　　名	新闻实务训练 XINWEN SHIWU XUNLIAN
著作责任者	刘　冰　著
责 任 编 辑	武　岳
标 准 书 号	ISBN 978-7-301-28567-1
出 版 发 行	北京大学出版社
地　　　址	北京市海淀区成府路 205 号　100871
网　　　址	http://www.pup.cn
新 浪 微 博	@北京大学出版社　　@未名社科-北大图书
微信公众号	北京大学出版社　　北大出版社社科图书
电 子 邮 箱	编辑部 ss@pup.cn　　总编室 zpup@pup.cn
电　　　话	邮购部 010-62752015　　发行部 010-62750672 编辑部 010-62753121
印 刷 者	北京虎彩文化传播有限公司
经 销 者	新华书店
	730 毫米×980 毫米　16 开本　19.25 印张　303 千字 2017 年 8 月第 1 版　2024 年 7 月第 4 次印刷
定　　　价	48.00 元

未经许可，不得以任何方式复制或抄袭本书之部分或全部内容。
版权所有，侵权必究
举报电话：010-62752024　电子邮箱：fd@pup.cn
图书如有印装质量问题，请与出版部联系，电话：010-62756370

前 言

学习新闻,需要理论的支撑、阅读的滋养和实践的锻炼。对于初涉新闻学领域的学生来讲,他们通常最为缺乏的是有效的专业训练。

我所说"有效的专业训练"有两个含义:一是题目数量适中,不要搞题海战术,要讲究训练的效率;二是要注重提高学生的实战能力,不要搞低级考试式的习题训练,不要搞死记硬背式的训练。我见过一种新闻采访写作试题,出一些多项选择题,考查学生对所谓采访写作知识的识记能力,让人感到非常痛苦,我看不出这种训练的积极意义在哪里。

新闻实务课程的设置目的是为了教会学生新闻业务操作的基本技能,需要将新闻业务过程拆解成一套动作,手把手地教会学生每个动作。操作能力的提高是关键,教学过程中实战训练是最不可缺少的。本书就是为了有效培养学生的新闻实务技能而写的,我希望这本书能够真正帮助学生学好新闻采写编评等业务课程,克服眼高手低的弊病。

本书每章内容都包含"理论精要""实践训练"和"操作参考"三个部分——

"理论精要"将本章相关理论知识以要点形式加以阐述,提纲挈领,让读者能够在最短的时间内重温理论,为下一步训练打好基础。

"实践训练"列出本章具体的训练题目,让学生动手操作,通过训练培养学生的新闻采写实践能力。

"操作参考"则给出了解决问题的提示和参照标准。给出操作参考是非常必要的,这样可以让学生加以比较并寻找差距,给学生以启发,让学生在训练之后能够有所提高,有所收获。但答案不是唯一的,仅仅起到参考作用,我们应当鼓励学生的创造。

　　作为老师,布置实践训练任务的时候,得顾及学生的生活阅历和积累情况,要考虑他们是不是有行动的愿望,要知道他们正对哪些事物有满腔的热情。即便他们没有那么迫切的愿望,我们布置的题目至少也要让学生有一些兴趣才行。

　　老师不能强人所难,得考虑学生的实际情况。对学生的要求既不能过低,又不能过高,应该适可而止。教新闻业务课程的老师,不要苛求学生平时的训练必须达到何等境界,非得写出轰动的新闻不可。因为就算是真正的记者又有几个能做到这一点？何况尚未踏入新闻一线的学生呢？我们应该善于发现学生的优点和成绩,多鼓励他们。

　　平时的写作训练题材范围应当放宽一些,对新闻的理解应该延展开来。学生只要写真实的东西就行,日记、散文、杂感、博客、微信、微博,只要是诚实的写作就好。我们教学追求的是培养学生的采写能力,能力具备了,写什么都行,我们的目标就实现了,学生就能受益终身。

　　讲写作课程的老师,不能过多关注格式问题。格式其实没什么好讲的,学生看书就能学会。我们何苦把书本上讲得很清楚的东西再重复一遍,徒增课堂教学的枯燥感。格式是死板的,我们讲课时纠缠于死板的东西容易把课讲砸了。我们需要明白一个道理,并不是书本上的东西都需要老师讲一遍。有的东西需要老师讲,有的东西需要学生看,有的东西需要学生练。

刘　冰（Woody）

目 录

第一章　发现新闻 ·· 1
　　第一节　理论精要 ·· 1
　　第二节　实践训练 ·· 6
　　第三节　操作参考 ·· 8

第二章　原则理念 ·· 17
　　第一节　理论精要 ·· 17
　　第二节　实践训练 ·· 22
　　第三节　操作参考 ·· 25

第三章　采访的学问 ·· 31
　　第一节　理论精要 ·· 31
　　第二节　实践训练 ·· 40
　　第三节　操作参考 ·· 43

第四章　语言与编辑 ·· 48
　　第一节　理论精要 ·· 48
　　第二节　实践训练 ·· 54
　　第三节　操作参考 ·· 58

第五章　标题制作 ·· 66
　　第一节　理论精要 ·· 66
　　第二节　实践训练 ·· 70
　　第三节　操作参考 ·· 77

第六章 新闻导语 80
第一节 理论精要 80
第二节 实践训练 84
第三节 操作参考 87

第七章 主体、结尾与背景 89
第一节 理论精要 89
第二节 实践训练 93
第三节 操作参考 96

第八章 新闻结构 100
第一节 理论精要 100
第二节 实践训练 102
第三节 操作参考 111

第九章 引　语 116
第一节 理论精要 116
第二节 实践训练 121
第三节 操作参考 125

第十章 消　息 128
第一节 理论精要 128
第二节 实践训练 134
第三节 操作参考 143

第十一章 特　稿 148
第一节 理论精要 148
第二节 实践训练 154
第三节 操作参考 159

第十二章 报道领域 170
第一节 理论精要 170
第二节 实践训练 187
第三节 操作参考 196

第十三章　深度报道 ····· 207
第一节　理论精要 ····· 207
第二节　实践训练 ····· 216
第三节　操作参考 ····· 217

第十四章　广播电视报道 ····· 228
第一节　理论精要 ····· 228
第二节　实践训练 ····· 234
第三节　操作参考 ····· 237

第十五章　融合新闻报道 ····· 240
第一节　理论精要 ····· 240
第二节　实践训练 ····· 252
第三节　操作参考 ····· 255

第十六章　社交媒体应用 ····· 260
第一节　理论精要 ····· 260
第二节　实践训练 ····· 267
第三节　操作参考 ····· 269

第十七章　新闻评论 ····· 275
第一节　理论精要 ····· 275
第二节　实践训练 ····· 281
第三节　操作参考 ····· 289

主要参考文献 ····· 297
后　记 ····· 299

第一章 发现新闻

第一节 理论精要

一、新闻敏感

新闻敏感是记者敏锐感知和判断新闻的能力,记者应该从以下几个方面加强对新闻敏感的培养:

(1)要有读者意识,关注百姓疾苦,关注读者感兴趣的问题。要善于设身处地,换位思考。

(2)要深入社会基层,丰富生活阅历,保持对各种事物的好奇心。

(3)加强新闻专业知识的学习,熟悉新闻价值规律,注重对各种知识的积累。

(4)持续关注媒体的新闻报道,注重反思,从新闻收受过程中寻求启发,从新闻实践中加强自我新闻教育。

(5)保持一种职业警觉,时刻采用新闻职业眼光审视周围的世界。

二、新闻线索

新闻线索是引导记者寻找和发现新闻的初级信号,它也是记者采写新闻的前提,没有新闻线索记者就无从采写新闻。新闻线索的评估主要从以下三个方面展开:

(1)及时。新闻线索提供得及时与否,是区分新闻与旧闻的重要指标。

(2)可靠。可靠是指新闻线索值得信赖,它是确保新闻真实的关键。要评判线索来源的权威性、是否值得信赖,线索内容的合理性与逻辑性,并从多个侧面、多个来源核实,综合判断新闻线索是否可靠。

(3)新闻价值。线索有新闻价值才能真正被称为新闻线索,这样的线索才值得继续关注和挖掘,才值得报道。

新闻线索的来源主要包括如下几个方面,记者应该多加研究和关注:

(1)包括新闻发布会在内的各种会议;

(2)领导人的讲话;

(3)各种文件;

(4)受众来访、热线电话、短信、电子邮件、网络论坛等受众提供线索的渠道;

(5)新闻线人;

(6)通讯员队伍;

(7)亲朋好友;

(8)报纸、杂志、广播、电视等传统媒体;

(9)包括互联网在内的数字新媒体;

(10)记者自身的社会观察和经历。

三、新闻价值

事实能否满足读者的新闻欲求从而成为新闻事实,关键要看事实是否具有以下论述的新闻价值属性:时新性、接近性、显著性、重要性和趣味性。事实所具备的新闻价值属性越多越充分,就越能满足读者的新闻欲求,其新闻价值也就越大,越能够引起人们的关注,越容易被报道。

(一)时新性

时新性指的是时间上的新近性,事实发生和公开报道之间的时间差越短,新闻的时新性就越强,新闻价值就越大。

(二)接近性

事件发生的地点离读者越近,新闻价值越大。接近性除了指地理上的接近以外,还包括年龄上的接近、利害上的接近、心理情感上的接近等。

让新闻离你的读者近一些是报道新闻的有效方法。新闻本地化或者说采用本地视角报道新闻,可以在很大程度上拉近读者与新闻的距离。

（三）显著性

发生在名人身上的事情,更容易被关注。事件的参与者知名度越高,新闻价值也就越大。

（四）重要性

重要的事情本身大都有新闻价值。对国计民生影响越大,事实就越重要,就越具有新闻价值。

（五）趣味性

能够表现人的情感、具有趣味性的事实,往往具有新闻价值。

四、新闻角度

（一）如何理解新闻角度

新闻角度是挖掘和表现新闻事实的切入点和侧重点,选择角度的目的是为了凸显事实的新闻价值。

角度的选择就是事实的选择,选择不同的角度,就是选择不同的事实,突出不同的事实。角度的选择反映了记者的兴趣和对新闻价值的把握。

新闻角度的选择是为了实现新闻价值的最大化,角度选得好,会凸显新闻价值,让读者产生阅读兴趣;角度选得差,则会掩盖新闻价值,让读者失去阅读兴趣。好的角度具有以下特征：

（1）让新闻有个性,不落俗套；

（2）尽可能清晰明了地揭示新闻本质；

（3）有趣味；

（4）接近读者,让读者关心。

说到底,让读者满意才是好的角度。所以,我们在选择新闻角度、报道新闻的时候必须研究读者,真正从读者需求出发,满足他们的需求。

（二）选择角度的方法

选择角度需要挖掘事实,不可满足于了解表面概况信息,而要全面地占有材料,深入研究材料,做足前期功课,善于思考,善于寻觅和发现。关于角度的选择方法,强调以下几点：

1. 凸显新闻价值

选择新闻角度要本着凸显新闻价值的原则，想尽一切办法，找到最能凸显新闻价值的角度。

2. 与读者联系起来

找到事实材料中与读者具有"接近性"的内容，比如时间、地域、心理、年龄、职业、利益等，将报道与读者联系起来，引起读者的关注，提供读者关心的内容。

3. 找到新材料

对于类似"反腐败""高考""春运"等年年都要报道的新闻话题，必须找到新的事实、新的变动，要与以往的报道有所区别。以这些新材料为切入点，这样选择新闻角度才会给人耳目一新的感觉。

4. 切入口要小

对于宏观题材的报道，应该从小处着手。小，是指具体的事例、情节、细节或逸事。从小的角度入手，报道会更加形象，更容易被感知。

五、新闻要素

新闻要素是构成新闻的基本成分，是把新闻事实弄清楚的最起码条件。

（一）标识要素：何时（when）、何地（where）、何人（who）

标识要素标明新闻事实的实在性。标识要素明确，新闻就会给人以真实感；标识要素不明确，新闻就会给人以不可信的感觉。

1. 何时（when）

新闻报道中对时间要素一般要交代到"某月某日"，而不能交代到"某年某月"。关于时间要素的运用，还有以下两点需要引起注意：

（1）最近时间点

新闻报道选择的时间要素通常是指新闻事件发展过程中的一个时间点，这个时间点应当是距离报道时最近的时间点。

当报道的新闻事件时过境迁，记者必须努力寻找挖掘"今天"或"明天"的新闻依据，寻找时间上的"最近点"。

（2）非同寻常的时间段

有的时候，非同寻常的时间段具有较高的新闻价值，受众往往会比较关心，也应该在新闻中加以突出。如：

从7月20日到9月20日，北京将实行错时上下班，大型商场每天上午10点开始营业。

2. 何地（where）

地点要素的交代要具体，在以下几种情况中，"何地"要素要显得重要些：

（1）当"何地"要素变得具有主体性时，受众对"何地"要素会具有更迫切的新闻欲求。如报道发生大地震，受众就会急于知道新闻到底发生在什么地方。

（2）预报即将发生事件的地点。

（3）强调地理上的接近性。

3. 何人（who）

"何人"要素是指新闻事实的施动主体，可以是一个人、几个人或某一类人，也可以是国家、组织或机构团体，甚至可以是其他某种事物。

在介绍人物身份时可以采取以下几种方式：

职业：如哈萨克斯坦总统战略研究所首席研究员、中国问题专家瑟罗耶日金教授。

职务：如某某市市长。

人际关系：如萨达姆的女儿。

住址及姓氏：如家住龙福里的孙女士。

年龄：如98岁的杨振宁与44岁妻子近照曝光。

籍贯：如两名新疆籍员工。

种族：新闻报道一般不刻意介绍人物的种族，但报道内容同种族密切相关时除外。在做犯罪报道时，更不能有意突出犯罪嫌疑人的种族、肤色特征，不要使用"某某族歹徒"的说法，可以直接使用"歹徒"。

（二）中心要素：何事（what）、如何（how）、为何（why）

中心要素是指在新闻报道中处于中心地位，并构成新闻报道主信息的新闻要素，包括何事（what）、如何（how）、为何（why）这三个具体的新闻要素。

1. 何事（what）

"何事"是居于新闻要素中核心地位的要素，它的独立性要比其他几个新闻要素强得多。

2. 如何(how)

"如何"是指一条新闻的发展过程、情节的展开或新闻细节。

3. 为何(why)

"为何"要素是比较复杂的新闻要素,远不是一两句话就能说透的。尤其对于一些复杂的事件,新闻背后的东西错综复杂,要想真正揭开新闻发生的原因并不是件容易的事。这就要求记者,一是在采访的时候要深入调查研究,二是在下笔的时候要多加谨慎。

第二节 实践训练

一、新闻对比

打开网页,找出一条你最感兴趣的新闻和一条你认为不会引起人们兴趣或关注的新闻,并阐述其中的原因。

二、寻找新闻

浏览媒体上刊登的广告,看看有没有广告可以写成新闻报道。

三、新闻分析

阅读下面这条新闻,分析其中存在的问题。

我省专接本公共课最低控制分数线确定[①]

本报讯 记者从省教育厅获悉,我省确定专接本考试公共课最低控制分数线。现在,考生可以登录河北省教育厅网站或燕赵都市网查询公共课最低控制分数线及考生成绩,省教育厅相关负责人表示,如考生对考试成绩有异议,可在成绩公布之日起7日内(6月3日—6月10日),向所在考点院校的考务主管部门提出书面查询申请,并同时

---

① 《燕赵都市报》2011年6月4日。

提交身份证原件、复印件和准考证,由各考点院校汇总后统一上报省教育厅学生处核查,并于 15 个工作日之内给予回复。

四、走向社区

在学校周边或你所在的城市转一圈,看看有哪些事物能够引起你的兴趣,听听有没有一些有兴致的谈话。把你看到的或听到的记录到笔记本上,向你的同学讲述你的经历,看对方是否对你的报道感兴趣。

五、采访熟人

采访自己的一位亲人或朋友,把你的问题和对方的回答记录下来,撰写稿件。

六、新闻要素分析

钱钢的《唐山大地震》中有这样一段文字,请仔细阅读并列出具体的新闻要素。

> 1976 年 8 月 3 日,是唐山抢劫风潮发展到最高峰的日子。成群的郊区农民,赶着马车,开着手扶拖拉机,带着锄、镐、锤、锯……像淘金狂似的向唐山进发。有人边赶路边喊叫:"陡河水库决堤啦!陡河水下来了!"当惊恐的人们逃散时,他们便开始洗劫那些还埋藏着财产的废墟。他们撬开箱子、柜子,首先寻找现款,继而寻找值钱的衣物。满载的手扶拖拉机在路上"突突"地冒着肮脏的烟,挤成一堆的骡马在互相尥蹶子;"淘金狂"叼着抢来的纸烟,喝着抢来的名酒,他们在这人欲横流的日子里进入了一种空前未有的罪恶状态。①

七、学期大作业

完成非虚构故事采写任务,自行排版并将作品发布到新媒体账号。文字控制在 1500 字左右,配发 3 张照片,鼓励配发 1 个短视频。

---

① 钱钢:《唐山大地震》,北京:当代中国出版社 2005 年版,第 125—126 页。

第三节 操作参考

一、新闻对比

我以腾讯网同一天的新闻报道为例,找来两条新闻做对比:

(1)最感兴趣的新闻

腾讯网2016年3月18日的新闻中,我最感兴趣的新闻是《5.7亿元未冷藏疫苗流入18省》,这条新闻具有很高的新闻价值。

2016年3月11日,山东济南警方披露了一起特大非法经营人用疫苗案:2010年以来,庞某卫与其医科学校毕业的女儿孙某,从上线疫苗批发企业人员及其他非法经营者处非法购进25种儿童、成人用二类疫苗,未经严格冷链存储运输销往全国18个省市,涉案金额达5.7亿元。

疫苗需要严格的冷链存储运输,否则会造成疫苗失效,后果不堪设想。这条新闻涉及面广,事件牵涉民众健康安全,十分重大,引起国人广泛关注。

(2)最不容易引起兴趣的新闻

我认为最不容易引起关注兴趣的新闻是《柳乐优弥菅田将晖公开最新预告片》。"柳乐优弥""菅田将晖"是两个日本名字,但大多数中国人对此很陌生。标题将这两个人物的名字放在一起,反而让大多数读者感到困惑,并不容易搞清楚是什么意思,不知这是一个人还是两个人。标题开头这八个字让很多读者读起来别扭,找不到清晰的意义,阅读体验一下子落到低谷。

从新闻价值标准来看,这条所谓的新闻对于中国读者其实并没有多少新闻价值——它既不重大,也不具备趣味性、接近性;它试图采取名人效应来调动读者的注意力,但在中国,这两位日本明星还远没达到家喻户晓的程度,所以它也没有显著性。

二、寻找新闻

说起从广告中寻找新闻线索,美国记者A.E.霍契勒提到的一件事,值得学习。

A.E.霍契勒在1966年出版的回忆录《爸爸海明威》中说,1959年海明威去西班牙游玩时,丢了钱包。海明威在《人民》报上刊登广告,请求扒手归还钱包。

合众国际社为此发了一篇新闻,这是从广告中寻找新闻线索的典范。这篇新闻语言干脆利落,可读性强。

海明威请求扒手归还钱包①

合众国际社马德里九月十六日电:今天海明威向扒手呼吁归还他的钱包,这是上星期在马德里看斗牛赛时被扒的,钱包里有150美元。

他说那个钱包是他的儿子帕特里克送给他的礼物,帕特里克是东非坦噶尼喀殖民地的职业猎手。

海明威在《人民》报广告上声明:

"我请求你寄还我的皮夹,里面有圣克里斯托芬的圣像。至于里面的9000比塞塔(150美元)是你的技巧应得的奖励。"

回到国内,再看看更近的案例。

2012年4月9日,《燕赵都市报》全省版和冀东版分别刊登了大连万达集团发布的广告"郑重声明",声明称3月29日,万达集团董事长王健林赴境外参加商务活动,才刚刚返回,"网上关于王健林先生受到有关部门调查、限制出境的言论完全是谣言"。

这一广告中透露了有关万达集团董事长王健林的传言及万达回应的信息,具有一定的新闻价值,可以考虑将其作为新闻线索,采写报道。

三、新闻分析

把读者最关心的最低控制分数线漏掉了,新闻应该直接告诉读者分数线是多少。

四、走向社区

我在市里转了转,有这样一些事情我觉得比较有意思,把它们记录如下:

(1)原来总感觉钢铁厂附近环境污染很严重,今天我到钢厂附近转了转,发现这里与我的想象不一样,这里的环境有了很大的改观。钢厂附近及院内绿

---

① 武斌:《新闻写作案例教程:范例、思路与技巧》,广州:南方日报出版社2014年版,第4页。

化比较好,一些景观设计得漂亮,环境很整洁。我市钢铁公司工作人员介绍说,他们建立了污水处理中心,公司97%的用水采用污水处理过的中水。

(2)我到中国北车集团唐车公司看了看,发现他们的生产车间很安静,里面的环境也很干净,这与我原来想象的工厂车间区别很大。这里的车间就像办公室一样安静、整洁,车间里写着"建设人文型、展览馆型生产车间",这让我感觉很新鲜。

(3)这家公司始建于1881年,是中国第一家轨道装备制造企业,曾制造出中国第一台机车"中国火箭"号、第一辆常导中低速磁悬浮列车。2010年,唐车公司进一步自主创新研制出国产新一代"和谐号"CRH380BL动车组,达到世界领先水平。

火车内部需要接很多电线,唐车接线工序始终保持着99.999%的一次接线合格率。我在车间光荣榜上看到,有两个员工连续接线超过6万根无差错,很佩服他们的认真、敬业精神和高超的职业技能。

(4)中午我到一家饭店吃饭,这家小饭店我有五六年没有来过了,付账的时候那个收款员居然还认识我。

(5)碰见在卫生防疫站工作的李叔叔,我们大约三年没见过面了。他说他们单位有三位年轻人得了癌症,都还不到三十岁,他感到很可怕。他认为环境因素、生活习惯和饮食卫生应该引起注意,他尤其强调现在不要再吃鸡肉、猪肉、牛羊肉了。我问这些肉都不吃了,那还有什么肉能吃呀?李叔叔说,饲料里天天拌着超量抗生素,这样饲养出来的禽、畜哪敢吃啊,吃多了早晚会得病的。

五、采访熟人

(1)一位同学采访了自己的父亲,提交了以下采访记录和稿件——

访谈记录

我:哦,那说说你和我妈吧。

爸:我和你妈就不说了,上不了台面的。

我:怎么叫上不了台面啊,我觉得我妈吧,说实话确实有不太好的方面,你说用棒槌来形容她合适吗?(这样说是基于事实,并不影响我对她的爱)

爸：不是，她这人拧。

我：有时候我觉得我妈还有点浑。

爸：嗯，对。我们这结婚了二十多年，我总结了一句话。

我：什么？

爸：选择媳妇，选择的是爱情；选择女人，选择的是人。

我：那你对我妈选择的是媳妇，还是女人？

爸：两者兼而有之吧。

我：我觉得喜欢一个人就要连同她的缺点一起包容，因为谁也不是十全十美的，是人就会有优点和缺点，如果你爱她，就要连她的缺点一起包容了。

爸：我跟你妈上升不到这个高度。

我：上升不到"爱"这个高度，说不上"爱"？

爸：嗯。

我：你对爱情这个词是模糊的，没有想过这些？

爸：嗯。

……

爸：行了，你姥爷在这待着呢，晚上再接着说吧。

我：行，我也基本问完了，挂了啊！

父　亲

给父亲打电话的时候，他刚到家，刚倒粪回来。倒粪是农活的一种，要在买来的鸡粪里掺入沙土或牛羊粪等东西，搅匀，然后给作物施上，这预示着一年劳作生活的开始。在随后的半年多里，父亲要做各种各样的农活，以便在秋天的时候可以有个比较好的收成。这就是我的父亲，一个把大部分人生都种在了土地上，农闲的时候还会去打工的普通农民。

"就是希望你们开开心心地度过一生呗！"父亲说，"我前几天看了一个电视剧，里边有一句话：不管你以后选择什么，不管你以后的路怎么走，我只希望你快乐……"父亲对我和弟弟的教育总是这样粗略，可这丝毫也没有减轻父亲在我心中的那份重量。父亲没有具体地告诉过我该如何去做人,或许对于一个只有初中二年级水平的农民来说,这样的说教他做不来。但他用自己的生活、自己的行动告诉了我如何去做一个人,或许这整个过程,父亲都是不自觉的,不知道他在影响着一个少年对世界的认知,也未曾想过这是一种教育。

父亲是一个比较能说,很马虎,还稍稍有些固执的人。他还总有一些听起来好像还有些道理的话,比如他就跟我说过:"选择媳妇,选择的是爱情;选择女人,选择的是人。"父亲和母亲好像是小学同学。我不知道他们的那个年代结婚的两个人会不会想到有爱情这回事,但父亲说他对母亲的感情应该上升不到爱的那种地步,他对爱的概念是模糊的。我想,父亲是因为模糊才觉得没有吧!

母亲也是个极其普通的农村妇女,和父亲一起生活在老家那片土地上,为了子女和家庭操劳着。母亲爱唠叨,有些专制,有时蛮不讲理,可她确实很爱她的儿子们,也很孝顺她的父母。有这样一个母亲我很满足,我也很高兴能有这样一个幸福的家庭。

当我坐在电脑前,敲打着文字的时候,我发现自己是这样的幸福。在这个幸福的家庭里每个人都是唯一的,父亲、母亲、我和弟弟。不知道父亲会不会想这些,但我觉得不管父亲想没想过,这些都真实地存在着,就像是他和母亲之间的爱吧!

"最好能有一份稳定的收入吧!"这是父亲的愿望,这或许也是一个人对心理安定的一种需要。父亲喜欢把钱存进信用社,因为这样当儿子上学或者以后生活中需要用钱的时候,他心里才能踏实些。

父亲已经四十七岁了,这一两年他也在感叹自己是不是老了。看到父亲鬓角日益增多的白发,我希望将来可以给他一份踏实,像他给爷爷的那样,我也要给父亲一份孝心。

(2) 上面那位同学采访了自己的父亲,父子俩的一些对话比较有趣。这位同学采访后撰写了稿件,但总的来讲稿件叙述比较平淡,可读性要弱一些。

同样是写亲人的故事,下面这篇有关外婆的稿件则好看得多,作者李娟描写了晚上不睡觉的外婆,很有情趣。李娟曾跟随母亲在阿勒泰做裁缝、卖小百货,与牧民一起转场,她的很多作品就是对那些基层生活的反映,堪称非虚构创作的典范。学习新闻写作的朋友可以阅读李娟的非虚构作品,向她学习写作的技巧,学习讲故事的方法。

外婆的早饭
李 娟

一般来说,外婆吃过早饭都会睡一会儿觉的。睡醒了,屋前屋后转一转。然后,一般来说,还要再睡一觉,这一觉得睡到午饭做好了才能结束。吃完午饭后,一般来说,她老人家一定还得躺上一会儿。躺到半下午,睡得实在睡不着了,起来再屋前屋后转一转。然后,回到帐篷里,往床上一倒——一般来说,又要睡到晚上开饭的时候……

白天睡成这样,那晚上干什么?晚上就开始玩了呗。一整夜,她睡的帐篷角落那边窸窸窣窣响个不停。有时会有"哐啷"一声,肯定是摔跤了,要不就一定是弄倒了什么东西。

"吱!吱吱!"的声音源自一捏就响的橡皮小耗子(真后悔,当初为什么要给她买这个……)。

"嚓嚓~嚓嚓~嚓嚓……"——在给会跳的玩具小青蛙拧发条(后悔……)。

"啪嗒、啪嗒、啪嗒……"——小青蛙开始跳了。

"蟋蟋哗哗……"——不用说,又在数她的私房钱。

有时候,各种各样的怪声音还会一路延伸到摆放糖果的小食品货架那边……也不能怪老太太嘴馋,闲着也闲着,不吃怎么着?

而她老人家只要来了兴致,深更半夜也会旁若无人地唱歌,唱那种川味极浓的、调儿根本就不带拐弯的、招魂一般的曲子。好在我们也听习惯了。乍一听的人还真受不了呢。

总之一夜不得安宁,直到天蒙蒙亮了,才能疲惫地沉沉睡去。那时,天大的声响也惊动不了。

那样的时刻,外婆也开始起床准备早饭了。

如果那个时候我醒着,会从帐篷缝里看到外婆一手拎一截小木桩(我们家的小板凳),一手捏着窄窄一溜儿桦树皮,弓着腰,慢慢向炉灶那边走去。

为预防火灾,我们家的灶砌得离帐篷比较远,在沼泽边的下风处。炉子很简单,三块石头往那儿一堆就行了,旁边还有一块大大的石头,很平,炒菜时可以放些油盐酱醋。没有风的时候,我们也把它当作饭桌围着吃饭。炉灶旁边还支了个"人"字形的小棚,里面垛了柴火。

外婆引燃桦树皮,小心放在灶膛里,又添些碎柴掩在上面,拢着手罩上火苗,挡住风,等火苗慢慢地越燎越大,才轻轻地搁上大柴。然后置锅烧水,淘米下锅。

就这样,清晨里,世界的第一缕炊烟在群山和森林间缥缥缈缈地升起了。我又蒙眬睡去,梦里也去到了炊烟所抵达的最高处……

除了外婆,一些牧羊人和从外地来收购羊和羊皮的维吾尔族人、回族人也要早早地开始一天的内容。而在此之前,他们已经在路上走了很久了。早上多冷啊,他们裹着沉重的皮大衣,在清晨发白发亮的冷空气里走着。草地被冻上了,泛着白霜,硬硬的,被踩得"嘎吱嘎吱"响。太阳还没出来,天空也白茫茫一片,整个世界清晰而冷淡。

这时,第一缕炊烟在群山和森林间缥缥缈缈地升起。

如果我也是一个远行的人,看到这种情景也会马上改变自己原来的方向,非常高兴地循着炊烟而去。

于是每天清晨,在荒野里的火炉旁,总会围过来很多寒冷的行人烤火取暖。还有人远远地朝这边打招呼,急急忙忙往这边赶。他们以炉灶为中心紧紧地围坐一圈,高兴地说这说那,不时帮忙往炉子里添一块柴。稀饭沸开了,就赶紧帮着揭一下锅盖。每到那时,外婆就会进帐篷捧出一摞碗来,为他们一人匀出小半碗滚烫的米汤,他们连忙感激地接过,谢个不停。然后在热气腾腾的水蒸气和炊烟里,很幸福地小口小口啜饮。这时,远处的天空越来越蓝……突然,大地"轰"地一片金黄,太阳从群山间升起来了!

似乎也在同一时刻,羊群的咩叫声和牛哞声突然密集起来,一声声长呼短应。整条山谷都热闹起来。听着这声音,我们倦意更浓,犹在梦中。只觉得枕边一片透亮,被窝更加温暖了。偶尔眨开条眼缝,从帐篷缝隙里瞟到外面炉灶边的人们正恋恋不舍地起身离开。远一点的地方有他们的牛羊,在朝阳里耸动着点点金黄。

外婆早饭的火炉多亲切啊,它砌进了多少寒冷行人的幸福时光之中……

但是,正在最感动着的时候——

"大懒虫小懒虫快起来!太阳晒屁股啦!都睡一晚上了还没有睡够?"

真是窝火!也不知是谁让我们睡一晚上都没法睡够的……

但这时候要是再不起来的话,就有顾客钻进帐篷掀被窝买东西了。没办法,我睡在柜台上,我妈睡在货架下。都不大雅观。

我们便哈欠连天地离开被窝,迷糊着眼睛叠铺盖、穿戴、梳洗。但是看到稀饭已经盛出,新新鲜鲜、热气腾腾地搁在炉灶边的大石头上,三碗稀饭间摆着一碟子泡菜,也刚捞出来,水淋淋的,不禁让人精神一振,好心情伴着好胃口全来了。

我们一边喝稀饭,一边装作什么也不知道似的问道:

"咦,你什么时候把饭给做好了?"

她得意得呀——

"我怕吵醒你们,干什么都悄悄地……"

这话真是比什么都气人。

接下来她又很体贴地说:"你们从早到晚干活,太辛苦了,我给你们做顿饭嘛,也没什么的。我又不是老得动不得的人,能干一点就干一点嘛……你们太辛苦了,我只想让你们好好地休息……你们只要休息得好,我也就放心了……"

真是毫无办法。

吃完这顿珍贵的早饭,一般来说,她老人家又上床睡觉去了。①

六、新闻要素分析

何时:1976年8月3日。

何地:唐山。

---

① 李娟:《阿勒泰的角落》,北京:新星出版社2013年版,第155—158页。

何人：成群的郊区农民。

何事：洗劫那些还埋藏着财产的废墟。

如何：(1)赶着马车,开着手扶拖拉机,带着锄、镐、锤、锯……向唐山进发。(2)有人边赶路边喊叫："陡河水库决堤啦！陡河水下来了！"(3)撬开箱子、柜子,首先寻找现款,继而寻找值钱的衣物。(4)满载的手扶拖拉机在路上"突突"地冒着肮脏的烟,挤成一堆的骡马在互相尥蹶子。(5)"淘金狂"叼着抢来的纸烟,喝着抢来的名酒。

为何：人们的贪欲。

七、学期大作业

开学第一节课任课教师即布置大作业,详细说明工作要求及进度安排,征得全体同学的同意和支持。教师须事先注册公众号、小红书、视频号等自媒体账号,率先掌握相关技能。学生自定选题和采访对象,在15天之内完成采写、排版等任务,上传到公众号或小红书等自媒体平台。

每名作者可自行选择一名同学担任编辑,帮助自己完善稿件。稿件撰写完成后可以发给采访对象、家人、朋友,请他们提出意见,作者继续完善稿件。作品正式提交后,教师要逐字逐句阅读修改,也可提出具体意见由学生再次修改完善。作品经教师最终审定后由作者发布,学生应积极传播推广。期末可参考作品在平台上的阅读数、点赞数、在看数、留言数,并结合作品质量综合打分。

同学们要对媒体技术的变化保持高度的敏感,密切接触新媒体,增强体验,在运用新媒体创造内容的过程中学习新媒体知识,掌握新闻业务技能,有所发现,有所突破。同时,教师要鼓励学生自己注册成为一些自媒体平台的用户,尝试运营自己的账号;鼓励学生在自己感兴趣的自媒体内容评论区留言,思考如何提升互动效果。

第二章　原则理念

第一节　理论精要

真实、客观、公正和可读是新闻报道的重要理念,也是新闻报道应该达到的基本要求,记者应该将其融汇到自己的职业工作中去。

一、真实

（一）什么是新闻的真实性

真实是新闻报道的首要问题,真实也是新闻报道的底线,不可逾越。新闻真实要求新闻报道至少要做到以下两点：

（1）涉及的所有事实要素必须真实;

（2）全面地反映新闻事实的变化状况。

（二）新闻失实的原因

1. **目的性失实**

新闻报道者明明知道是虚假消息,还是继续这样的"创作",无中生有,捏造事实,杜撰新闻,以满足自己的某种利益需要或实现某种目的。

2. **技术性失实**

由于采写技术的局限、新闻报道者业务能力和客观条件的制约而造成的失实。报道者或者由于未能深入调查、多方核实,或者由于欠缺相关知识等造成了新闻报道与客观事实的原貌发生偏差。

目的性失实是品质问题,技术性失实是业务能力问题,但二者的危害都是巨大的。

（三）保证新闻真实性的方法

（1）坚持核实。

（2）严禁主观想象。

（3）谨防由于套话引起的不真实。

二、客观

（一）作为新闻精神的客观理念

对于一个具有客观精神的记者来讲，以下几点应该成为我们立身处世的基本态度或原则：

（1）必须意识到自己可能存在偏见，并对此时刻保持警觉。

（2）必须通过多种方式获得更多的知识和信息，不断拓宽自己的视野，防止目光短浅和思想狭隘。

（3）必须秉持开放的态度，宽容地看待这个世界和周围的事物。

（4）即便他人与自己的意见对立，也要坦然面对，不可一味地抗拒和排斥。

（5）客观性并不是指价值观念的取消，而是指新闻报道操作的规范化。记者也是人，他必然具备主观性，但主观是为客观服务的，没有记者的主观性，就无法实现报道的客观性。

（二）作为操作规范的客观方法

（1）使用第三人称写作。

（2）不发表议论。

（3）客观地叙述事实而不带有记者个人的感情和偏见。警惕褒义词和贬义词，使用中性词语，不使用充满情绪的倾向性词语。

（4）使用新闻当事人和知情者的直接引语，交代消息来源。

（5）全面地进行新闻报道，而不是只报道一方的意见。

（6）提供更多的观察视角，全面地解释新闻。

（7）找出事实背后的原因。

（8）绝不扭曲事实，绝不能因为自己的先入之见而无视事实的本来面目。

（9）当报道对象与记者具有私下交往关系，或以各种方式牵扯到记者利益时，记者应予回避，不参与对该新闻的报道。

（10）记者应当拒绝报道对象提供的现金、好处和贿赂，拒绝报道对象对新闻稿件写作的暗示，自主独立地完成新闻报道。

三、公正

新闻公正性原则的基本要义是公平与正义，它要求记者尊重事实，实事求是，胸怀公允之心对待自己的报道，不要因为个人私利或偏见而影响了自己的报道。

（一）公正报道的基本做法

（1）真实、准确、客观地报道，不仅仅提供事实，更重要的是还要提供事实的真相。

（2）有错即改，及时更正报道中出现的错误，不掩盖，不修饰。

（3）平衡报道，给新闻当事各方以平等的发言机会。

（4）当事人对新闻报道提出质疑时，媒体应给予积极回应。受到公开指责的当事人提出合理质疑时，媒体应及早给予其答辩机会。

（5）不要一味地集中报道负面新闻或一味地集中报道正面新闻，不要无视社会的复杂性和多样性。

（6）注意报道的完整性，不要片面地做报道。当新闻涉及多个侧面时，记者应当给予全面的报道，不要忽略具有重要价值的事实。

（7）注意报道的相关性，不使用与报道主题无关的信息，不要让无关的信息冲淡报道的主题。

（8）去除偏见，理性地看待你的报道对象。对人和事物的分类认识不能固化，不能用类的共性完全取代个体的特性。不要对报道对象做两分法的简单判断，不要认为所有事物都是非黑即白，要明白在两个极端特征之间还存在许多过渡状态。

（9）对消息来源的偏见也要保持警惕。

（10）记者是报道者，而不是事件的导演者。记者不应该策划新闻，不应该人为干预事件发展的进程。

（11）选择公正的叙述框架。

（12）不要墙倒众人推，不要对失败者极尽口诛笔伐之能。

（13）不要对所谓正面人物做"高大全"式的报道，不要夸大其词。

（14）不要使用匿名消息来源攻击他人。

（15）尽可能地避免国家、地区、种族、性别、宗教、职业、年龄等方面的歧视。

（16）尊重报道对象，尤其不要让弱者、无辜者受到伤害。

（17）诚实报道，不要误导和欺骗读者。

（18）不渲染暴力，不侵犯隐私，不做庸俗的报道。

（19）公正意味着新闻报道应该符合伦理要求。

（20）时刻提醒自己，我这样报道公正吗？

（二）重视伦理规范

新闻传播应当遵守伦理规范，给予伦理以足够重要的地位。我们现在身处互联网时代，单纯从媒介技术上讲，在互联网上发布一条信息是轻而易举的事情，但从伦理约束的角度看却并不是所有信息都适宜在互联网上传播。必须考虑到互联网影响的广泛性，任何人都应当在传播一条信息前问一下自己的良心：我这样做是否会伤害到无辜，是否违背了新闻伦理规范，是否危害了社会的健康运转？

当前有的媒体热衷于凶杀、色情、暴力报道，有的媒体热衷于报道明星的风流韵事。媒体以过量的篇幅、过度的热情报道这些琐碎无聊的东西，却将更加重要的社会责任丢弃到一旁，无视社会文明发展进程中的关键问题，这种做法对于公众来讲是不公正的。

我们应该注重伦理规约，不做低俗报道。拒绝刊登恐怖、色情、猥亵照片和镜头画面，如果不是艺术表现，通常没有必要传播裸露照片和镜头。不要凸显有可能令读者感到恶心和恐惧的照片，注意规避血腥、残忍的画面和镜头。不刊登尸体、身体缺陷的特写照片和镜头，可以考虑使用具有象征意味的物体照片来代替尸体照片。

（三）平衡报道有助于实现新闻公正

平衡是保证新闻公正性得以实现的重要途径。以下列出了一些平衡报道的做法，这些做法有助于新闻公正性的实现：

（1）信息来源要丰富；

（2）让存在冲突的各方充分地表达自己的意见；

（3）不要有意偏袒任何一方，即使是罪犯也要给他说话的机会；

（4）如果新闻当事人一方拒绝表达意见，要向读者交代这一事实；

（5）如果经过努力仍没有采访到当事一方，也要向读者做出说明；

（6）平衡不是指一定要给每个当事者以固定、相等的报道篇幅；

（7）如果说非要量化，那也只能是按照当事各方对新闻主题的重要程度给予一个比例合适的报道篇幅；

（8）用直接引语展示消息来源的话语。

（四）选择公正的报道框架

新闻事实是唯一的，但新闻报道却是多样的。报道之所以不同，很重要的一点是因为记者的视角不同，所选取的报道框架不同。框架即视角，它是报道的观察点、角度，它是既定意义的架构。视角不同，看到的场景就会不同；框架不同，被收入报道的内容就不同，报道释放的意义就不同。

每条新闻都可以有几个报道框架，不同框架的选择，有可能体现出记者的偏见。记者应当选择公正的、恰当的框架，有效地揭示事实真相。

四、可读

写文章应该像说话聊天那样自然，不能讲一堆别人听不懂的话显摆自己。记者写稿子，应该让读者一看就明白，不能让读者还得回过头来反复分析句子语法结构才行。让读者一看就懂，减轻了他们阅读过程中的费力程度，节约了读者的时间，提高了他们的阅读效率，这是我们写作具有服务意识的体现，是值得提倡的。

通俗易懂不代表浅薄，晦涩难懂也不代表高深。真正的写作高手能把高深的东西写得通俗易懂，这叫深入浅出，让人家能够轻松地读懂你的意思。故作深奥的写作就是有意与读者为敌，是一种虚伪的做法，我们应该唾弃它，不能把它当成高深的学问加以崇拜。

我们写作必须心中时刻装着读者，要带给读者美好的阅读体验。以写作为生的人应该明白一个朴素的道理，为读者好就是为自己好。你不顾及读者的体验，人家干吗非得看你的文章？

好的报道必定是具有可读性的稿件，记者有义务把报道写得引人入胜，给读者带来愉快的阅读体验。增强新闻报道可读性的主要技术包括：

（1）稿件开头第一段要写得短小，一两句话结束这个段落，行文上最好控制在三行以内。

（2）直截了当地写作，能用一句话交代的事情决不用两句话，能用一个字表达的意思决不使用两个字。

（3）不说废话，不说套话，不说没有信息含量的话。

（4）事情有多大，稿件就写多大。不要把大事写小了，也不要把小事写大了。

（5）尽量用多种表现方式写作，直接引语、间接引语、细节、叙述、描写等交叉在全文中。

（6）直接引语的写作要套用下列公式：直接引语—消息来源—直接引语。

（7）文章如果篇幅较长，就在正文当中插小标题。

（8）把话说通顺，消灭错别字，消除语法错误。

（9）正确运用标点符号，多用逗号和句号，少用叹号。

（10）要始终牢记：规范是专业的表现。

（11）多用短句子，偶尔来一个长句子。

（12）多用短段落，偶尔来一个长段落。

（13）新闻报道就是讲故事，千万要记得让你的故事具有可读性。

（14）不要把新闻写成公文，不要打官腔。

（15）好的新闻报道是朴实的，好的新闻报道是用普通的文字写成的，它既不华丽也不花哨。

（16）修改稿件有一个好办法，那就是按计算机上面的 Delete 键。选中你看着不顺眼的文字，大胆地删除。

（17）不要忘了关注背景和影响。

第二节　实践训练

一、审读与修改

下列文字出自一篇稿件，请认真审读，看是否存在问题。若存在问题，请予以修改：

武汉大学近日宣布 120 周年校庆年正式启动,众多质疑认为武大前身只能追溯到 1913 年,与张之洞创办的自强学堂并无传承关系。其实伪造校史的又何止武大,各大高校为了追求所谓底蕴,对校史造假可谓用尽方法不惜手段。①

二、从采访到成稿

先来阅读一段采访记录,记者简称记,被采访者刘先生简称刘。

记:跑业务天天在外面,家庭你能兼顾?

刘:老婆挺支持,我工资卡在她手上呢。每次回家我们都不在自己家里,都是带着老婆孩子回父母那儿。

记:你现在有哪些想法?愿望?

刘:想有机会像董事长那样也去学习,念个 EMBA,也能去三一重工那样的大企业学学。咱学历不算高,干营销、管理都是侃班,不学习光干,会跟不上啊。

我爱看书,曾在跑业务时在地摊上买了本曾国藩写的《挺经》,受益匪浅。

记:除此之外没想别的?

刘:谁不想当 CEO 啊。不过还得先学习,多锻炼、认真干。我媳妇都说:"西装都给你准备好了,去学吧,咱自己出点学费也行啊。"

一位同学根据这段材料撰写了新闻稿件,请分析稿件中下面这段文字存在什么问题:

有一回,他跟妻子说起念 EMBA 的事,妻子解下围裙倚在厨房门框上:"西装都给你准备好了,去学吧,咱自己出点学费也行啊。"刘××看着贤惠的妻子,又环顾刚刚装修完毕的新家,把目光投向窗外的广阔天空。

---

① 《【另一面】生拉硬扯修校史,牵强附会成笑史》,http://news.163.com/12/1204/04/8HRR5NAP00014JHT.html,2012 年 12 月 4 日。

三、公正性评析

下面这篇报道的标题是否存在不公正问题？为什么？

蒙牛称牛奶致癌因使用霉变饲料　无召回计划①

国家质检总局是在今年10月对涉及21个省市128家企业生产的200种液体乳产品展开抽查的，涉及蛋白质、酸度、铅、无机砷、总汞、铬、黄曲霉毒素M1、金黄色葡萄球菌、三聚氰胺等18个项目。

质检总局发布的检测报告显示，蒙牛乳业此批次超标产品由国家加工食品质量监督福州检验中心检出。被检测出黄曲霉毒素M1实测值为1.2μg/kg，国家规定的最高值为0.5μg/kg，蒙牛该批次产品超标140%。蒙牛该批次超标的产品为该集团眉山公司2011年10月18日生产的250ml/盒包装的纯牛奶产品。

公开资料显示，黄曲霉毒素M1为已知的致癌物，具有很强的致癌性。

据国内媒体引述蒙牛官方消息称，造成不合格的原因是当地个别牧场的一批饲料因天气潮湿发生了霉变，使得奶牛在食用这些饲料后原奶中的黄曲霉素超标。

稍早前蒙牛乳业副总裁卢建军表示，该批次产品为福州质检机构到蒙牛的四川眉山工厂里检测出来的，所以产品都还没销售出去。在检测出有问题后企业进行了封存和销毁处理，因此不涉及召回等一系列问题。

四、标题的客观

阅读下列文字，为其制作新闻标题，并分析标题是否做到了客观要求。

7月16日早8时10分左右，北京市东城区海运仓胡同2号（中国青年报社所在地）门外，7人服用液体后倒地。首先发现此事的报社门卫紧急报警。目前7人已被送往医院，警察已介入调查，尚未确认7

---

① 《新京报》2011年12月27日，另见 http://news.sina.com.cn/c/2011-12-27/115823703049.shtml。

人服用的是什么液体。①

五、新闻与宣传辨析

阅读报纸上的广告,寻找以新闻形式撰写的广告,寻找新闻报道里面含有广告宣传的稿件,并对上述两类稿件做出评判,分析新闻与宣传的区别。

六、童年回忆写作

对自己的童年经历展开回忆,挖掘故事,撰写成文。注意遵循真实、客观、公正等新闻原则,增强稿件的可读性。

第三节 操作参考

一、审读与修改

稿件中所谓"武大校史造假"也只是来源于"众多质疑",但后来的文字却去掉了"质疑",将其变成了"事实"。这样写新闻违背了真实、客观、公正的报道原则,是很危险的,如果武大起诉,记者很容易败诉。

另外,这段文字谈起伪造校史,紧接着用了"各大高校"这样的字眼,打击面太大,很难做到符合客观实际情况。将"各大高校"改成"某些高校"比较妥当。

记者的措辞必须严谨,只呈现自己掌握的事实材料,而不可想当然地写作,不可偷换概念升级事实,妄作推断。

稿件可以做如下修改:

　　武汉大学近日宣布120周年校庆年正式启动,众多质疑认为武大前身只能追溯到1913年,与张之洞创办的自强学堂并无传承关系。其实,校史遭到质疑的又何止武大,某些高校为了追求所谓底蕴,对校史确定可谓用尽方法不惜手段。

---

① http://news.xinhuanet.com/legal/2014-07/16/c_126760022.htm,2014年7月16日。

二、从采访到成稿

"刘××看着贤惠的妻子,又环顾刚刚装修完毕的新家,把目光投向窗外的广阔天空。"这段文字是作者想象出来的,采访材料里并未提供这样的信息。真实是新闻的生命,"合理想象"不合理。这位同学撰写的稿件中主要存在杜撰事实的问题,新闻报道应当遵循真实原则。

三、公正性评析

这篇报道的标题有失公正,从根本上说也不够真实和客观。从正文里面至多可以概括出这样的信息——蒙牛称牛奶致癌因使用霉变饲料,"不涉及召回问题"。不能将"不涉及召回问题"说成"无召回计划"。

把"不涉及召回问题"改成"无召回计划",意思就差太远了。"无召回计划"给人的感觉是你把有问题的产品销售出去了,但是你没有召回计划,这家企业的社会责任感太差了。而从正文中看,人家是说有问题的那个批次的产品"都还没销售出去","在检测出有问题后企业进行了封存和销毁处理,因此不涉及召回等一系列问题"。稿件不能说人家是"无召回计划"。

如果记者能够深入调查,发现了其他有问题的产品已经销售出去了,而蒙牛却说不涉及召回问题,倒是可以用这个标题。但是现在的问题是报道正文里并没有相关信息,消息来源很单一,却用了一个这样具有刺激性的表述,虽然标题有冲突性,能够吸引读者的眼球,但是这样做标题却有违职业规范要求。

四、标题的客观

新华网制作的标题是《北京:7人报社门前服液体后倒地 警察已介入调查》,这个标题符合客观原则的要求。在没有掌握这7个人到底服用了什么液体的前提下,新闻标题只能叙述为"7人报社门前服液体后倒地",若写成"7人报社门前服毒后倒地"则违背了客观原则,是一种主观想象行为。

五、新闻与宣传辨析

以新闻形式撰写的广告属于软文,其本质是广告宣传。新闻报道中含有宣传成分也是一种比较常见的现象,在宣传主义新闻观念指导下更容易出现这种现象。

须知新闻与宣传是两个概念,新闻是对事实的报道,宣传是劝服。为了实现劝服的目的,宣传有的时候会采用欺骗的形式,这是值得警惕的现象。

六、童年回忆写作

采用新闻方法完全可以生动地讲述个人真实的故事,完成非虚构创作。下文是本书作者写的童年经历回忆,采用了第一人称,同时也严格遵循了真实、客观、公正、可读的报道原则。

谁能比我受伤多

头被磕破过,掉进过冰窟窿,眼睛被石头砸伤,树插进过大腿,差点被淹死,鼻子被铲过,头皮让蜂子蜇过……上小学一年级后我一连遭受了几次厄运,那感觉简直不是上学,而是上刑啊。

小学生一下课就闹啊闹,跟鬼上了身似的,特别能折腾。一天下课后,几个孩子上了讲台挤来挤去。我虽然没有加入他们的队伍,但却在讲台下边玩,离他们很近,并不懂得远离危险,真是太傻了。

突然,他们一下子把我撞倒了。我的头磕在了桌子角上,鲜血流了下来。这是我上小学后的第一次血光之灾,但这点伤害比起后来的只能算是毛毛雨啦。

小岭村学校后面有一个大坝,下午放学后打扫完卫生,我们便到大坝去提水往教室里灌。我们锁上教室的门,然后一筲水一筲水地提过来,从门口倒进去。看到教室变成了池塘,小伙伴们都非常开心。我们再接再厉,跑到大坝又去提一筲水灌进教室去,体现了何等奋进的精神!

一年级的上学期就要这么快乐地度过了,可是有一天我们再这么玩耍的时候我却遭遇了不幸。

我带了一把舀子,从大坝冰窟窿里舀水非常方便。小伙伴跟我要舀子,我没有给他们。我站在冰面上卖力地干着活,他们只能在旁观看,我的心里充满了优越感。只是优越感持续的时间并不长,冰面一下子塌了下去,我也跟着掉进了冰窟窿。

好在我是在岸边的冰面上舀水,水并不深,我赶快上了岸,但是鞋子和裤腿已经湿透了。哪有心情继续玩耍,还是回家吧。我脱下湿透的鞋子,往岭下走去。同学们说要送我回去,也被我坚定地拒绝了。

走了一会儿,我的脚就冻得走不了路了。我蹲在了一个避风的洼地,想暖和一下脚。

小伙伴很快跑了过来,其中有一个同学叫文雷,他是一个大块头,身体壮,力气也大。他便背起我,把我送回了家。如果没有他的帮助,那天恐怕我就是把脚冻掉了也回不了家。

一年级还没过完,又一个大的灾难降临了。这一次我的眼睛被一块石头砸了,我的学业也因眼伤而被迫中断。

我和我的农村同龄人小时候对拖拉机的兴趣之大,绝对超过一般人的想象。当我们听到有拖拉机从街上经过时,我们就会放下饭碗,撒丫子往外跑,去看拖拉机。现在想想,就跟神经病似的。有的时候我们还会追着拖拉机跑,跑一会儿还会去爬拖拉机。我们四爪并用,挂在拖拉机斗后面,感觉很拉风。

这天晚上,钦忠家来了一辆拉货汽车,这个更加高级的机器自然吸引了很多小孩子。钦忠家的孩子在车上站着,不让别的孩子爬。他们甚至拿石头来驱赶其他的孩子。那一天,我是一个快乐平和的男孩子,并没有去爬他们家的汽车,而是在不远处拽着一棵小树转圈。

一块石头袭来,击中了我的右眼,我立即被撂倒,疼得哭爹喊娘。

父亲和钦忠连夜带我去医院,我的眼睛疼得睁不开,村里的大夫治不了,乡里的医院也没戏。我们去了汤头,不行,又转车去临沂。到了临沂已经是大白天了,父亲搂着我,哄我睁眼看世界。

临沂的高楼大厦根本就无法唤起我的兴趣,我现在最需要的是抓紧治疗。

临沂中医医院的医生对我特别好,主治医生姓名叫包汉荣,每次我去的时候她都会优先接待我。打针的护士很漂亮,而且不收我的费用,我非常喜欢她们。

我和父亲平时就住在大爷家,每天都要到医院做检查、打针。回来的路上,我会让父亲带我去一个饭店买两个包子。那是我此生吃过的最好吃的包子，太美味啦。

从医院到大爷家，不知道有多少个来来回回，父亲陪着我走过。

等病情稳定后，我和父亲回到村里，定期再来临沂检查。为了答谢包汉荣大夫的关照，父亲带了一提包花生米给她。包汉荣大夫婉言谢绝了父亲的礼物，她说把花生米送到孩子大爷家吧。

包汉荣大夫给我留下了非常美好的印象，我因此而感觉到那个年代的医生太好了，也不收红包。父亲甚至要我立下志向学医，像包汉荣那样救死扶伤。只是我后来发现自己智力和毅力都不足，便退而学文了。

我受伤的眼睛治好了，但学业毕竟中断了很长的时间，只能降级到村里的文甲私立学校读书。其实降级是早晚的事情，即便我眼睛不受伤，在小岭村学校毕业也是考不上初中的。小岭村小学一连四年都是"打筒"，没有一个人能考上初中，你可想当年我们村小学的教学水平有多差。天哪，连续四个年级的学生前仆后继参加初中入学考试，却都全军覆没，这样的教学成绩恐怕全天下很难再找出第二个了吧？

文甲老师的教学成果非常明显，等到我们去参加考试时，一下子考上了十好几个，彻底改写了我村小学考初中"打筒"的历史，为我村小学教育争得了荣誉，真是令人刮目相看。

我到文甲学校读书后，不多久又遭遇了一次严重的血光之灾。

你恐怕很难想象一个人的大腿会插上了一棵树吧，我就做到了。

文贺大爷家外边停着一辆拖拉机，如你所知，我们小的时候非常喜欢拖拉机这种大型玩具。这次没有人拿石头砸我的眼睛，我们很自由地从拖拉机上爬上爬下。我从拖拉机上往下爬时，右边那条腿先着地，谁承想旁边一棵小树被折断了，露着锋利的尖刺。

这棵半截树插进了我的大腿。我没有哭，拖着一条残腿往家走。

走到松林家门口，我就走不动了，真疼啊。松林见了我，便把我送回了家。

父亲又背着我往医生家里跑，医生说伤口很深，能看到大腿骨头了。消毒，缝针。

这事情现在想起来还特别悲催，我甚至为此感到耻辱。我要是在战场上受这么严重的伤也罢了,关键是在这么祥和欢乐的夜晚接连受这样的外伤,我真是太难过了!

还有一次遭遇危险,差点要了我的小命。我们小的时候,一到夏天就喜欢去小北岭的坝里戏水。我们游泳都是通过这种欢乐戏水的方式自学成才的,我们学习的方式就是在水里瞎扑腾,没有一个家长给孩子报班——根本就没有辅导班,我们学会的游泳主要是狗刨。

我在自学仰泳,过了一会儿,我站了一下,居然没有踩到我熟悉的地面,我一下子就慌了。

只有脚踏实地心里才不慌张,这次我竟然够不着地面了。我是在学习游泳的过程中滑向了深水区,心里怕得很,觉得自己这次要被淹死了。

我扑腾了一阵子,还喝了不少水,并且还喊"救命"。再站一下,却能够脚踏实地了。其实我是学会了游泳,只是自己不知道,一慌张全都乱套了。吓得我够呛!

我那个年代的农村孩子,一家都有三五个,家长根本就管不过来。孩子下水被淹死的情况也不罕见,我邻居家一个小女孩就是游泳时淹死的,这次我没被淹死真是幸运。

小时候我遭遇的灾难还包括被铁锹铲过鼻子、被蜂子蜇过脑袋等,但这些伤害比起前几次就轻多了,我现在都懒得再写了。

老家有个词"死木哈斯眼",意思是指一个人木讷,不能眼观六路耳听八方,没有眼力见儿,不懂得躲避危险。我小的时候受了那么多伤害,不注意观察周围的潜在危险,当时的状态就是"死木哈斯眼"。

感谢上苍让我挺了过来,我能活着度过小学一二年级真是不容易。我小小年纪经历了那么多的灾难,逐渐地我学会了观察,学会了规避伤害。

第三章 采访的学问

第一节 理论精要

一、采访的准备

（一）采访中的心理调节

记者要做好心理调节工作,采访之前要明确:
(1) 不是所有被采访者都欢迎记者的到来;
(2) 采访过程中记者有可能遭受冷遇、敷衍;
(3) 被采访者有可能直接拒绝接受采访;
(4) 谩骂、追打和诬陷记者的情况时有发生;
(5) 学会与你并不欣赏的人打交道;
(6) 你有可能听到意想不到的情况;
(7) 你有可能看到你平常不愿意看到的场面。
新闻工作对记者的心理素质提出了更高的要求,记者应该具备下列优秀品质:
(1) 自信大方的沉稳风度;
(2) 坚忍不拔的顽强意志;
(3) 沉着冷静的随机应变能力;
(4) 开朗阳光的乐群性格与不凡的交际能力;
(5) 探索未知领域的好奇心;
(6) 吃苦耐劳的精神;
(7) 追求效率的工作习惯。

（二）充分了解采访对象

记者对被采访者的事先了解至少要包括以下几个方面：

（1）被采访者的个人经历；

（2）被采访者的社会背景及亲友关系；

（3）被采访者的个人性格及其爱好、特长；

（4）被采访者的主要成就或失败；

（5）采访时的境况及被采访者可能出现的情绪。

（三）搜集相关材料

记者搜集相关资料并做了深入研究之后，能够掌握更为充分的背景信息，只有这样记者提出的问题才会显得更加内行，采访对象也才会更加尊重记者的提问。

（四）准备足够的问题

准备过度胜过准备不足。麦克·华莱士在准备问题方面的做法值得借鉴，"我给自己定了一条规矩，至少在准备好 30 或 40 个扎扎实实的问题后才去采访，"华莱士说，"我通常的做法是，在黄色的拍纸簿上先写出 100 个问题和所有经过研究琢磨以后我心中想到的一切。然后我开始把这些问题分类，如采访巴列维国王，我就把 100 个问题浓缩成 50 个，分成八九类，如权力问题、贪污腐化问题和年龄问题等。等到我真刀真枪采访时，我可能只用 50 个问题中的十一二个"[①]。

（五）预先策划你的采访

记者应当预先策划自己的采访，策划工作做得越充分，采访起来就越显得自然得体。策划的内容主要包括：

（1）弄清楚你到底想要什么，你的采访目的是什么；

（2）确定关键的采访对象、重点新闻事实及采访场所；

（3）策划采访的步骤与环节；

（4）预设难题及攻克措施；

（5）采访前就要对新闻报道有一个设想。

---

① 林如鹏：《新闻采访学》，广州：暨南大学出版社 2004 年版，第 220—221 页。

（六）做好采访的物质准备

记者应当确保自己着装妥当，着装应该与被采访者的着装相适应。检查一下采访本、笔、照相机、摄像机、录音笔、电池、记者证、名片等物品是不是都带齐了，确保诸如照相机、录音笔等采访工具都能正常工作。

二、职业伦理与规范

记者在新闻采访中还应该熟悉职业伦理与规范，以下所列应该引起职业记者的重视。

（1）不要仰视采访对象，也不要俯视采访对象。应该平视被采访者，以平等的态度看待所有的采访对象。

（2）原则上，记者采访过程中不接受任何机构和个人的招待与馈赠，不接受差旅费报销、银行卡、购物卡、现金、宴请、兼职获利等好处。

（3）当场无法拒绝的贵重礼物应及时向采编部门领导报告，并在事后退还，向对方做出礼貌的解释。无法退还的贵重礼物或现金可交公处理。

（4）采访过程中需要花费的交通、餐饮、住宿、通信等费用应当全由媒体承担，即便采访对象主动提供费用支持，也应婉言拒绝，并向其解释新闻职业规范要求。

（5）采访需要借用当事人的书籍、器材、文件，即便物品不贵重，也要及时归还。

（6）当采访对象处于失去亲人、遭遇犯罪等极度悲痛或惊恐之中，记者应注意体察对方的痛苦，提问的内容、语气和方式不要给对方带来第二次伤害。

（7）采访应该采用公开和光明正大的方式进行，提倡明访而不是暗访，提倡显性的采访而不是隐性的采访。

暗访的使用至少要满足以下两个限制条件：一是新闻报道必须密切关联公共利益（与公共利益关系不大或无关的信息，不应采取暗访采访方式）；二是没有办法的办法，常规采访方式确实无法获取新闻信息，只得暗访。

（8）暗访中记者不享有任何超越法律的特权，即使没有主观意愿，也不得参与实施贩毒、走私、拐卖妇女等犯罪活动。

（9）在公共场合（公交车、街道、公园、市场、车站等）采访可以不暴露记者身份。

（10）进入私人住宅采访应该征得主人的同意，进入医院诊室采访应该获得院方或医护人员、病人及其家属的同意。

三、提问

（一）开放式问题和闭合式问题

1. 开放式问题

开放式问题是让受访者提供他们自己答案的问题，往往需要受访者花费更多的精力思考问题，构思答案，组织语言。如"你对城市拆迁改造是怎样看的"。

采访对象很健谈、有被采访经验时可以考虑多使用开放式问题。另外，为了营造漫谈的气氛，可以从采访对象熟悉的、喜欢的话题开始，问几个简单的开放式问题。

2. 封闭式问题

封闭式问题里往往含有问题的答案选项，受访者在回答这类问题时，有时好像在做一道选择题，有时则要说出一个具体的人名、地点或其他具体的答案。总之，对封闭式问题的回答是有严格的限制范围的。如"小朋友，你知道中国的长城吗"（答案范围：知道，不知道）。

封闭式问题相对来讲要容易回答一些，这类问题的回答提供了答案线索和范围，在组织语言方面显然要省力得多。采访对象感到拘束、不善言谈时可以考虑使用封闭式问题。

3. 两类问题交叉提出

采访的时候，记者应该将封闭式问题和开放式问题交叉提出，并控制提问的节奏，这样会使采访的过程张弛有度，更加协调。

（二）提问内行的个性化的问题

做好准备，让自己讲起话来很在行，至少是看起来很在行，这对采访的成功进行至关重要。

（三）好问题清单

英国《星期日独立报》新闻主管大卫·兰德尔在其著作中强调采访中要提

最实用的问题,他总结了一些好问题①,我们来看一下好的问题是什么样子:

1. 那之后发生了什么?

很多被访者不按时间顺序讲述,记者应该把事件拉回到发生之初,然后询问"那之后发生了什么",让被访者从头讲起。不断地询问"那之后发生了什么",推动被访者讲述故事,提供信息。

2. 你是怎么知道的?

被访者掌握信息的过程令人好奇,有故事可以挖掘。

3. 你知道谁可以证明这些吗?

不能相信单一消息来源,应该有其他消息证明才可信。如果只有他一个人掌握信息,记者应该再问:"为什么?"

4. 你是怎么做到这一切的?

问"怎么做的"比问"怎么想的"好,前者更容易获得真实的事实信息,后者更容易获得主观的空泛的信息。

5. 做某事时你有什么感觉?

用开放式问题问对方做具体的某件事时有什么感觉,而不是用闭合式问题问他感觉困难还是不困难;获取更加丰富的信息,而不是简单的"是"或"否"的回答。

6. 然后呢?

不断地追问,深入获取更多的信息。

(四)提问的基本方法与技巧

1. 安排问题的学问

(1)注意安排问题的顺序。一般情况下,要将容易回答的问题放在前面,将对方熟悉的问题、暖身的问题放在前面,容易回答的封闭式问题放在前面。

(2)问题结构应该清晰。问题结构清晰与否反映了记者思维的清晰程度,问题之间应当有意义或逻辑上的联系,不能杂乱无章。记者最好采用模块化设计方法,将相关问题放到一起构成一个意义模块。

2. 不要用反问形式提问

反问形式的问题会让受访者揣摩出记者的倾向和好恶,从而影响和改变他

---

① 〔英〕大卫·兰德尔:《全球新闻记者》,上海:复旦大学出版社2013年版,第81—82页。

自己的答案，以求博得记者的满意。应该避免提出"难道你不认为……"这样的反问形式问题。

3. 搜寻具体的答案

记者可以借助5W1H，使用"什么时候""什么地方""什么人""什么原因""什么事""情况如何"等新闻基本要素作为提问的关键词，将被访者的思维引到具体的答案上来。

4. 提问的语言要简单明了

提问应该做到简单明了，这样可以提高采访的效率。一次只提出一个问题，不要问令人费解的问题，不要故意把问题描述得太复杂，不要问太长的问题。

5. 提问不要太冷血

记者采访应该遵循减小伤害的原则，不要向被采访者的伤口上撒盐。

（五）紧追关键信息

1. 学会"踢皮球"

有的时候，采访对象会与记者"踢皮球"，将记者的问题踢回来让记者回答。聪明的记者千万不能上当，这并不是记者不够真诚，故意掩盖自己对问题的认识。记者的职责不是谈论自己的看法，而是获取对方的信息。记者应该果断地将问题再踢回去。

2. 对关键问题要紧追不舍

有时受访者回避或不愿意回答一些问题，记者不能因此而放弃，对关键问题要紧追不舍。

3. 借用他人之口提敏感问题

采用第三人称的方式提问，将记者与问题分离开，避免被访者迁怒于记者。

4. 从别人之口获取答案

当遇到一个不愿讲话的被访者时，记者可要动动脑筋，想一想是不是可以从别人的口中得到你所需要的信息。

5. 一些简单的追问语

简单的追问语包括：

"还有其他呢？"

"其他理由呢?"
"您指的是什么?"
"您为什么那样认为?"
"您是怎么想的?"
"还有呢?"
"我的问题提完了,您看还有什么要补充的?"
另外,沉默也是一种追问的方法。

四、倾听与观察

(一)采访中的倾听

倾听中的"倾"字表示身体向前侧着、斜着,如《礼记·孔子闲居》:"倾耳而听之。"但"倾"字同时含有"用尽;全部拿出"的意思,倾听就是要求记者用尽力量去听,拿出全部的注意力去听。

身体向前侧着、斜着是记者从身体姿态上表现出对被采访者的尊重,而最为关键的则是记者内心里的重视和珍惜。记者应该用尽力量去听,毫无保留地投入到听的过程中,用心细听,心无旁骛。

1. 主动性倾听

记者的作用是让对方完全打开,坦诚相告。倾听不是被动的,而应该是主动性的,要努力抓住对方谈话的关键点并深刻地领悟它。

2. 不要让"情绪因素"干扰你的倾听

谈话者的个人特征可能会干扰你的倾听,比如美、丑、胖、瘦、肌肉抽搐、说话结巴等。记者应该消除这种偏见,避免这些不良情绪因素的影响,保持客观公正的立场。

3. 听些什么

记者需要倾听的是谈话的要点:具体的支撑事实——个人化的引语、趣闻逸事、情节、细节、事例和观点——被访者对问题的看法。

4. 回应被访者

倾听的过程中要适当穿插微笑、皱眉、点头、身体前倾等表情动作,另外可以适时给予"哦""嗯""啊"等声音回应,或以简短语句予以回应。要给采访对象思考的时间,不要流露出不屑的表情和不耐烦的姿态。

(二) 采访中的观察

1. 观察的类型

(1) 独立式观察

独立式观察是最常见的观察类型。记者亲临新闻现场,公开自己的职业身份,以独立观察员的视角审视事物,不介入不干预新闻的发展过程。

(2) 参与式观察

记者加入被采访者群体,与其共同活动,并在参与活动的过程中观察事物。有的参与式观察需要记者隐瞒自己的身份,这种观察又称为隐蔽性观察。有的参与式观察可以公开记者的身份,这种观察又称为体验式观察。

2. 观察什么

(1) 场景

房间布局及装修,房屋采光;家具摆放,书桌、餐桌、椅子、床、沙发,被子的叠放,枕巾、毛巾的污损;藏书的题材与数量,照片的摆放,墙上张贴的印刷品;垃圾桶里的残留物,烟灰缸,烟、酒、菜等消费品。

(2) 人物

佩戴的戒指、项链、耳环、手表等饰品,眼镜的形状及磨损程度,镜片的大小及颜色;携带的皮包、钱夹,名片的颜色、内容与设计风格;耳朵的形状,头发的颜色及发型,头皮屑,牙齿的形状与颜色,眼睛的浑浊程度,嘴唇的颜色,手指的粗细,皮肤是否皲裂,体味;服装是否合身,领带的长度,袖口的污损情况,皮鞋上的灰尘,鞋跟的高度及磨损情况。

(3) 行动

谈话中眼睛的转动频率,语气及口头禅,与家人、同事的对话,表情;经常重复的动作,怎样接打电话,写字的姿势;工作表现,学习安排,交往情况;茶具、酒具的使用情况,吃零食的情况,饲养宠物的情况,养什么花草,有什么业余爱好。

3. 重在观察细节

一切观察最要紧的在于对细节的观察,只有抓住了细节,才能抓住关键,才能有所玩味。观察不是简单地看,观察之中必然包含着思考与揣摩,一个好的观察家必然是一个好的心理学家,能通过观察揣摩出对方的心理活动。

五、记录

（一）记录什么

（1）易忘点。人名、地名、时间、数字和各类专业术语等，这些材料很容易遗忘，也容易搞错，在采访过程中尤其要注意当场笔录、核实。

（2）采访对象说的值得引用的话。

（3）有特色的现场材料。

（4）有疑问的材料。

（二）记录的方式

（1）录音。

（2）做笔记。

（3）人脑记忆。

（三）注意事项

（1）综合运用多种记录方式。

（2）记录的时候要注意倾听。

（3）不要听到什么都做记录。

（4）采访本不要记得太密。

（5）尽快追记和整理记录。

（四）新闻采访建议20条

（1）见面之初出示记者证件，递送名片，表明自己的身份。

（2）简要说明这次采访的目的。

（3）告知对方采访大约会占用多长时间。

（4）迅速进入采访主题。

（5）采访时间不宜过长，一般的采访可以控制在半小时到一小时之间。

（6）提具体的问题，提被访者有能力回答的问题。

（7）提问要清晰、容易理解，不要故作深奥、含糊其词。

（8）问题要简短，提问时不要拖泥带水。

（9）被访者的回答不清晰时，请其重新表述。

（10）将你不确定的内容念给被采访者听，并询问这样写进报道是否歪曲了对方的意思。

（11）不与被访者辩论，不卖弄自己的学识。

（12）关键时候可以持强硬态度，让托词回避者直面问题。

（13）面对困难和强权的时候，你要记得背后有人民大众和媒体组织的力量支持，你做的一切工作都是为了公众的利益。

（14）一旦对被访者做出承诺，就要信守承诺。

（15）可以考虑对消息来源加以保护。

（16）要考虑到有的被访者可能会事后不承认自己说过的话，所以留下记录和证据就显得非常必要。

（17）用多个消息来源的话互相印证，寻求事实的真相。

（18）记录的方式有好多种，做笔记是传统的、基本的记录方式，也是很重要的记录方式。

（19）采访结束前问一下对方还有什么要补充的，并表示如果有不明白的问题还会麻烦被采访者。

（20）不要接受采访对象的贿赂，小的纪念品除外。采访结束时向被采访者道谢。

第二节　实践训练

一、提问训练

从下列题目中任选一个进行提问训练。

1. 对一个社区或农村百姓进行采访，自行确定采访对象，设计采访方式，写出采访提纲，列出所提问题。

2. 请针对这样一条新闻线索设计采访问题：丰南区一个小伙子小时候患上了重病，一直瘫痪在床，他想在死后无偿捐献遗体。这个小伙子的主要亲人有母亲、姐姐和姐夫。

授课教师提前熟悉新闻内容，接受学生记者采访。以下内容仅供授课教师接受采访使用，学生在设计问题之前不要阅读——

（1）康宇的主要情况

小伙子叫康宇，家住唐山市丰南区柳前村，接受采访时28岁。从7岁开始，康宇就一直瘫痪在床，生活完全不能自理。

康宇3岁时患上了类风湿性关节炎，此后一直求医问药，但始终未能治好疾病。

唐山大地震后，两岁的小康宇跟父母住进了简易房，简易房潮湿阴暗可能导致患病。

（2）捐献遗体决定

康宇从5年之前就有了捐献遗体的想法。

去年12月2日，由于长期大剂量服用止痛药，康宇突发大出血，差点去世。这场大病让康宇下定决心捐献遗体。

（3）家人的反应

母亲刚开始不同意，一提到捐献遗体的事，母亲就会流泪。

姐夫听说康宇要捐献遗体便赶回家里，责怪康宇不跟家里商量就定了下来。

家人最终都尊重了康宇的决定。

姐姐一家住在震后盖起的三间茅草房里。姐夫在外面打工，一个月挣四五百元，姐姐在临街开了家杂货店，他们挣的钱大都供康宇看病了。

（4）直接引语

康宇说："我的视力不错，可以捐献眼角膜，如果肾脏好的话也可以无偿捐献，尸体可供解剖，我愿意把我身体的一切都无偿捐献给国家。"

康宇说："我这种病是死不了的癌症，非常痛苦。如果国家需要我这样的病人做研究，能够研究出治疗类风湿病的办法，那也就值了。"

康宇说："我特别着急把捐献遗体司法手续办好，那样我才会安心。"

康宇劝妈妈说："送到火葬场烧了我，你们就舍得？还不如捐献给国家呢。"

姐夫流泪说："如果我早知道的话，我也不同意。"

姐姐说："我们最终还得尊重我兄弟的意愿，村里人笑话我也没什么。"

二、成稿实训

将上述采访记录整理成新闻稿，与参考稿件对比，看提问是否周全。

三、说服采访对象

如果让你采访本市市长,请找出让对方接受你采访的三个理由。并请你思考如何能够找对你的采访对象。

四、问题设计

如果让你采访你所在高校的大学校长,请你设计15个问题。从中筛选出5个更有价值的问题。

五、趣味听辨

请一位同学依据下文,以台湾口音混杂东北词语形式说出,其他同学认真倾听,但不做笔记。看看你能记住里面的几个东北词语:

我跟你讲厚(哦),这件事情我真的要跟你好好唠一唠,真的超葛(超级尴尬又好笑)的。我没有想到她那个人会那么埋汰,真的,你缩(说)她这个人怎能酱婶(这样式)。你也造(知道)我那个包包老贵了,那我就跟她缩(说)啊,你憋摸(别摸),你摸坏了咋整?嗷,我缩(说)完了她还看我哎!嗷,天哪,真想找人削她。要不是她旁边那几个大老娘们儿,我真的大耳刮子上去哦,我跟你缩(说)。那你看看,我不是那种会忽悠的人好吗。你看她自己那磕碜的样子,真的老搞siao(笑)了。

六、记录模拟

2011年3月30日,CCTV新闻频道播发《揭秘足坛"黑哨""黑金"内幕》。请观看电视新闻片段,记录被访者的原话。一边记录一边适时地看一下屏幕,就像在与采访对象进行目光交流一样。

将你的笔记与其他同学的笔记做一比较,再看一遍录像,看看你们记录的准确程度如何。

如果不准确或有错误,请分析是什么因素造成了这种结果,思考一下如何提高记录的准确度。

七、描述训练

不要看你旁边的人,单凭印象给他写一篇速写,其中包括他的穿着以及你所能记得的他的相貌。然后将你的速写与他做一下对照。

八、展示动作训练

请为你的老师、亲戚、朋友或其他采访对象写一段描述性文字,尽量通过描写他的动作来展示他的行为、性格或其他特征。

第三节 操作参考

一、提问训练

采访对象:一个患有类风湿性关节炎的农村男孩康宇。

采访方式:主要依靠提问和观察获取相关信息,主要采访人物为康宇,同时采访他的母亲、姐姐和姐夫,如有可能还应该采访村干部及相关专家。

简要提纲:

采访康宇,询问康宇的人生简历。什么时候出生?什么时候得类风湿性关节炎?

得病原因?都去过什么医院治疗?治疗效果怎么样?

什么时候想到捐献遗体?为什么要捐献器官?想捐献哪些器官?是否顾虑到亲人的意见?

采访康宇的母亲、姐姐和姐夫,印证康宇对相关问题的说法,核实相关细节。

询问康宇亲人的职业以及对他捐献遗体的看法。

观察康宇的相貌、举止、动作、住所环境情况,观察康宇亲人的表情等。

采访红十字会及相关专家对其捐献遗体的建议。

二、成稿实训

下文是本书作者担任《燕赵都市报》记者时采写的一篇稿件,可供参阅。

另外需要补充说明的是,十年后的2013年,长年瘫痪在床的康宇迎娶马来西亚姑娘颜淑英,又成了一件备受当地媒体关注的新闻。村民说:"哪里能想到,已经在床上瘫了半辈子的宇子,竟然不声不响地把一个洋媳妇娶回家来了。"

两人网恋两年,马来西亚姑娘颜淑英下定决心远嫁中国残疾青年康宇。经过半年的拉锯战,颜淑英的家人最终妥协。2013年7月24日,康宇和颜淑英在河北省民政厅领取了结婚证,8月8日两人举办了婚礼。

这些都是后话。

残疾小伙儿康宇:捐献遗体是我最大的心愿

"我的视力不错,可以捐献眼角膜,如果肾脏好的话也可以无偿捐献,尸体可供解剖,我愿意把我身体的一切都无偿捐献给国家。"8月13日,唐山市丰南区柳前村28岁的残疾小伙康宇躺在病床上说。

唐山大地震后,两岁的小康宇跟父母住进了简易房,简易房潮湿阴暗。3岁的时候,康宇患上了类风湿性关节炎。此后一直没有停止过求医问药,但病却始终没能治好。

从7岁开始,康宇就一直瘫痪在床,生活完全不能自理。

去年12月2日,由于长期大剂量服用止痛药,康宇突发大出血,差点没有挺过来。这场大病使康宇下定决心,一定要尽快办好遗体捐献的事。

康宇从5年之前就有了捐献遗体的想法,"我这种病是死不了的癌症,非常痛苦。如果国家需要我这样的病人做研究,能够研究出治疗类风湿病的办法,那也就值了。"可是一提到捐献遗体的事,康宇的母亲就会流泪,从心里讲,母亲是不愿将儿子的遗体捐献出去的。

"我特别着急把捐献遗体的司法手续办好,那样我才会安心。"康宇觉得只有走司法手续,他无偿捐献遗体的事情才可能有保障。

当康宇告诉母亲的时候,母亲不禁老泪纵横,康宇宽慰妈妈:"送到火葬场烧了我,你们就舍得?还不如捐献给国家呢。"

在外打工的姐夫也闻讯赶回家,他责怪康宇这么大的事情也不跟家里商量就定了下来。"如果我早知道的话,我也不同意。"姐夫也掉泪了。

其实为抚养康宇,姐姐和姐夫已经付出了许多,姐夫在外面打工,一个月挣四五百元,姐姐在临街开了家杂货店,他们共同抚养康宇,挣的钱大都供康宇看病了。至今姐姐一家还住在震后盖起的三间茅草房里。

"我们最终还得尊重我兄弟的意愿,"姐姐说,"村里人笑话我也没什么。"在康宇的解释和坚持下,姐姐和姐夫终于想通了,家人同意了他捐献遗体的要求。

三、说服采访对象

如果采访本市市长,可以用以下理由劝服其接受采访。

(1) 我是本市大学学生,您原来也在大学担任教授职务,想请教您对本市大学发展问题的看法。

(2) 本市是一个重工业城市,自去年冬天以来我市空气污染情况一直非常严重,市民认为政府只顾发展经济,在污染治理方面根本就没有采取积极措施。还是请您谈谈您的看法吧。

(3) 我们在搞一个大学生与政府官员对话活动,在全国挑选了5名市长进行访问,因为您是一个学者型的官员,在城市经济发展与管理方面取得了卓越的成绩,想邀请您参加这个活动。访谈大约占用您15分钟左右的时间,不会给您增添压力和负担。

对于一个大学生来讲,要见到市长并不是一件容易的事情。可以考虑搜集市长近期活动信息,在市长到基层调研时与其相见,提出采访问题。也可以考虑直接到市政府去面见市长,这需要事先了解市长办公室地点。

四、问题设计

采访校长的主要问题:

(1) 我们学校校园面积这么小,很多人认为这会限制学校的发展,您怎么看这个问题?

(2) 如何看待我校在全国大学排名中的位置?

（3）经常有学生拿着暖壶到教学楼打水，致使我们想喝杯开水都要等候太长时间，学校能否加强这方面的管理？

（4）学生反映食堂饭菜卫生情况令人担忧，尤其担心会使用地沟油做菜，学校对此是否采取了保障措施？

（5）实习的时候学生自己去联系实习单位，学校能否安排老师带队集中实习？

（6）学校有无给学生宿舍安装空调的计划？

（7）请校长谈谈治学经验，您的研究方向是什么？最近在从事哪方面的研究？

（8）您出版了哪些学术著作？

（9）您最得意的著作是什么？

（10）您喜欢教育工作吗？

（11）您是怎样走上大学校长这个岗位的？

（12）您的大学生活中最难忘的一件事情是什么？

（13）大学生应该怎样度过大学时光？

（14）您如何看待新一代大学生？

（15）您如何评价我校教师群体？

从上述问题中筛选出更有价值的5个问题，包括：（2）（6）（7）（12）（15）。

五、趣味听辨

唠一唠，埋汰，咋整，削，大老娘们儿，忽悠，磕碜。

六、记录模拟

采用笔记的方式记录谈话，其准确性是有折扣的。如果将其作为直接引语使用，这多多少少还是会损害新闻真实性。笔录是一种基本的记录方式，但最好还要结合录音、录像等其他方式，这样才能真正确保引语写作与被访者原话的符合度。

七、描述训练

高考状元张杰速写

　　张杰留给别人的印象是很朴实也很有教养，对人一直彬彬有礼。小伙子1.70米左右的个头，穿着略显宽大的校服，剃个光头，戴着眼镜，眼睛不大但炯炯有神。他说自己并不是天才，只是一个普通的农家男孩，他能成功靠的是学习上有一套整体观念的指导，还有自己持之以恒的努力。

八、展示动作训练

舞蹈病人创业者马俊明

　　"虽然我是残疾人，但我还能搞点事业，他们（其他残疾人）比我还难，他们连就业的能力都没有。"50岁的马俊明收养了6名残疾人到他刚刚创办的工厂，他想让这些残疾人能够过上好日子。

　　其实，马俊明的日子也不一定好过到哪里去。1969年马俊明随着当年的知青们下乡到丰润板桥，6月份他从房子上摔下来，差点没有挺过来。后来，命总算保住了，可落下了终身残疾。家里一直为他寻医问药，花尽了积蓄。唐山大地震中，马俊明失去了父母双亲，治病的事情就此打住。

　　"我这种病叫'小舞蹈'，唐山就我这一个。"他对记者说，风湿性舞蹈病可能还好治些，但像他这样摔出来的"小舞蹈"全国都少见，早就没有什么希望了。

　　患了这种病，行为就会出现舞蹈样的动作，这是一种极快的、不规则、跳动式无意义的不自主动作。面肌的不自主运动还表现为皱额、噘嘴、眨眼、吐舌、挤眉等，变幻不已。语言、咀嚼和吞咽功能同时也要受到影响。

　　这两天，马俊明的情绪更加波动，在与记者谈话的整个过程中，他上述不由自主的运动尤其明显。

第四章 语言与编辑

第一节 理论精要

一、新闻语言运用要求

（一）准确

（1）保证确有其事，不杜撰，不虚构。

（2）构成新闻的基本要素必须准确：5W1H。每一个细节都要准确：人名，地名，组织机构名称；餐馆、咖啡厅、网吧的名称；年龄、年份、性别；直接引语、数字。

（3）引用的各种资料必须准确无误，注意核实。

（4）年末岁初的稿件要特别注意年份的表述，确定到底是"今年"还是"去年"。

（5）注意标题与正文内容、正文内容的前后表述是否吻合。一旦发现有相互矛盾的地方，就要予以纠正，消除差错。

（6）遇有疑问之处，立即向有关人员查询请教，决不要犹豫。

（7）正确使用标点符号，不写病句。

（8）不要写错别字。字典是最好的老师，遇到拿不准的字词马上查阅字典。

（9）正确使用"的""地""得"。

（10）警惕计算机。计算机打字也容易出错，尤其是连拼的词语，不小心的话就会选择了错误的词组。

（11）使用中性色彩的词语。

（二）具体

（1）多使用子概念，少使用母概念。如使用"水果刀"而不使用"工具"来表示事物概念。

（2）用换算、比较或日常情景转化来代替形容词,对形容词或抽象的评价做进一步的解释。

（3）强调事实本身的力量,提供明确的事例、情节或细节,代替枯燥抽象的评论,代替乏味的形容词、副词。

（4）把抽象的数字形象化。庞大的数字往往不能给人一个清晰的印象,这个时候记者应当做一个形象化的工作。

（三）通俗

1. 使用大众化语言撰写新闻

新闻报道是面向大众传播的,应当尽可能地使用老百姓都能听得懂的语言来写作。新闻报道中要尽可能地使用常用的字词,使用短词语短句子,这样的语言更容易理解。

大众化语言更朴实更生动,也更容易被广大读者所接受,恰当地使用大众化语言可以使新闻报道更加通俗易懂。

2. 尽量避免使用术语和行话

术语或行话不便于大众理解,大众所共享的语言是普通语言,记者应该尽量使用普通的字词,尽量避免使用术语和行话写作。能用普通词语表达,就绝不使用术语或行话;能用简单术语表达,就不要使用复杂术语。

3. 如何考虑使用术语和行话

首先,要考虑媒体受众情况。满足特定受众兴趣的小众化媒体,可以更加自由地使用术语和行话。

其次,常见词无法表示新事物时可考虑使用新词。当新兴事物出现时,与之相对应的新的词也总会显示出它的价值来。在常见词无法表示新事物时,不妨就直接使用新词——术语。

再次,要判定术语的生命力。一些术语生命力强大,记者可以考虑恰当地运用生命力持久的术语。

最后,要视情况对术语做注解。当一个术语刚出现时,你的大部分读者可能并不理解它的含义,你应该紧接着对其做解释。可以在术语的后面加括号注解,也可以不采用加括号的形式,而是另起一句话,以背景文字的形式做解释。还可以在文后用"链接"的形式,对关键术语加以解释。

（四）清晰

1. 思路清晰是前提

新闻报道的过程就是记者对新闻事实的理解及展现过程,不理解就无法报道。

记者在报道中始终是读者的向导,你自己都不清楚事情的来龙去脉,又怎么能让你的读者明白呢?落笔前记者必须把自己的思路理清楚,记者对新闻事实有了透彻、清醒的认识,才能够一语中的。

2. 正确组织和表述语句

句法错误会攻击你的表述,让语句表意模糊不清,扰乱读者的思路。记者应该正确组织和表述语句,使用结构严谨、没有缺憾的句子,清晰明了地传达信息。

（五）简洁

撰写新闻报道文字越简练越好。优秀的新闻作品不应该有一个多余的字,能用一个字,就决不用两个字。以下这些方法有助于使语言简洁:

（1）从实际出发,突出中心,不说同中心无关的话。剔除可有可无的词语。

（2）一句话最好只表达一层意思,宁用短句,不用长句;宁用简单句不用复合句。

（3）不用欧化的长句式,决不矫揉造作地写文章。

（4）不说不言而喻的和重复的话。

（5）尽量不使用形容词和副词,尽量减少修饰成分。

（6）新闻语言强调简洁,但简洁不等于抽象,简洁更不等于简陋。

（7）运用简笔进行新闻描写,点到为止。

二、节奏的把握

新闻作品的节奏主要有两个特征,一是快,二是变。

总体上讲,新闻报道的节奏是快的。新闻报道应该尽可能快速地传递事实变动信息,读者等不了慢慢悠悠的新闻,所以要强调撰写短的句子、短的段落,以此来加快报道的节奏。

然而,新闻也不总是保持着一个固定的节奏,它在强调快的基础上同时还注意了节奏的变化。以短句子、短段落为主,偶尔来一个长句子、长段落,让节奏慢下来,然后又是短句子、短段落,节奏又快上去。这样就产生了节奏的变动,让读者看到了变化,同时也缓解了读者的阅读疲倦感。

(一)句子要简短

(1)一句话说明一个内容,表达一个意思。

(2)美国专家认为,17个单词组成的句子是"是否便于理解"的分水岭。我们可以参考这个数据,尽量控制句子的字数。

(3)非用长句不可的时候,注意使用标点符号进行合理的分割。

(二)段落也要短

为了便于阅读,要有意识地把段落做短。每一个段落讲述一个新闻意思,每一个段落开辟一个新的叙述角度。

(三)逗号是个好东西

标点符号的运用是写作的基本功,这里我们以逗号为例来说明标点符号运用的重要性。

使用逗号将长句子切割成短句子,节奏感得到了加强。

逗号是个好东西,句号也是个好东西。多用逗号,多用句号,将句子做短,可以让读者更加轻松地阅读你的文章。

(四)长短句的交替使用

新闻写作中,在保证多用短句的前提下,长句、短句和不长不短的句子,可以综合起来运用。句子长度的突然改变,会引起读者对句子的注意。

(五)表现手法的交替使用

在新闻报道中交替使用叙述、环境描写、细节描写、直接引语、间接引语等多种表现手法,也会引起节奏感的变化,这比单一使用某种表现手法要活泼得多,吸引力也会更强一些。

(六)使用平行结构

平行结构实质上是一种排比,但它不同于重复词语的排比,它是一种具有诗情的排比。它不虚张声势,也不咄咄逼人,它有一种安静的力量,将情感蕴含在句子的结构中,让读者细细感受它的节奏和力量。如下面这个例子中的小标题采用了平行结构形式,读起来耐人寻味:

"欧文宣布赛季末退役　引球迷集体感怀(引)

别了　那年少轻狂的青春(主)

(1) 不想听到,你这声音(指的是欧文宣布退役的声音)(小标题)

(2) 只能留恋,你的身影(小标题)

(3) 一声叹息,我的青春(小标题)"[①]。

三、语言运用的具体技术

（一）删除多余的字词

养成简洁写作的习惯,说话干脆利落,决不拖泥带水。能删除的字词,毫不吝惜地删掉。

（二）不要发表记者的议论

在新闻报道中对人、地方和事情的好恶褒贬必须出自事实而非记者的观点,记者不应该直接发表自己的议论。

（三）动词的使用

动词可以分成两大类:中性动词和倾向性动词。中性动词是那些不容易波动的、稳定的动词,它们代表着中立、客观和平衡,不带有强烈的感情色彩,没有倾向性。

倾向性动词是那些很容易波动的、不稳定的动词,它们带有强烈的感情色彩,充满了情绪,带有倾向性。

遵循新闻报道的客观原则,稿件中应当尽量使用中性动词,慎用倾向性动词。

（四）名词的使用

用具体的名词,不用概括性名词,用"香蕉""苹果",而不用"水果"。

删除多余的名词。如果没有必要的话,"记者"这个词就不应当出现在报道中。

另外,名词也有中性名词和倾向性名词之分,记者在写作的时候应该注意这一点。对身体有缺陷的人士,不能使用"瞎子""聋子""弱智"等带有污蔑意味的名词,而应使用"盲人""聋人""智力障碍者"等名词。

新闻报道中还要特别注意涉及民族称谓的一些名词用法。

---

① 见《燕赵都市报》2013年3月20日第11版。

少数民族支系、部落不能称为民族,应使用"摩梭人""撒尼人""穿(川)青人"等称呼,不要称为"摩梭族""撒尼族""穿(川)青族"。

不要将宗教与民族混为一谈。中国信仰伊斯兰教的民族有回族、维吾尔族、哈萨克族、东乡族、保安族等十个民族,不要说"伊斯兰教就是回族"或"回族就是伊斯兰教"。"穆斯林"是伊斯兰教信徒的通称,要注意"回族""阿拉伯人"等提法与"穆斯林"的区别。

不使用"穆斯林国家"或"穆斯林世界",使用"伊斯兰国家"或"伊斯兰世界"。"穆斯林"强调的是信徒,"伊斯兰"强调的是宗教,后者适宜作为"国家"或"世界"的限定语。

报道中要注意民族禁忌,涉及信仰伊斯兰教的民族的报道,不要提"猪肉"。穆斯林宰牛羊和家禽,只能写为"宰",而不要写为"杀"。使用"回族""回民"等称呼,不使用"回子""蛮子"等侮辱性称呼。

(五)警惕形容词和副词,注重细节刻画

形容词和副词是新闻写作的陷阱,形容词是名词的天敌,副词是动词的天敌。除非迫不得已,职业新闻人最好不用形容词和副词。去掉形容词和副词,改用细节刻画手段,这比多少个形容词和副词的力量都要大。

(六)使用主动语态,使用肯定语气

主动语态比被动语态更有力量,肯定语气比否定语气给予读者的信息更加明确。

(七)消除宣传说教语言,不说套话

套话和宣传说教语言令人反感,也是违背新闻写作的专业技术要求的。新闻写作应该强调真实、具体、细节、客观的力量,力避宣传腔调。

(八)修辞格的运用问题

恰当运用修辞格的新闻报道一样会博得读者的青睐,但这需要谨慎对待,修辞格的运用必须妥当才行。

四、特殊技法的运用问题

(一)能不能运用第一人称

基于新闻的客观原则要求,一般不提倡记者直接使用"我""我们""我的"

"我们的"这样的字眼。

在亲历新闻、置身其中的前提下,记者本身变成了权威知情者或权威当事人时,可以采用第一人称来写作。

(二)能不能允许"记者的感受和评论"

从新闻报道的专业要求来看,记者一般不能发表评论,也不必大谈特谈自己的感受,但有一些例外是值得注意的。

如果记者亲历了新闻事件,成为权威知情者,则可以发表"记者的感受和评论"。这种允许发表的"记者的感受和评论",更多的应该被当作事实材料来对待。

从体裁的角度看,运用第一人称、发表"记者的感受和评论"在消息中极少出现,在特稿中出现的情况相对多一些。

第二节 实践训练

一、掌握常用校对符号的用法

找来常用校对符号进行研读和学习,掌握常用校对符号的用法,学会在稿件编辑过程中熟练运用校对符号。

二、汉字听写

找一位同学念出这些词语,你来听写,看看你能写对多少汉字。

(1)插科打诨　(2)趋之若鹜　(3)严惩不贷　(4)张皇失措

(5)气冲霄汉　(6)贸然从事　(7)鸿篇巨制　(8)惨绝人寰

(9)好高骛远　(10)水性杨花

三、修改与编辑

(1) 工程涉及韩城镇东欢坨一、二、三、四村、何家庄、董家庄共4032户、10012名群众。

(2) 杨一民所涉及的受贿金额,并不是此前披露的1200万元,而是1254900元,涉案金额缩水了近十倍。

（3）年末全球性金融危机来势汹汹,我们一定要想尽一切办法狙击百年一遇的金融风暴。

（4）斯诺登将两份绝秘资料交给英国《卫报》和美国《华盛顿邮报》,被指泄秘。

（5）他的研究成果解决了十多亿人的吃饭问题,令世界为之侧目。

（6）这家小店的羊羯子火锅可真是好吃。

（7）见到你我太高兴了,这些日子我无时无刻在想念着你。

（8）中国共产党党徽为镰刀和斧头组成的图案。

（9）2011年7月,杭州钱江三桥发生部分坍塌事故,有关报道中说,大桥在施工中曾存在"过分强行合拢"的问题。

（10）今天的温度是摄氏20度,我觉得很舒服。

（11）一年之季在于春,你可得抓紧时间学习啊。

（12）这样以来我就偷偷过来,我们能够享受片刻的独处时光。

（13）你每天必需按时吃药。

（14）省长主持了这次调度会,布署了今后的工作。

（15）王立军被判处15年有期徒刑后,认罪伏法,不上诉。

（16）中国红十字会是非盈利组织。

四、"的""地""得"练习

看看下列句子中"的""地""得"用法是否正确,如果存在问题请指出来,并加以改正。

（1）她想地最多的是孩子的未来。

（2）张明明用冻的发紫的手指了指摆放的整整齐齐的方便面。

（3）基本工资1800元,再加上提成,我每个月挣得也不少。

（4）刘小光说他每天都特别的忙。

（5）张雨说这里的工资少的可怜。

五、通讯员稿件评析与修改

下文是一个通讯员撰写的新闻稿,阅读并分析这篇稿件语言方面存在的问题,给出修改意见并试着修改这篇文章。将你的修改稿与其他同学的修改稿做一下比较,看看谁修改得更好。

筑爱心墙,争分夺秒

　　我唐山市第六幼儿园地处国防道西段,3月14日晚上,与东边邻居"小区集中供暖锅炉房"之间的围墙,发生了倒塌,一个直径约70厘米的洞,是由于邻居锅炉房煤堆压迫所致。当时幼儿园主要负责人张园长及有关人员,非常着急,赶紧找到了锅炉房的主要负责人赵工长说明情况,并请赵工长及有关人员,进行现场勘察。第二天一早,他们便安排工作任务,调来了大型铲车,拉来砖块、水泥、召集了几位建筑工人,重新推倒约15米的院墙,抓紧抢修、建筑。张院长始终站在建筑工地,陪同建筑工人。截止到今天中午12点,一面崭新坚固的院墙已经重现在幼儿园东侧。

　　在我园3月份安全月活动中,我们及时发现并解决了一起危机幼儿园安全的事故隐患,为安全月谱出了一曲精彩的篇章。

　　事后赵工长和建筑工人说:孩子可是每一个家庭的宝贝,我们宁可不吃饭也要抓紧每一分每一秒把院墙赶紧修筑好。看着眨眼间拔地而起的崭新的院墙,家长们说:幼儿园为孩子全权的责任心让我们放心,筑墙工人的爱心与实际行动更让我们感动。

六、语言规范化

请先阅读下列报道,然后按照后面的项目进行训练:

唐山二院为丰润王各庄村民送医药[1]

　　本报讯 3月22日,市第二医院院长、党委副书记赵刚带领脊柱外科等六个科室的专家及护理人员16人,来到丰润区王各庄一村,开展以"基层建设年活动"为主题的医疗帮扶义诊活动。

　　义诊前,工作队员在逐户走访村民的过程中发现,该村村民身体病患主要体现在腰、颈、肩、关节及术后恢复不良等方面。此外村民的

---

[1] 黄冬梅、钱磊摄影报道,http://tangshan.huanbohainews.com.cn/system/2012/03/22/011116021.shtml。

健康保健意识普遍较差，有怕麻烦、能挺就挺的思想，以致小病成顽疾，在迫不得已的情况下才选择去医院就诊。医院领导了解情况后，果断抽调相关专家，组成义诊队，来到村民身边为他们排忧解难。

义诊现场，闻讯赶来的村民络绎不绝。工作人员有条不紊地为村民进行分诊，专家主任耐心细致地询问村民的身体状况，为村民进行认真检查，耐心解答村民的疑问；对一些常见病、多发病进行诊断以及用药指导；为村民进行骨科疾病的健康知识宣讲。对检查中发现的疑难病症，需进一步检查的，医院专家向村民们发放了就医联系名片，村民可随时联系专家到医院进一步检查治疗。

脊柱外科主任李永民在为村民王某查体后，告诉他患了腰肌纤维炎，并告知在家中的治疗方法和注意事项，他激动地说："疼了半辈子的腰，这下终于找着病根了。"

专家们精湛的医术、优良的作风，给王各庄一村的村民心中注入了阵阵暖流。此次义诊，共接受村民咨询200余人次，发放健教宣传单5000余份，发放就医联系名片近百张，还免费发放了价值3000余元的药品，受到广大村民的一致好评。

（1）找出其中使用的套话，分析评价其效果；
（2）找出其中使用的形容词，分析评价其效果；
（3）找出其中使用的副词，分析评价其效果；
（4）找出其中使用的动词，分析评价其效果；
（5）找出其中使用的名词，分析评价其效果；
（6）将其编辑、修改成符合新闻规范的稿件。

七、走进社区

到社区里逛一逛，看看居民家里有什么困难，或者就自己家里遭受暴雨、雪灾等情况撰写稿件，注意使用规范的新闻语言。

八、标点符号讨论

广播电视节目、影视剧名称应该用引号还是书名号？课程名称应该用引号还是书名号？

第三节　操作参考

一、掌握常用校对符号的用法

本书作者依据国家标准,对常用校对符号及其用法做了整理,供读者参考使用。

常用校对符号及其用法

编号	符号	用途	用法示例
1	○—○	改正	会让你的读着失去耐心。者
2	○—↓	删除	让读者烦躁嗓和焦虑。
3	⌐○	增补	把背分解到全文中。景
4	○—✗	换损污字	很多人仍看不起病。
5	‖—‖	排齐	几个人一起说一句很长的话,每个字都是一样的,这是很不现实的。
6	⌒ ⌣	对调	尽量号用省略少,多用号逗和句号。
7	Υ	转移	不妨以间接引语的形式加以表述干脆。
8	↶	接排	不要故意把问题描述得太复杂,不要问太长的问题。
9	⌐⌐	另起段	告别伪善的第一步。而从社会……
10	∨ ＞	加大空距	融合新闻 总编辑为记者们批量购买了《新闻报道写作:理论、方法与技术》一书。
11	∧ ＜	减小空距	一些术语生 命力强大。
12	Ｙ	分开(用于外文)	NewsWriting
13	△	保留	养成交代消息来源的习惯。
14	○=	代替	要重视关键词的使用,但不要滥用关键词,不要生硬地使用关键词。○=键
15	○○○	说明	第一章　寻找新闻　改黑体 ○○○

二、汉字听写

新媒体时代人们运用电脑写东西越来越频繁,提笔忘字的现象已经非常严重了。汉字是我们中国人书面表达最重要的工具,我们应该高度重视汉字的掌握问题。

我们中国人花了太多的精力学习外语,花了太多的时间来提升学历,到后来却发现自己连很多汉字都不会写,真是令人汗颜。

汉字都写不对,都不会写,还谈什么写作呀!对汉字的学习应该持续终生,应该经常动动手,写一写,记一记。

（1）插科打诨("诨"容易错写成"浑")。
（2）趋之若鹜("鹜"可能写不出来)。
（3）严惩不贷("贷"容易错写成"怠")。
（4）张皇失措("皇"容易错写成"慌")。
（5）气冲霄汉("霄"有可能错写成"宵")。
（6）贸然从事("贸"容易错写成"冒")。
（7）鸿篇巨制("鸿"容易错写成"宏")。
（8）惨绝人寰("寰"有可能写不出来)。
（9）好高骛远("骛"容易写错)。
（10）水性杨花("杨"容易错写成"扬")。

三、修改与编辑

（1）工程涉及韩城镇东欢坨一、二、三、四村,何家庄,董家庄,共4032户10012名群众。

（2）"涉案金额缩水了近十倍"改为"涉案金额缩水了近90%"。

（3）"狙击"改为"阻击"。

（4）"绝秘"应改为"绝密","泄秘"应改为"泄密"。"秘"和"密"都含有不为他人所知的意思,但"秘"强调的是客观上不为他人所知,通常用于"秘方""秘籍""秘诀""秘而不宣""秘书"等;"密"强调的是主观上不想被别人知道,通常用于"机密""密电""密谋""密探""密谈"等。

（5）"侧目"改为"瞩目"。("侧目",是指斜目而视,形容愤恨或者畏惧的样子。)

（6）"羊羯子"是一种错误写法，应为"羊蝎子"。羊的脊椎骨形状像蝎子，俗称"羊蝎子"。"羯"有两个意思，一是指阉割了的公羊，二是指我国一个曾附属于匈奴的古代民族，跟"羊蝎子"没有关系。

（7）"无时无刻在想念着你"改为"无时无刻不在想念着你"。

（8）"斧头"改为"锤头"。

（9）"合拢"改为"合龙"。（传说天上的龙有吐水的本领，故人们把大坝未合龙时的流水口比作龙口；而把修筑堤坝或桥梁等从两端施工，最后在中间接合，叫作"合龙"。"合拢"只是靠拢在一起，与"合龙"不是一回事。）

（10）"摄氏20度"改为"20摄氏度"。（摄氏度是温标的一种，由瑞士天文学家摄尔修斯制定。这是一个法定计量单位，不能随意拆开。）

（11）"一年之季"改为"一年之计"。（"一年之计"是指要在一年开始时多做工作，为实现全年的奋斗目标打好基础。"计"，计划、规划，误为"季度""季节"的"季"或"边际""国际"的"际"，都是不对的。）

（12）"以来"改为"一来"。（"以来"表示前后时间关系，含有"自过去某个时间点开始以后的这段时间"的意思，如"自清朝以来"。"一来"表示前后因果关系，含有"前面一个行为或动作便于导致后一个行为或动作发生"的意思。）

（13）"必需"改为"必须"。（"必须"是副词，含义是"一定要"，强调某件事在情理上必要，一定得这么做；"必需"是动词，含义是"一定得有；不能缺少"，强调特别需要某种事物，如"空气是我们生存所必需"。）

（14）"布署"改为"部署"。（"部署"是"有计划地布置或安排"的意思，"部"不能误写成"布"，"布署"是一种错误写法。）

（15）"伏法"改为"服法"。（"伏法"是指犯人已经被执行了死刑，"服法"表示犯人服从法院判决。）

（16）"非盈利"改为"非营利"。"盈利"的含义是客观上的"利润"，"营利"是主观上"谋求利润"。不可把"非营利组织"误写成"非盈利组织"。

四、"的""地""得"练习

（1）她想得最多的是孩子的未来。

（2）张明明用冻得发紫的手指了指摆放得整整齐齐的方便面。

（3）正确。把"得"改成"的"也可以。

（4）刘小光说他每天都特别忙。

（5）张雨说这里的工资少得可怜。

五、通讯员稿件评析与修改

存在的问题主要包括：

（1）标题不符合新闻写作的要求，这是一篇消息，它的新闻标题应该采用主谓句的形式，概况出新闻的核心事实，突出变动状态，突出动词的使用。

（2）没有写好导语段，所谓导语段并没有凸显最有新闻价值的事实。可以考虑采用概述的方式，将核心事实呈现出来。

（3）语言不够简练，可读性差，第一段中的句子过长，没有必要介绍第六幼儿园的所处位置，也不应该说"我唐山市"，说"唐山市"即可。对幼儿园园长的称谓有时写成"院长"，不妥。

（4）有套话痕迹，如"为安全月谱出了一曲精彩的篇章"，这会使得新闻不够客观真实。

（5）最后一段使用了两个直接引语，但直接引语不应该使用复数消息来源。最好采访一个具体的消息来源，让一个人来说一两句话，作为直接引语。复数消息来源的引语以间接引语的形式出现。

（6）总的来讲，稿件所述事实新闻价值不是太大，也没有多少有深度的内容，对其中模糊的信息可考虑重新采访、核实。如果非要编发，可考虑这样修改——

为了幼儿园孩子的安全　锅炉房重新修建约 15 米院墙

唐山市第六幼儿园与小区集中供暖锅炉房之间的围墙被挤压出一个直径约 70 厘米的洞，为了幼儿园孩子的安全，锅炉房重新修建了约 15 米的院墙。

市第六幼儿园与 51 号小区集中供暖锅炉房以一道院墙相隔，3 月 14 日晚上，由于锅炉房煤堆压迫所致，院墙上破损了一个直径约 70 厘米的洞。

事发后，幼儿园园长张××非常着急，赶紧找到了锅炉房负责人赵××说明情况,请他们现场勘察。

第二天一早,锅炉房负责人赵××安排了施工任务,调来了大型铲车,拉来砖块、水泥。为了幼儿园孩子的安全,建筑工人推倒了原来约15米的旧院墙,修建了新院墙。幼儿园张园长也始终站在建筑工地,陪同建筑工人。

赵工长和建筑工人说,孩子可是每一个家庭的宝贝,我们宁可不吃饭也要抓紧每一分每一秒把院墙修筑好。

六、语言规范化

(1) 找出其中的套话、形容词、副词、动词、名词,详见文中标注。

唐山二院为丰润王各庄村民送医送药

本报讯 3月22日,市第二医院院长、党委副书记赵刚带领脊柱外科等六个科室的专家及护理人员16人,来到丰润区王各庄一村,开展以"基层建设年活动"为主题的医疗帮扶义诊活动。

义诊前,工作队员在逐户走访村民的过程中发现,该村村民身体病患主要体现在腰、颈、肩、关节及术后恢复不良等方面。此外村民的健康保健意识普遍较差,有怕麻烦、**能挺就挺**(动词词组,比较恰当)的思想,以致小病成顽疾,在迫不得已的情况下才选择去医院就诊。医院领导了解情况后,**果断**(副词,此处含有宣传意味,可以考虑去掉)抽调相关专家,组成义诊队,来到村民身边为他们排忧解难。

义诊现场,闻讯赶来的村民**络绎不绝**。工作人员有条不紊地为村民进行分诊,专家主任耐心细致地询问村民的身体状况,为村民进行认真检查,**耐心**(副词,副词并非完全不能用,此处使用这个副词比较妥当)解答村民的疑问;对一些常见病、多发病进行诊断以及用药指导;为村民进行骨科疾病的健康知识宣讲。对检查中发现的疑难病症,需进一步检查的,医院专家向村民们发放了就医联系名片,村民可随时联系专家到医院进一步检查治疗。

脊柱外科主任李永民在为村民王某查体后,告诉他患了**腰肌纤维炎**(名词,具体可信),并**告知**(动词,中性动词,符合新闻报道语言规范要求,用得好)在家中的治疗方法和注意事项,他激动地说:"疼了半辈子的腰,这下终于找着病根了。"(讲一个具体的故事,让事实讲话,增强了可读性)

专家们精湛的医术、优良的作风,给王各庄一村的村民心中注入了阵阵暖流(套话,里面夹杂了很多形容词,做赞扬性评论,违背了新闻报道的客观、真实原则,容易夸大,容易引起读者反感)。此次义诊,共接受村民咨询 200 余人次,发放健教(应该慎用简称,不如改成"健康教育")宣传单 5000 余份,发放就医联系名片近百张,还免费发放了价值 3000 余元的药品,受到广大村民的一致(副词,只要有一个没有给予好评,这句话就说错了)好评。

(2)修改后的文章如下——

唐山二院为丰润王各庄村民送医送药

本报讯 3 月 22 日,市第二医院院长赵刚带领脊柱外科等六个科室的专家及护理人员 16 人,来到丰润区王各庄一村,开展以"基层建设年活动"为主题的医疗帮扶义诊活动。

义诊前,工作队员在逐户走访村民的过程中发现,该村村民身体病患主要体现在腰、颈、肩、关节及术后恢复不良等方面。此外村民的健康保健意识普遍较差,有怕麻烦、能挺就挺的思想,以致小病成顽疾,在迫不得已的情况下才选择去医院就诊。

医院领导了解情况后,抽调相关专家,组成义诊队,来到村民身边为他们排忧解难。

工作人员有条不紊地为村民进行分诊,专家主任耐心细致地询问村民的身体状况,为村民进行认真检查,耐心解答村民的疑问;对一些常见病、多发病进行诊断以及用药指导;为村民进行骨科疾病的健康知识宣讲。

对检查中发现的疑难病症,需进一步检查的,医院专家向村民们发放了就医联系名片,村民可随时联系专家到医院进一步检查治疗。

脊柱外科主任李永民在为村民王某查体后,告诉他患了腰肌纤维炎,并告知在家中的治疗方法和注意事项,他激动地说:"疼了半辈子的腰,这下终于找着病根了。"

此次义诊,共接受村民咨询200余人次,发放健康教育宣传单5000余份,发放就医联系名片近百张,还免费发放了价值3000余元的药品,受到广大村民的好评。

七、走进社区

社区事件报道参考例文如下:

14户地下室泡在水中

祥富里小区14户地下室出现了严重渗水,原因查找可是费了一番周折。

12月10日晚上开始,祥富里102楼的居民发现地下室出现严重渗水现象,次日水面迅速上涨,"人已经进不去地下室了",12日渗水已经没过脚面。

"很多人家的粮食放在地下室,被水泡了,大米都变颜色了。"居民说,当天水最深的时候有14厘米,他们14家住户都在地下室里放置了很多东西,衣柜里还放了不少衣物,现在都不同程度地受到浸泡,"我们最担心的是楼房就这么泡下去,地基会不会给泡坏了。"

11日,地下室被淹的居民到小区物业公司报修,物业公司怀疑可能是热力管道漏水所致,于是责成居民与热力站联系,祥富里热力站则认为渗水原因不可能出在供热管道上。

12日下午,物业公司和热力站分别来到小区,各自做了检查,但都没有找出渗水原因。

13日,在没有结果的情况下,祥富里物业管理处只好先关掉供水阀门。虽然暂时可以解决渗水问题,可是给居民和周围底商带来了断水的麻烦。

14日上午,自来水公司的抢修队与祥富里物业管理处的同志做了紧急检查和抢修,原来是埋在这栋楼房下面的自来水管道断裂了。

八、标点符号讨论

书名号用来"表示书籍、篇章、报刊、剧作、歌曲等名称"[①],报刊栏目或副刊的名称一般用书名号,如《光明日报》中的《光明时评》栏目、《齐鲁晚报》中的《青未了》副刊。

标点符号用法中对广播电视节目应该用引号还是书名号并没有具体规定,可以使用引号,如广播节目"小喇叭"、电视节目"爸爸去哪儿"等。但考虑到广播电视节目也是栏目名称,使用书名号也是可以的。

影视剧属于剧作,应该用书名号表示,如电影《大话西游》、电视连续剧《我们结婚吧》。

课程名称、课题名称不同于书籍名称,应该用引号表示,如"广告策划""融合新闻采集与呈现研究"等。现实生活中一些教材的名称与课程名称相同,导致一些人误认为课程名称也应该用书名号,这是不妥当的。课题研究属于一项研究活动,并不等同于书籍、篇章,也不宜使用书名号,而应该使用引号。课题的研究成果如果是文章或书籍,其名称才能使用书名号表示。

---

① 黄伯荣、廖序东主编:《现代汉语》(下册),北京:高等教育出版社 2002 年版,第 203 页。

第五章 标题制作

第一节 理论精要

一、标题的组成

（一）新闻标题成分

1. 主题

主标题简称主题，又叫正题，是标题的主体骨干，表现整个标题中最具吸引力的内容。

主标题是必须具备的成分，一个标题中可以没有引题和副题，但绝对不可能没有主标题。

2. 引题

又叫肩题、眉题。它位于主标题之前，是主标题的先导，对主标题起着说明、概括、烘托等作用。

3. 副题

又叫子题、下辅题。它位于主标题之后，是主标题的后续，对主标题进行补充、印证和解释。

（二）标题的组合方式

1. 主标题式

只有一个主标题，如：

要住房　找克强

(《经济观察报》2013 年 3 月 18 日)

一般的,消息的主标题式使用的是实题,不使用虚题。实题以叙事为主,着重表现具体的新闻事件。虚题以说理或抒情为主,侧重说明原则、道理、愿望,或渲染一种情绪。通讯可以使用虚题作为主标题。

2. 主引式

由引题和主标题组成。如:

习近平在全国组织工作会议上谈干部考核(引)

再也不能简单以 GDP 增长率论英雄(主)

(《燕赵都市报》2013 年 6 月 30 日)

3. 主副式

由主标题和副题组成,如:

换个马甲继续收费(主)

好消息:机场建设费不收了

收费标准:国内航线 50 元　国际航线 90 元

坏消息:改收民航发展基金

收费标准:国内航线 50 元　国际航线 90 元(副)

(《山东商报》2012 年 4 月 18 日)

4. 完全式

完全式标题是指引题、主标题和副题俱全的新闻标题。如:

河北农业大学服务农村小康建设勇于创新(引)

今年起实施"一村一名大学生工程"(主)

今年计划最少招收 1000 人,凡高中(含职中)毕业

或具有同等学力、28 周岁以下的农村青年均可报名(副)

(《河北日报》2003 年 1 月 17 日)

（三）提要题与小标题

1. 提要题

有的重要的长新闻，往往需要将其中的主要事实、做法或问题等摘要提示出来，放在标题之后、新闻之前，这就是提要题。

2. 小标题

文中的小标题又称插题，如果新闻比较长就要考虑使用小标题，它统领所辖段落的内容。小标题最好是三个或三个以上。

二、新闻标题的写作

（一）撰写新闻标题的步骤

1. 寻找关键词

撰写新闻标题的第一个步骤就是要从正文里面寻找制作标题的关键词。很多时候，标题可以用导语中的内容做基础，突出新闻要素中最应表现的成分。

2. 连成一句话

制作标题的第二个步骤是将找出来的关键词连缀起来，使之成为一句完整的话，为最终的新闻标题搭建一个标题雏形。

3. 压缩并改成标题形式

第二个步骤连成的句子一般都不会特别适合作新闻标题，还需要进一步简化、修改、装饰。

（二）撷取精华，凸显最有新闻价值的事实

新闻标题的一个很重要的任务就是浓缩事实，提供新闻。新闻标题对事实的表述要呈现一种动态，要向读者报告发生了什么事情、有什么进展与变化，标题中要凸显最有新闻价值的事实或材料。

（三）表述事实要准确得当，题文相符

新闻标题中的事实要有确定性，新闻标题中必须具备足以把事实表达清楚的新闻要素，新闻标题呈现的事实要素应当是准确的、清晰的，"将信将疑"的内容应该杜绝。

撰写新闻标题必须以新闻正文为依据，标题与正文内容不应该互相冲突，

标题不能误传信息,不能将与新闻正文有矛盾的不正确的信息传递出来。

（四）艰深内容通俗化

要把普通读者不了解的内容翻译成他们听得懂的语言,新闻报道在涉及专业术语、政策条文等枯燥内容时,记者应该尽量用老百姓容易理解的话进行撰写。制作标题的时候,更应该注意将艰深枯燥的内容通俗化。

（五）学些小技巧

好的标题令人感到亲切,而不是拒人于千里之外。新闻标题如果能够写得亲切些,写得耐人寻味,写得不同凡响,那是最好不过的事情了。学习一些撰写标题的小技巧是有益处的:

（1）使用口语化的字眼,如《跑着,跑着,灭了! 伦敦奥运火炬传递中圣火熄灭》。

（2）使用顺口溜,如《要住房,找克强》。

（3）以名人入题。如董桥的《郑振铎炒焦了股票》《老舍买画还给吴祖光》,甘险峰的《莫言的女儿也写书》《纠正余秋雨散文的126处错误》。

（4）截取文中人物语言,如董桥的标题《不必拘谨,坐下讲话》《"这灯儿,不亮了!"》《"来人啊,拉下去杀了!"》。

（5）"你""你们""我""我们"入题,就像与读者对话那样,如董桥的《你要善待这个人!》《老同志,给我看一会儿!》。

（6）数字入题,如《郑州老人公交车上给年轻人让座 20人站着不敢坐》。

（7）突出鲜为人知的一面,如《爱因斯坦是薄情郎 移情表妹逼走原配》。

（8）使用问句,引起读者注意,如《〈新闻编辑室〉为什么这样红?》。

（9）使用有个性的词代替老套的词。同样报道书展,《上海书展落下帷幕》就显得太落俗套,而使用《上海书展的腔调》就显得很有韵味。董桥的《大胡子林肯的传世演说词》加了"大胡子"三个字,让读者感到很亲切。报道意大利面的特稿采用《以面团来抚慰我》也能让读者眼前一亮。

（10）套用人们熟悉的电影名称、诗词、流行的句式,如《满城尽是甄嬛体》就是套用了电影名称《满城尽带黄金甲》句式。

（11）反其道而行之,采用逆向思维,寻找反常的表达方式。如《免费日省城四大景区揽客45万余人次,动物园最挤 1800只动物一天看了14万人》,国庆期间人们出游看景变成了看人,为了说明人多,标题把人们到动物园看动物说成了动物看人,令人哑然一笑。

三、需要注意的事项

(一)简洁:一瞥的艺术

制作标题是一瞥的艺术,新闻标题要尽量短一些,最好能让读者在一瞥之间将其尽收眼底,尽量减少读者精力的消耗。简洁通俗的标题代表着轻松、愉快和效率,它将节省读者的宝贵时间和精力。

(二)保证信息量

新闻标题中一定要传递足够数量的有新闻价值的信息,标题不能把正常的东西当成是新闻,新闻标题应该为读者提供足够多的新闻信息。

(三)不要重复

引题、主标题、副题以及文中的小标题,尽量不要有意思上的重复,而要添加新的内容或意思。各类标题中的文字不要重复出现。

(四)时态、语态与标点的要求

一般采用现在时态,新闻中的"昨日""前日""曾经"等表示过去时态的词语一般都要省略掉。一般采用主动语态,标题中要尽量少出现标点。

副题的末尾可用叹号和问号,副题的开头不宜用破折号。

每行题的中间,根据情况可用逗号、顿号、冒号、引号、书名号和破折号,顿号和逗号有时也可用空白来代替。

(五)用语妥当

新闻标题应当注意用语妥当,在报道灾难、悲剧等新闻时要有同情心,不要使用带有调侃意味的标题,不要凸显记者的"看客"心态。

第二节 实践训练

一、标题制作(一)

阅读下列新闻稿件,为其制作新闻标题:

3月24日,在广西都安瑶族自治县三只羊乡小学,小学生正在操场上吃晚饭。

记者日前在该县部分农村寄宿制小学采访了解到，撤点并校后，大部分寄宿制学校难以配备标准化食堂，有些学校甚至根本没有食堂，小学生只能自带大米、黄豆、白菜、食盐到学校蒸饭吃。大部分小学生的中餐、晚餐都是黄豆拌米饭。

被采访教师称，这与"两免一补"中的"一补"没有被直接用到学生身上有很大关系——当地对义务教育阶段寄宿制学生的生活补助款以现金形式每学期发给学生，再由学生交给家长，由于贫困，相当多家长把"补助款"变成了"扶贫款"，挪作他用，学生的伙食状况因此长期得不到改善。①

二、标题制作（二）

下列新闻材料来源于一份报纸的报道，原稿件600多个字，下面的材料经过缩减，字数不到200个。请根据这份材料制作新闻标题：

昨日，在长春市公安局南关分局召开的分赃大会上，民警现场将在"打盗骗保民安"冬季治安攻势中破案收缴的赃款赃物返还被害人，失而复得的贵重物品让失主十分感激，特意制作了锦旗感谢好民警。

据了解，南关区公安分局全力推进省厅、市局"打盗骗保民安"冬季治安攻势工作部署，到目前为止，共抓获人犯24人，打掉团伙计4个，破获案件100余起，破获网络、通信诈骗4起，抓获历年逃犯2人，挽回经济损失近千万元。②

三、标题制作（三）

为下列新闻制作标题：

明日，成都"专职"考生、"兼职"生意人44岁的梁实又要上考场了。这是他第15次参加高考。有人说他是"中国第一铁脑壳""高考

---

① http://news.xinhuanet.com/edu/2011-03/28/c_121241035.htm。
② 《城市晚报》2015年11月28日A04版。

最牛钉子户",甚至说他是"现代范进"。"我在反复添柴,烧一壶很久不开的水。"梁实的回答和他的名字一样实在。

1983年,梁实高考预考名落孙山后,连续5年报名参加高考,遗憾的是,都没有考上。

20世纪90年代,他辗转在内江、乐山和成都打零工,修过机械,砍过木材,做过服装生意,卖过电视机。唯一不变的就是一边打工一边复习,每年准时到当地招办报名参加考试。1995年前后,看到建材市场前景较好,就借了些钱投进去,没想到收成颇丰,有一两百号员工跟着他干。生活走上顺道后,梁实复习的时间也多了,继续报名参加考试,圆自己那个"固执"的高考梦。

以前进考场,他数次被当成老师或者家长被拦截,成绩始终在300—400分上下盘旋。梁实的愿望是考上四川大学数学系,2002年他的数学考了70多分,2006年考了50多分,去年考了60多分。①

四、标题制作(四)

为下列新闻制作标题:

本报讯 昨日凌晨2时30分,2011年国际田联钻石联赛尤金站比赛结束了男子110米栏决赛争夺,美国名将奥利弗以12秒94的今年世界最好成绩获得冠军,而一路猛追的刘翔以四年来个人最佳的13秒00获得亚军,梅里特以13秒18获得第三名,史冬鹏以13秒44获得第7名。

比赛开始后,第四道的刘翔顺利起跑,他的七步上栏非常顺利,第一栏时稍占优势,但奥利弗的起跑同样不错,在第三栏时就开始反超刘翔。尽管奥利弗途中跑时不断打栏,甚至在第9栏把栏打翻,但刘翔最终没有抓住机会实现超越,以半步之差第二个冲过终点。刘翔赛后对自己的表现给予了评价:"整个过程还算满意,但后半程的技战术安排不够合理,尤其是冲刺阶段,感觉有些急躁,打乱了自己的节奏。"

---

① 《华西都市报》2011年6月5日第23版。

12 秒 94，奥利弗创造了 110 米栏的今年最佳战绩，也是其个人的第五好成绩。13 秒 00，夺得亚军的刘翔成绩也不错，这不仅创造了他本人的赛季最佳战绩，同时也是中国飞人自 2007 年 8 月 31 日大阪世锦赛决赛之后的最佳战绩。"其实整体状态感觉一般，能跑出这个成绩，我感觉很开心。"刘翔说道。①

五、标题制作（五）

为下列新闻制作标题：

本报讯 西班牙的色情行业日前举行无限期的全国"性罢工"，拒绝为西班牙银行家提供性服务，直到他们同意为经济困难者的家庭和企业提供更多的贷款。她们呼吁，西班牙的银行家们必须履行"自己的社会责任"，帮助饱受经济危机困扰的普通西班牙人。有狡猾的银行家试图冒充工程师或者建筑师买春，但被识破。

这一群被网友们称为"侠妓"的西班牙高级妓女，是通过马德里最大的高级妓女行业工会组织了这场闻所未闻的罢工。罢工的组织者介绍说："我们现在是唯一真正有能力向银行业施压的人。"

妓女们还介绍说，现在许多狡猾的银行家会在买春时冒充建筑师或工程师等。

一位艺名为安娜·MG 的组织者自信地表示："我们已经罢工三天，我们认为这些银行家坚持不了几天，就会同意我们的要求。"

有报道说，一位艺名叫卢西亚的妓女以威胁停止性服务为条件，成功迫使一位银行家批准一项贷款，成为这场罢工收获的第一个"战利品"。

这场特殊性质的罢工，被媒体看作是西班牙全国总罢工的前奏。西班牙工会定于 3 月 29 日举行全国大罢工，这将是西班牙执政党人民党在去年赢得选举后的首次大罢工。工会此举是为反对 3 月初通过的一项劳工改革法案。根据该法案，西班牙企业将能够更加轻易地

---

① http://sports.sohu.com/20110606/n309401438.shtml.

解聘雇员，工人的权益受到严重损害。

英国媒体称，目前妓女已成为欧洲金融界的重要社交媒介。媒体披露说，在欧洲，很多商人通过向银行家介绍妓女的方式来疏通关系，谋求贷款，银行家则对妓女"交际"习以为常，以至于西班牙妓女的集体罢工居然真的可以威胁到银行家。

在西班牙，法律并不禁止卖淫等色情活动，有统计显示目前大约有30万女性在西班牙从事色情业，其中大部分是外国女性。

根据西班牙政府前几年公布的报告显示，超过四分之一的西班牙男性曾经嫖过妓，这一比例是所有欧洲国家中最高的。①

六、标题分析

请分析下列报道标题存在什么缺憾。

老太太怀疑同车人患甲流　老太太扔纸条求助交警

商报济南消息　昨天，在一辆青岛开往潍坊的长途客车上，一位老太太怀疑车上有甲型H1N1流感患者，向济青高速上执勤交警扔小纸条求助。最后经过民警妥善处置，消除了老太太的恐慌，原来只是虚惊一场。

昨天上午，省高支队潍坊交警大队民警巡逻至济青高速饮马路段时，恰逢一辆青岛至潍坊的长途客车经过，民警发现车上一位乘客冲警车用力挥手，民警觉得车上可能有特殊情况，于是便驱车紧跟并鸣笛示警令其靠边停车。民警上车检查时，一位老太太趁机将一个纸团塞到民警手中。民警打开纸条，上面称车上有疑似甲型H1N1流感患者，为了不惊动其他乘客而引起不必要的骚动，民警将车辆引导至他处。

经过民警详细调查，原来一对潍坊籍老夫妇自青岛上车后，发现车上两名年轻女士戴着厚厚的口罩且面带病容。从医院退休的老太太极为敏感，自己认为这两人症状极像甲型H1N1流感患者。全面了

---

① 《广州日报》2012年3月29日。

解情况后,民警立刻与当地医疗机构取得联系,医护人员赶来后对车辆和乘客进行了检查,最后确定两位乘客并不是甲型 H1N1 流感患者。(通讯员王杰鹏、徐伟　记者孙珂)①

七、稿件分析

阅读下列文字,看是否存在问题。

1947 年郓城潘溪渡战斗相关档案公布
巧设伏兵围点打援　歼灭日军 160 多人

　　通过日本反战人士窃听日军电话,得知日军动向;设下埋伏后,见日军有所察觉,立即展开攻击……发生在 1947 年年初的潘溪渡战斗,是抗日战争时期我军进行的一次围点打援、设伏围歼的典型战例。25 日,山东省档案馆发布潘溪渡战斗相关档案。据了解,在潘溪渡战斗中,我军共歼灭日军少佐以下人员 160 余人,伪军大队长以下人员 130 余人。

八、新闻分析

下列稿件原标题为《坚决完成好事故救援处置工作　"11·22"中石化东黄输油管道泄漏爆炸事故处置现场指挥部召开第八次会议　李群邓向阳讲话　张新起主持》,有的网站转发时将其修改成《青岛市委书记:对谣言惑众不法分子要落地查人》。请分析这样修改是否合适,为什么?

坚决完成好事故救援处置工作
"11·22"中石化东黄输油管道泄漏爆炸事故处置现场指挥部
召开第八次会议
李群邓向阳讲话　张新起主持②

　　本报讯　"11·22"中石化东黄输油管道泄漏爆炸事故处置现场指挥部昨晚召开第八次全体成员会议,听取了有关情况汇报,对下一

---

①　《山东商报》2009 年 9 月 17 日。
②　原载《青岛日报》2013 年 11 月 27 日头版头条。

步工作进行了指挥调度。

省委常委、市委书记李群，副省长邓向阳出席会议并讲话。会议由市委副书记、市长张新起主持。

会上，听取了抢险处置、人员搜救、伤员救治、交通保障、善后处置、社会秩序维护、市政设施修护、新闻宣传等工作进展情况的汇报，进一步调度布置了下一步工作。

李群在讲话中强调，要认真贯彻落实习近平总书记重要讲话精神，全面深入细致地开展工作，坚决完成好事故的救援处置。

一是全力做好现场处置和危险源的排查工作。只要还有一个人没有下落，搜救工作就不能停止。及时调整完善搜救方案，增加救援装备，做到搜救不留任何死角。加强与中石化的配合，对事故现场及周边的输油管线进行全面的、全天候、地毯式的排查，排除次生灾害风险。对供暖、供水、供电、供气等其他市政管网进行全面排查，对重点领域、重点企业、重点行业进行密集排查，坚决消除隐患。

二是继续全力救治伤员。要整合好各方面医疗资源，强化医疗力量，不讲价钱、不计代价，为受伤人员提供一流的诊疗技术和服务质量。要科学医治，帮助伤员尽早康复，按照点对点的方案，加强专家会诊，完善个性化治疗方案，最大程度减少死亡。要搞好对医护人员、医疗专家的服务保障。

三是维护好社会秩序。要充满感情开展群众工作，继续向转移安置群众发放安全食品、干净用水，确保他们吃上热饭、喝上热水。对伤亡者家属，要继续点对点、面对面地做好心理疏导和安抚工作。要调集干部，继续包户做好受灾群众的帮扶和思想工作，及时向他们讲明当前情况，了解群众诉求，解决群众困难。要加强社会面的稳控，严厉打击犯罪行为，保护群众生命财产安全，对谣言惑众不法分子要落地查人，确保社会面总体稳定。

四是发扬好"大团结、大协作"精神，坚决完成好事故处置任务。党员领导干部，要在关键时刻站得出来、挺身而出，冲在一线、干在一线，拎着"乌纱帽"冲锋陷阵，恪尽职守，勇于负责，敢于担当，尽最大努力为群众排忧解难。要继续发扬不怕困难、不怕疲劳、连续作战的作风,再接再厉,顽强拼搏,坚决完成任务。要在事故现场指挥部的统一安排下,加强组织联动和协调配合,发挥好各自的岗位特长,齐心协力做好当前工作。

邓向阳、张新起就下一步抢险救援和善后处置工作进行了部署调度。

中石化总经理王天普,市领导牛俊宪、徐学武、王鲁明、张大勇、王建祥、黄龙华、栾新等参加会议。

"11·22"中石化东黄输油管道泄漏爆炸事故发生后,各级领导第一时间赶赴现场,迅速成立事故处置现场指挥部,全力做好抢险处置、人员搜救和伤员救治等工作。截至昨日,现场指挥部共组织召开八次会议,听取工作进展情况汇报,调度重大事项和问题,研究部署下一步工作。其间,各级领导把人民群众生命安全和生活保障放在心头,坚守一线、夜以继日,深入现场指挥调度,搞好搜救和伤员救治,安置好群众生活。同时,多次看望慰问伤者及伤亡者家属,深入了解和帮助解决群众当前面临的实际困难。(本报记者)

第三节　操作参考

同学们在练习标题写作的时候,不妨先从报纸上剪下一些新闻稿件,再把这些稿件的标题剪下来藏起来,然后自己试着为这些稿件重新制作标题。将自己写的标题与报纸上原来刊登的标题做一下比较,看看谁的标题更好。看一看报纸上原来刊登的标题有哪些地方值得学习,找出存在的差距,反复比较、琢磨、感悟。

一、标题制作(一)

"补助款"变成了"扶贫款"
广西山区学生一天两顿黄豆拌米饭

二、标题制作(二)

刊登这一新闻的报纸将标题制作为《南关区公安分局召开分赃大会》,这个标题遭到网友调侃。"分赃"的意思是指"瓜分用肮脏手段得来的钱物",可以说"盗贼分赃",但不宜说"公安局分赃"。

报纸网站后来将"分赃大会"修改为"返赃大会",这种表述也不是太好。可以将标题制作为《南关区公安分局召开大会将被盗财物返还受害人》。

如果打破原有思路,仅仅将南关区公安分局召开大会作为一个由头,把注意力放在南关区公安分局自从开展"打盗骗保民安"活动以来的战绩上,那么新闻标题也可制作为《"打盗骗保民安":南关区公安分局挽回经济损失近千万元》。

三、标题制作(三)

"高考最牛钉子户"第15次赴考

四、标题制作(四)

刘翔钻石联赛13秒仍摘银　输给奥利弗却战胜自己

五、标题制作(五)

(1) 西班牙妓女罢工　逼银行家"行善"(《燕赵都市报》)

(2) 西班牙妓女罢工　拒为银行家提供性服务(联合早报网)

(3) 西班牙妓女罢工逼银行家"从良"(搜狐财经)

六、标题分析

标题和导语中称老太太"扔纸条求助交警",给读者的感觉是这位老人是在车上朝交警扔纸条,而下文中详细说明事情经过时却是"老太太趁机将一个纸团塞到民警手中",并不是"扔纸条"。标题没有严格按照新闻中所说的事实来撰写,应该修改。另外,标题中连用两个"老太太"也不好,可以删去第一个。

七、稿件分析

抗日战争时期从1931年开始到1945年结束,导语中也明确说故事发生在抗日战争时期,这样一来"1947年"就很值得怀疑了。经查,事情发生在1941年。所以,应该将标题和导语中的"1947"修改为"1941"。

八、新闻分析

这样修改不太妥当。应当承认,这篇稿件充满宣传腔调,标题也很老套,没有凸显新闻价值,主要站在政府宣传的角度撰写稿件。但即便如此,编辑在重新制作标题时还是应该慎重。

原稿件的主要篇幅在讲下一步工作的部署,只是在讲到"三是维护好社会秩序"部分时提及"对谣言惑众不法分子要落地查人",而且是在"要加强社会面的稳控,严厉打击犯罪行为,保护群众生命财产安全,对谣言惑众不法分子要落地查人,确保社会面总体稳定"这句话里,有一个特定的语境。原稿 1200 多个字,"对谣言惑众不法分子要落地查人"仅有 14 个字,编辑修改标题时将其拿出来,严重放大了这一信息,从文字量的对比上来看不够对称,放大了矛盾点,有失公允。

网络转发后一些网友表示了很大的愤慨,如"明白了,原来青岛的大爆炸事故,是由于个别人的谣言引起的""青岛的大爆炸事故,造成巨大的人员财产损失,当地的党政主要官员为什么不引咎辞职?""制止谣言的最厉害的武器是什么?不是利用手中的权力防民之口,跨省,而是政府第一时间公布真相,如果政府掩盖真相说假话,那么百姓就会以谣言来对付谣言"。

我们应该注意到这样一个现实——中国处于一个社会转型期,各种社会矛盾集中爆发,利益分配不均、贫富差距扩大、群众权益受到侵害、官员贪污腐化等现象和问题很长时间内得不到有效解决,而个别政府官员对言论的控制又过于严厉,一些官员动辄拿"谣言惑众"说事,让老百姓很难心服口服。在这样一个社会背景下,《青岛市委书记:对谣言惑众不法分子要落地查人》这样的表述自然具有很大的挑衅性,容易激起公众的愤怒。

第六章　新闻导语

第一节　理论精要

一、导语的重要性

新闻的开头有一个专门的称谓即导语,导语往往是新闻作品开头的第一句话或第一段,有时也可能是新闻开头的前几段。有效的导语应该做到以下两点:一是要找到精彩的新闻事实,找到核心新闻事实,并在导语中呈现这些事实;二是文字表述要凝练,富有可读性,能够抓住读者的注意力,吸引读者继续阅读下去。

导语的重要性表现在以下几个方面:
(1) 导语定下整篇新闻的格调。
(2) 导语让记者迅速决定新闻的重点。
(3) 导语是编辑决定是否采用这条新闻的依据。
(4) 导语是促使读者继续阅读的诱饵。

二、导语的类型

(一) 直接式导语

直接式导语又称硬新闻导语,它从第一句话开始就集中描述新闻的主题事实,单刀直入地告诉读者新闻的核心内容。直接式导语多用于硬新闻的报道中,特别适合对突发新闻、重大新闻和时间性强的新闻的报道。

(二) 延迟式导语

延迟式导语又称为软导语、间接式导语、特写导语,它的主要含义是指核心新闻事实不是一开始就报道出来,而是往往放在导语的后半部分。延迟式导语在新闻的开头并不直接讲述新闻的核心事实,而是用情节、逸事、细节、引语等精彩片段来设置某种情景,激发受众的兴趣、疑问、情绪或好奇心,并把读者带进新闻的主体之中。

撰写延迟式导语需要遵循以下几个原则:

(1) 一定要在新闻中发现确实能吸引读者的新闻要素。

(2) 不能延迟太久。

(3) 不能故弄玄虚。

三、导语中应该写些什么

(一) 导语中应该呈现的内容

发现构成导语的新闻事实是写出优秀导语的前提,你的采访越深刻,你对新闻事实的把握越准确,就越有可能写出好的导语。撰写新闻导语的基本方法就是,根据新闻价值规律去分析判断新闻事实材料,把最具新闻价值、最能调动读者阅读兴趣和好奇心的事实放置在导语之中。

(二) 强调不同的新闻要素

需要强调的新闻要素通常都放在导语前面——记者应该对具体报道中的新闻要素做一个重要性判断,将它们排排序——越是重要的新闻要素、越是需要强调的新闻要素就越应该往前放。

四、撰写导语的步骤

第一,对采访到的事实材料进行分析,对核心新闻事实进行概述。如果事实的新闻价值特别高,看一看能否撰写一个直接式导语。

第二,对所有的事实材料进行权衡、思量,找出最精彩的内容,找到最能引起读者关注的内容和新闻要素,将其写进导语里。

第三,选择合适的导语形式,是采用直接式导语还是延迟式导语。

第四,积极措辞,寻找最合适的、最能够调动读者阅读兴趣的关键词语来撰写导语。

第五,进一步修改你的导语。

五、撰写导语的方法

（一）概述

概述有两层含义：(1)提炼和概括；(2)具体叙述。

首先是将核心新闻事实提炼出来，开门见山，用最简短的文字，将核心新闻事实概括出来。其次，概述指的是具体的叙述而非抽象的评论。导语写作中的概括指的是用具体的新闻事实来展示新闻核心内容，而不是用评论总结式的语句来概括。

（二）描述

对新闻的某个场景、人物、情节进行描写叙述，为读者构建一幅引人入胜的新闻画面，营造一种强烈的现场感，吸引读者继续读下去。描写要简洁明快，要在描写的过程中迅速推进新闻的叙述。

（三）评述

所谓评述的方法是指通过对新闻事件或新闻人物进行评价，引出下文。它在新闻叙述的过程中加入评论元素，揭示新闻的意义或本质，帮助受众尽快把握新闻的精髓。

采用评述方式撰写导语需要谨慎对待，不可滥用。要尽可能规避记者的直接议论。评论要深刻独到，切忌泛泛而谈，落入俗套。要给人以启迪，让读者耳目一新。

（四）提问

记者首先就新闻的核心内容提出一个问题，引起读者的关注，然后再做解答或直接将读者带到下面的报道之中去。

（五）引语

挑选消息来源精彩的直接引语或间接引语来开启新闻篇章。

（六）对比

把两个反差比较大的事物或结果在导语中做一对比揭示，凸显事实的变动，以引出核心新闻事实。

六、其他注意事项

（一）不要埋葬新闻

导语忌讳平淡无奇，不要泛泛地写导语，埋葬了真正富有新闻价值的东西。

（二）导语的长度

导语要简短。导语中如果出现下列内容，应该删除：

（1）不必要出现的消息来源；

（2）进一步说明核心新闻事实的内容（更为详尽的内容应在新闻主体部分进行阐述）；

（3）其他不必要出现的新闻要素（不要试图在导语中罗列所有的新闻要素）。

（三）导语的句式

导语应该使用简单句，尽量不用复杂句式。绝大多数的导语应该采用"主语—谓语—宾语"的简单句式，这样的句式读起来不容易产生歧义和误解，能够最大限度地提高阅读效率。

（四）导语中的消息来源

1. 省略消息来源

对事实的报道不需要指出消息来源。如果你去现场采访，掌握了第一手材料，见证了新闻事实的发展，有足够把握确认事实信息的真实性和准确性，在这种情况下导语里面通常不需要标注消息来源。

2. 标注消息来源

如果你是通过电话、电子邮件或即时通信工具采访获知了相关信息，这些信息即便是事实也需要在导语里注明消息来源。

对观点或引语的报道应该指出消息来源。引语无论是直接引语还是间接引语，无论是完整引语还是部分引语，都应当注明消息来源。任何含有指责性的内容都应当标注消息来源。

3. 消息来源的精简

如果对消息来源的完整表述过于复杂，为了增强导语的可读性，可以先笼统地指出消息来源,如"警方称""一位政府官员说""专家说",在稍后的文字段落里再详细地讲述其身份头衔。

第二节 实践训练

一、导语对比

某市发生蒙牛质检员被打事件,两家报纸撰写了不同的导语。

A 报的导语是这样写的:

11月15日,××警方迅速侦破一起殴打蒙牛乳业有限责任公司检验处两名原奶质检员涉嫌寻衅滋事案件,涉案6名违法犯罪嫌疑人全部到案,其中4人被刑事拘留,2人被治安拘留。

B 报的导语是这样写的:

原奶采样员在送奶车罐里发现一只苍蝇,将该奶归类为不合格 C 类奶,予以拒收。送奶人姚某某极为不满,纠结他人将采样员打伤。

请分析并点评哪个导语更好。

二、导语撰写(一)

阅读下列新闻材料,为其撰写导语:

我国《人体器官移植条例》中有明确规定:"任何组织或者个人不得以任何形式买卖人体器官,不得从事与买卖人体器官有关的活动。"

胡杰从湖南来到番禺打工的时候才17岁,今年26岁了。去年10月,他在番禺参与赌博,欠下了 1.8 万元的债,无奈之下,他想到了卖肾。

在网上搜索信息之后他认识了中介"刘哥"。他先是应中介要求到了山东,后来因为对于失去肾脏的恐惧又逃了回来。但是躲债的日子并不好过,去年12月,"刘哥"打电话来说,胡杰和山西的一个人配型成功,这次,胡杰去了。

在临汾，胡杰再一次感到后悔，说自己"不想做了"，但是遭到中介的拒绝，并威胁他说只有做了手术才能走出临汾。

在医院等待手术的时候胡杰尝试逃跑，但是又被追回，注射了麻醉药。

今年1月6日晚上9时，胡杰的左肾在临汾长良医院被摘除，而3天之后他得知对方打了2.7万元钱到他的账户上。受体为此花了30多万元，最初当着受体的面，中介承诺给胡杰4万元。

1月20日，胡杰回到番禺。那个连手术同意书都没有看到的手术，让他失去了一个肾。

胡杰选择"曝光"，通过抗争"撬动"了媒体和相关部门。

山西省卫生厅已经将临汾长良医院从事非法器官移植活动的情况上报给卫生部，临汾市卫生局现在已经收回临汾长良医院医疗机构执业许可证以及医院总护士长的护士执业证书。

记者得到的最新消息显示，卫生部本月(4月)18日发布文件，将在全国范围内开展人体器官移植专项整治行动，表示要严格执法，决不姑息。①

三、导语撰写（二）

为下列新闻稿件撰写导语：

据外媒报道，美国白宫在9日举办了第134届复活节活动，奥巴马在活动开始前表示，"你们来参加活动令我们一家感到激动。"第一夫人米歇尔补充道："今天天气棒极了，希望你们都穿了舒服的鞋子。"

活动开始时，奥巴马一家在音乐伴奏下参加了复活节的游行。随后，奥巴马当起了滚彩蛋活动的裁判员。在他一声哨下，孩子们都滚着彩蛋跑向终点。奥巴马最后宣布了比赛的冠军。

据悉，今年白宫复活节的主题是"一起出去、一起玩、一起活动"，

---

① 《"卖肾"者揭肮脏交易链：被注射麻醉剂强行取肾》，http://news.sina.com.cn/o/2011-04-21/144722334137.shtml。

契合第一夫人米歇尔的"让我们动起来"的号召。

白宫"滚蛋"比赛是美国复活节最负盛名、最具特色的活动。起初,这一盛会被安排在国会山,直至1878年,在前总统拉瑟福德·海斯的批准下,"滚蛋"比赛移到白宫举行,让平日戒备森严的白宫在这一天有了让民众亲近的机会,总统也借与民同乐之机大展亲民风采。

奥巴马还为孩子们讲故事,在讲到精彩片段时,奥巴马表情夸张,还扮起了鬼脸。最后,奥巴马同美国退役篮球运动员一起做俯卧撑热身,参加哈林篮球队的活动。①

四、语态转换

(1)根据下列信息,撰写一条主动语态的导语。

凤凰城一名29岁的男子星期二在他驾驶的摩托车与一辆小汽车在东伊纳路上相撞时被撞死。

(2)根据下列信息,撰写一条被动语态的导语。

琼斯县巡回法庭法官比利昨天判处一名17岁的高中二年级学生两次终身监禁,因其在一家便利店杀害两名男子。

五、导语改写与分析

阅读下面这则新闻导语,然后完成下列训练:(1)将其改写成强调不同新闻要素的导语;(2)分析强调哪个新闻要素的导语阅读效果更好。

经历连续8天的治疗后,昨天晚上,烫伤女子杨二敬在积水潭医院去世。4月1日下午,杨女士与同事经过北礼士路物华大厦东侧的人行道时,突遇路面塌陷坠入滚烫的"热水坑"中,致其全身99%被烫伤。(《京华时报》2012年4月10日)

---

① 《奥巴马复活节给孩子讲故事 做俯卧撑扮鬼脸》,http://www.chinanews.com/gj/2012/04-10/3807562.shtml。

第六章　新闻导语

第三节　操作参考

一、导语对比

导语是吸引读者阅读的诱饵,导语中应当呈放最具新闻价值的事实,能够一下子把读者的注意力给抓住。A 报的导语主要站在宣传警方破案迅速的立场上展开报道,却疏于描述核心新闻事实,这样的导语是"埋葬新闻式导语"。B 报的导语却将精力集中于核心新闻事实,站在读者阅读兴趣的立场上展开报道,善于讲故事,尊重新闻规律,写作技巧明显要高于前者。

二、导语撰写(一)

一次非法的手术,强行夺走了一个年轻人健康的左肾,26 岁的湖南籍打工者胡杰通过数月不断的抗争,"撬动"了媒体和相关部门。卫生部 18 日发布文件,将在全国范围内开展人体器官移植专项整治行动,表示要严格执法,决不姑息。①

三、导语撰写(二)

据外媒报道,美国白宫在 9 日举办了第 134 届复活节活动,美国总统奥巴马当天当起了滚彩蛋比赛的裁判员,给孩子们讲故事,还做起了俯卧撑热身。(中新网 2012 年 4 月 10 日)

四、语态转换

(1)凤凰城一名 29 岁的男子星期二驾驶摩托车与一辆小汽车相撞身亡,事故发生在东伊纳路。

(2)一名 17 岁的高中二年级学生在一家便利店杀害两名男子,昨天他被琼斯县巡回法庭法官比利判处两次终身监禁。

---

① 《南方都市报》2011 年 4 月 21 日。

五、导语改写与分析

(1) 改写成强调不同新闻要素的导语：

何事——

突遇路面塌陷，杨二敬坠入"热水坑"，全身99%被烫伤，不治身亡。4月1日下午，杨二敬经过北礼士路物华大厦东侧的人行道时，突遇路面塌陷坠入滚烫的"热水坑"中。经历连续8天的治疗后，昨天晚上，杨二敬在积水潭医院去世。

何人——

烫伤女子杨二敬在积水潭医院去世。4月1日下午，杨二敬经过北礼士路物华大厦东侧的人行道时，突遇路面塌陷坠入滚烫的"热水坑"中，致其全身99%被烫伤。经过连续8天治疗后，昨天晚上，杨二敬在积水潭医院去世。

何时——

昨天晚上，烫伤女子杨二敬在积水潭医院去世。4月1日下午，杨女士经过北礼士路物华大厦东侧的人行道时，突遇路面塌陷坠入滚烫的"热水坑"中，致其全身99%被烫伤。

何地——

北礼士路物华大厦东侧的人行道路面突然塌陷，杨女士坠入滚烫的"热水坑"中。4月1日下午，杨二敬走路时遭此横祸。经过连续8天治疗后，昨天晚上，烫伤女子杨二敬在积水潭医院去世。

为何——

因突遇路面塌陷坠入滚烫的"热水坑"中，杨女士全身99%被烫伤。昨天晚上，经历连续8天治疗后，烫伤女子杨二敬在积水潭医院去世。

(2) 分析：强调不同的新闻要素会有不同的阅读效果，上面这些强调不同新闻要素的导语亦有优劣之分——最合乎逻辑的、最方便读者理解、最能吸引读者阅读的导语是最好的导语。这个案例中，强调何事、为何要素比较合适，强调何地要素则要差得多。

第七章　主体、结尾与背景

第一节　理论精要

一、新闻主体的写作

导语之后的部分即新闻主体,主体好比是新闻报道的"躯干",新闻报道除了要写一个精彩的导语以外,还应该有一个丰满的主体,以满足读者预知详情的需要。

（一）新闻主体写作概说

1. 新闻主体的作用

新闻主体对新闻事实做进一步的展示,主体的功能或作用主要表现在以下几个方面：

（1）主体展开导语,使导语内容具体化；

（2）主体补充新的内容,扩充新闻信息量,使新闻报道更加丰满；

（3）主体更加详细地讲述新闻事实的来龙去脉,提供更为丰富的细节、情节、引语等材料,使新闻报道更有可读性。

2. 新闻主体的写作技术

（1）分情况巧妙使用过渡技巧或采用跳笔推进报道；

（2）掌控报道的节奏,总体上节奏要快,同时要懂得变化；

（3）将引语融汇到报道之中；

（4）运用讲故事技巧进行报道,维持读者的阅读兴趣；

（5）要保证可读性,要按照新闻语言的运用要求来撰写文章；

（6）要去除冗余,保证信息量。

这些技术或知识,本书在新闻语言、新闻结构、特稿写作等相关章节都做了充分的阐释,读者可以阅读相关内容,本节将主要对过渡和跳笔的运用技术加以论述。

(二) 使用过渡性结构,把读者自然地从一个叙述引入另一个叙述

过渡性结构可以是一个词、一个短语、一个句子或者一个段落。

过渡可以采用关键词技巧,即从上一段落上一句话的句尾处选出一个关键词,并在下一段落下一句话的句首部分重复使用这个关键词,从而实现两个部分的自然链接。

(三) 运用跳笔,迅速推进事实叙述

1. 什么是"跳笔"

新闻跳笔是一种重要的新闻写作笔法,其含义主要是指在新闻写作中,对新闻事实不做面面俱到的叙述和描写,上下文之间不刻意考虑衔接与过渡,而是根据报道的需要跳来跳去,通常是跳过不太重要的情节,省略掉过渡,直奔下一个信息块的叙述和描写。

2. 为什么要运用跳笔

使用跳笔至少有以下这些好处:

(1) 跳笔让新闻写作更快捷、更方便,提高了表达的效率,节省了写作时间。

(2) 跳笔使新闻作品更简洁、更有冲击力,便于读者快速阅读,节省了读者阅读的时间。

(3) 使用新闻跳笔可以加大新闻信息量。

(4) 跳笔使文章波澜起伏,呈现出动感,增强了报道的可读性,有利于调动读者的阅读热情。

3. 怎样使用新闻跳笔

(1) 把句子做小,把段落做小,多分段落。

(2) 不用过分注意文字的连贯性,不用刻意考虑上下文的过渡和衔接。

(3) 断裂行文,加大句子与句子、段落与段落之间的跨度。这一句(段)讲述这个事实主体,下一句(段)讲述另一个事实主体;这一句(段)呈现新闻变动信息,下一句(段)马上变成了背景描写,如此等等。

（4）表述方式要灵活快速变化，概述、叙述、细节描写、现场描写、说明、直接引语、间接引语等表现方式交替使用。

（5）着力突出读者最感兴趣的事实成分，用跳跃的方式——没有过渡和衔接——把材料组织起来。

（6）不要面面俱到，不要平铺直叙。

（7）跳笔要用得恰到好处，不能跳得漫无边际，不能跳离了新闻主题。运用跳笔要注意事实材料的内在联系，文章当中需要有一条逻辑主线，将材料牢牢地拴在这条逻辑主线上，不能跳离了这条主线。

二、新闻结尾的写作

（一）自然收束

如果没有更好的结尾，就让新闻自然收束，事实叙述到哪里就在哪里结尾。这种自然收束的结尾方式通常会非常有效，它干净利落，不落俗套。

（二）用引语结尾

以某个新闻人物的引语来结束报道，这个引语或者增加情趣，或者亮明观点，或者补充新的事实信息。

（三）定格到一个画面

以一个场景、情节或人物的行动为定格画面，就像电影结束那样，给读者留下回味的空间。

（四）展望未来

透露新闻的下一步发展情况来结束报道。展望未来可以采用引语的形式，也可以采用陈述的形式。

（五）以一个强有力的事实结尾

选择一个新的强有力的事实，这个事实最好能够给人留下足够的回味。这个新的事实可能会给全文报道带来一个转折，令人出乎意料，给读者带来冲击。

（六）回到开头

这是"华尔街日报体"惯用的一种结尾方法。写作一个强而有力的结尾，这个结尾要回到开头，再现开头提到的某个或某些新闻要素，如开头中提到的场景、人物的引语或行为,也可以描写一下开头提到的某件事情的发展情况。结尾与开头设置的焦点相互照应,形成一个循环,令人回味无穷。

(七)以意见性事项结尾

用一个意见性事项来收束报道,点明新闻的主旨或指出新闻的意义,给读者一个更为清晰的认识。结尾中的观点意见通常是权威机构权威人士的话,而不是记者的直接议论。

三、新闻背景的含义与作用

(一)新闻背景的含义

新闻背景是指对新闻事实起作用的历史情况或现实环境,它是说明主体新闻事实的社会环境、历史沿革、自然概括、人物经历、数据知识等内容材料。

背景是在时空上延伸的场景。只要需要,导语、主体、结尾等任何地方都可以放置背景资料。合理运用新闻背景是保障新闻报道全面性、完整性和深刻性的重要途径。

(二)新闻背景的作用

新闻背景最根本的作用就是帮助读者更好地理解新闻。几乎任何事物都不是孤立存在的,离开背景资料的支撑,记者很难清晰地展示新闻的来龙去脉。背景可以昭示新闻的意义,帮助揭示新闻的真相,消除读者的疑惑,增强新闻的可读性和情趣性。

四、新闻背景的撰写

(一)常见写法

1. 使用典故

运用历史、典故、轶事做背景材料。

2. 说明解释

对专业术语或行话进行说明解释,这些内容将构成背景知识,帮助读者理解新闻,扩展视野,增强阅读情趣。

3. 衬托对比

把对比性材料穿插在新闻事实前后,加以对照,以此来揭示报道的主旨。

（二）灵活穿插

将背景材料与新闻事实灵活地交织在一起，使之水乳交融，浑然一体。新闻背景可以作为独立的句子或段落出现，也可以句子的某个成分出现。新闻背景可以出现在主体中，也可以出现在导语中或结尾处，甚至还可以出现在标题中。总而言之，只要需要，就在新闻报道中随时穿插背景材料。

（三）注重实效

应当根据新闻内容、受众情况为自己的报道选择合适的背景材料，既不要因为背景不足影响了报道，又不要过度添加背景，画蛇添足，使背景材料的撰写臃肿拖沓。

背景会拖慢文章的叙事速度。在叙述背景的时候，故事一直停留在那里不能前进。背景篇幅过长，很可能会让读者失去耐心。新闻背景的运用要注重考虑阅读效果，不能因为使用背景而破坏了读者的心情，让读者烦躁和焦虑。为了解决这样的问题，新闻背景的使用就要注意简短，背景简短可以让读者更快地回到新闻本身。新闻背景的使用还要注意分散，也就是注意把长篇幅的背景分解到全文中。简短和分散带来变动，让读者能够更乐意阅读和理解相关内容。

第二节 实践训练

一、讲故事

以小组为单位，每组选择一个成员的经历故事，讨论如何讲述这个故事能够让听众产生兴趣——怎样开头，如何推进叙事，怎样安排背景，怎样结束。15分钟后，推选另一名成员到讲台，向全班讲述这个故事。

二、采写新闻

寻找新闻线索，撰写新闻稿件，注意导语、主体、结尾的安排。

三、背景辨识

阅读下列稿件，找出其中的背景部分。

呼格家属希望春节前完成国家赔偿
已正式启动国家赔偿申请；其母表示不会漫天要价，
但不接受网上104万或140万元说法

新京报讯（记者谷岳飞）昨日傍晚，李三仁夫妇与律师签订代理协议，正式启动申请呼格吉勒图案的国家赔偿，其家人希望能在春节前结束这一工作。

有媒体报道，呼格家属至少可获104万元国家赔偿，对这一数目，呼格吉勒图母亲尚爱云表示不会接受。

尚爱云表示，申请国家赔偿，一切依据国家的相关条款，不会漫天要价。但如果是网上所说的140万或者104万，"肯定不会接受"。

对于国家赔偿的具体数额，呼格家属有比照的标准，分别是海口故意杀人冤案、浙江叔侄奸杀冤案以及发生在内蒙古包头的王本余奸杀冤案。三案当事人，海口的黄家光入狱17年，获赔160多万元；浙江张氏叔侄入狱10年，获赔220余万元；包头王本余入狱18年，获赔150万。

"这些人都还活着，关键我儿子都死了！"尚爱云表示，如果呼格吉勒图还在，以他在烟厂的工作，现在一家人的生活会很好。

呼格吉勒图的大哥昭格力图表示，希望能在今年春节前完成国家赔偿，以便这件事早点了结，一家人过上普普通通老百姓的生活。

1996年4月9日，呼和浩特一公厕发生奸杀案，18岁的呼格吉勒图被认定是凶手，61天后被执行死刑。今年12月15日，内蒙古高院对呼格案再审判决，宣告原审被告人呼格吉勒图无罪。①

四、背景训练

阅读下列稿件，分析其存在什么问题，加以改写。若需要补充信息，可通过网络查寻。

---

① 《新京报》2014年12月18日A20版。

烫伤男孩王湧淇康复出院

7月9日下午,被称为"天使男孩"的烫伤男孩王湧淇康复出院。记者看到,小湧淇在开滦总医院住院楼的大厅里以百米冲刺的速度跑向了母亲,腿不仅不跛了,而且行动极其敏捷。

小湧淇的主治医师杨晓林主任介绍说,孩子手术很成功,术后恢复很好,手臂和腿的功能完全恢复了。三个月后,将为小湧淇进行二期手术,对粘连成"蹼"状的左手手指瘢痕进行修复。到时,开滦总医院还将为小湧淇减免部分治疗费用。爱心企业隆义集团董事长高俊岐表示,还将承担二期手术的其余费用。

五、结尾训练

阅读并分析下列稿件,看它的结尾是否存在问题,提出修改意见。

如果它没关着　你们谁敢砸它

昨天下午,杭州动物园狮山,一群游客一看到非洲狮,就开始在搓雪球。狮子觉得不妙,母狮子迅速躲在一块木板下,公狮子则利用树干当掩护,双眼直视游客。

"嗖",一位年轻人用力把雪球扔向非洲狮。狮子慌忙躲闪,没扔中,但游客还是笑得很大声。另外几位游客和孩子有样学样,向狮子扔雪球。其中一位拿一整块一整块的雪,使劲砸下去。

母狮子吓坏了,绕了一大圈,和公狮子躲在一起,紧紧缩在角落。每次雪块、雪球落下,它们都不知该往哪里躲。终于,游客"尽兴"离去的那一瞬间,公狮子大吼一声,死死盯着他们的背影。

在动物园逛了一圈,羊驼园、猴山、长颈鹿馆、小动物乐园、虎山,都看到人们用雪球袭击动物。

后来看到文新派出所昨天凌晨发的一条微博,说的是楼下的邻居打雪仗,楼上的看着热闹,也想加入,闷声不响做了个大大的雪球炸弹砸了下去。楼下的不乐意了,报警说,"我们不跟他们玩儿,他们偏偏要跟我们玩儿。"

先不说人和人互相尊重、爱护动物之类的大道理,就算是开玩笑、闹着玩,也要有个分寸,问问人家乐意不乐意吧。①

第三节 操作参考

一、讲故事

本书作者的学生完成了老师布置的作业,张佳欣讲述了她的同学张兰的一段经历。

倒霉蛋儿张兰

"啊!你们看,这是我'五一'假期挣的工资,150块钱,哈哈!"5月3日晚上,张兰领到工资时兴奋地叫道。

第二天,张兰和宿舍其他人逛起了服装店。在一家名为H&M的服装店内,张兰心满意足地挑选到了她喜欢的衣服。

试过之后张兰又跑去其他人的试衣间帮忙,最后准备交钱的时候,张兰突然发现钱包里的300多块钱不翼而飞了。

试衣间没有摄像头,又不确定是否真是在那里丢的,最后张兰只能不了了之。

第二周的周二,张兰还没有从丢失300多块钱的郁闷中走出来,就又碰上了倒霉事。

这天下午下课后,张兰提着刚打的开水往外走,结果下台阶时踩空了,人飞了,壶打了——打的还不是她的壶,当然这已不是她第一次打了别人的壶了。

这次事故直接造成张兰脚崴了,腿上青、紫了多块,最后也只能不了了之。

第三周的周二,张兰去洗澡。

张兰正在享受着打浴液后的满身泡泡时,脚下一滑,整个人倒向了浴室的地面,两个人都没能把她扶起来。

---

① 《都市快报》2013年1月6日。

这次事故在张兰腿上还没消下去的青、紫伤痕上又多增加了几块,并且造成其胳膊失灵好几天。

其实,以上的伤害还是可以避免的,张兰同学生活中要仔细些小心些,在这里我们也祝愿张兰早日康复。

二、采写新闻

郑州小货车挂5个8"炸弹号"　上路一天被查8次

人民网郑州6月27日电　(徐驰)俗话说,好马配好鞍,豪车配"炸弹"。5个8的车牌应该配什么车?怎么也得是百万级豪车吧?郑州一位车主偏偏把这样一个"炸弹号",装在了一辆价值3万元的小货车上。结果,上路不到一天,被查了8回。

郑州市民凯龙先生日前花费上百万元购买了"挂K88888"的"炸弹号",把它挂在自己新买的价值3万多元的五菱之光小货车上。没想到,这一巨大的反差几乎让自己的新车"步步维艰"。

6月26日晚上,凯龙先生新车到郑州第一天,就在西南高速口被交警拦了下来。民警们严重怀疑这是一辆套牌车,有民警甚至说,"这牌要是真的,我就把它吃了"。结果驾驶证、行车证、发动机号一套查下来,竟然全是真的。当时警察同志看凯龙先生的眼神都不太对了。

麻烦还在后边。6月27日,这辆挂着"炸弹"号的小货车第一次大白天"抛头露面",结果一天不到,被拦停了8次。"警察凡是看见了,就招手让靠边儿停车。走的时间还没有停的时间长。"

不止交警抓狂,路上的市民也是纷纷围观。凯龙先生说,几乎每一次停车都会被围观拍照,还有不少人询问多少钱能买下这个车牌。每次停车都要耽误近半小时时间,凯龙先生的一天基本就在重复这个过程,烦恼不已。

自从挂了这个牌照,凯龙先生格外小心。"不怕丢车怕丢照,牌照得去广西补,麻烦得很。"

凯龙先生为什么要把好牌照挂到这么一辆车上呢?据凯龙先生自己说,这辆小货车是用来拉水果的,挂好牌照本来想给水果做点广告,没想到出门都难。他说自己一直喜欢收藏好牌照,但对车没什么讲究,以前也这么做过,没想到这次会造成大麻烦。

"我就是喜欢好牌照。我觉得这也是一种投资吧,好车会贬值,但是牌照不会。希望交警同志不要再在我车上浪费时间,我也能正常出门。"①

三、背景辨识

这篇稿件最明显的背景信息是结尾部分:"1996年4月9日,呼和浩特一公厕发生奸杀案,18岁的呼格吉勒图被认定是凶手,61天后被执行死刑。今年12月15日,内蒙古高院对呼格案再审判决,宣告原审被告人呼格吉勒图无罪。"

四、背景训练

这篇稿件存在的主要问题是缺少烫伤男孩王湧淇的背景介绍。② 虽然这是一篇后续报道,以前的稿件中曾经详细讲述过王湧淇烫伤的经过,但对于后来的读者来讲却未必了解这些背景信息。

记者不能以为自己明白了读者就一定明白,也不能认为以前刊登过相关背景,这次报道就可以省略掉背景的介绍。我们不能保证所有的读者都看过以前的报道,即便是刊登后续稿件也应该添加必要的背景资料。

稿件称王湧淇为"天使男孩",为什么称他为"天使男孩"?稿件中不做背景交代,就很令读者困惑。以前的稿件称王湧淇为"翅膀男孩",这种称呼是基于孩子烫伤后右臂与腋下皮肤粘连、左臂与胸部皮肤粘连像翅膀而给出的"形象说法",但这种说法是否牵涉伦理问题,也还值得探讨。

稿件开头的"被称为'天使男孩'的烫伤男孩王湧淇"表述有些啰唆,增加背景段后,可删除"天使男孩"字样。"记者看到""极其"等字样也应删除。

改写稿如下——

---

① http://henan.people.com.cn/n2/2016/0627/c356896-28573006.html.
② 通过网络搜索,可获取相关背景。背景信息来源于杨文进、刘芳、曹瑞云:《爱心救助"翅膀"男孩王湧淇》,参见 http://tangshan.huanbohainews.com.cn/system/2014/06/10/011360306.shtml,2014年6月10日。

烫伤男孩王湧淇康复出院

7月9日下午,烫伤男孩王湧淇康复出院。小湧淇在开滦总医院住院楼的大厅里以百米冲刺的速度跑向了母亲,腿不仅不跛了,而且行动敏捷。

小湧淇的主治医师杨晓林主任说,孩子手术很成功,术后恢复很好,手臂和腿的功能完全恢复了。三个月后,医院将为小湧淇进行二期手术,对粘连成"蹼"状的左手手指瘢痕进行修复。到时,开滦总医院还将为小湧淇减免部分治疗费用。爱心企业隆义集团董事长高俊岐表示,还将承担二期手术的其余费用。

2010年农历腊月初一晚上,湧淇的母亲打了一大盆滚烫的热水,放到炕沿下,准备给10个月的小湧淇洗澡。当母亲到外屋打冷水时,小湧淇从炕上掉进了热水盆。烫伤造成了小湧淇头部左后侧头发不生长,右臂与腋下皮肤粘连、左臂与胸部皮肤粘连、左腿膝后上下皮肤粘连,左手手指粘连成"蹼"状。皮肤粘连让小湧淇手臂成"翅膀"状不能打开,走路跛脚。

五、结尾训练

稿件的结尾部分存在非常明显的问题。

这篇稿件的主要任务是报道杭州游客用雪球砸狮子等动物,可最后两段却做了发散,讲到邻居打雪仗、开玩笑要有分寸等,发表了记者的议论,偏离了主题。从中不难看出,作者意在用这种引申来批评游客用雪球砸动物的行为,但所做的类比并不恰当,更没必要。须知新闻应当与评论区分开来,新闻的任务是提供事实,用不着发表记者的议论,读者看了报道自然会有自己的看法。

作者的这种发散有画蛇添足之嫌,应该删除最后两段,让稿件自然收束。

第八章 新闻结构

第一节 理论精要

一、倒金字塔结构

（一）倒金字塔结构的含义

一般认为，倒金字塔结构是按照事实重要程度递减原则安排材料的，笔者认为与其说是按照重要程度递减原则，不如说是按照新闻价值递减原则安排事实材料更符合新闻规律。

（二）为什么使用这种结构

1. 读者可能在任何时候放下报纸

使用倒金字塔结构的新闻报道，读者哪怕只看了开头就放下报纸，也已经了解了新闻的核心内容，可以最大限度地实现新闻传播的目的。

2. 报纸排版时有许多消息要删节

使用倒金字塔结构的新闻报道，越是后面的内容，新闻价值越差，也就越不重要。编辑在删减稿件的时候，可以从后往前删除，一直删到适合版面为止，一般不会影响对全文的阅读。

（三）优点与缺点

1. 优点

（1）方便记者写作新闻，可以快速写作，不为结构苦思。

（2）方便编辑对新闻编辑，可以快编快删，删去最后段落，不会影响全文。

（3）方便读者阅读，可以快速阅读，无须从头读到尾。

倒金字塔结构的长处主要在于它符合了新闻求"快"的特点,因此,倒金字塔结构得到了推广。

2. 缺点

由于很多消息都采用了倒金字塔结构,读者看了总有似曾相识的感觉。倒金字塔结构的缺点主要表现在缺少文采、没有生气、不能体现个性、没有新鲜感等方面。倒金字塔结构的结语不是铿锵有力而是有气无力,读者越往后看越觉得没劲。

二、华尔街日报体

华尔街日报体又称焦点展开结构,是《华尔街日报》头版上常见的一种新闻报道形式,这种结构模式尤其适用于非事件性新闻报道或宏观报道,是一种非常巧妙的新闻结构模式。

华尔街日报体的结构模式一般包括以下四个方面的内容:

(一)开头:设置一个能引起阅读兴趣的焦点

华尔街日报体的开头要设置一个焦点,这个焦点通常是要描写一个情节、人物、场景、趣闻逸事或是一个悬念。焦点通常起着见微知著的作用,它是宏观报道对象的一个缩影,它蕴含或体现着整篇新闻的报道主题。焦点应当确保能够引起读者的普遍兴趣。

(二)"螺母"段:迅速过渡到主体部分

要在开头与主体报道两个部分之间设立过渡段,把开头的焦点部分与主体报道部分有机联结起来。

(三)主体:展开焦点,报道主题新闻事实部分

"螺母"段之后就是新闻报道的主体部分了,要在这个部分对主题新闻事实进行深入报道。主体部分仍然需要注意文章的可读性,要保持读者的阅读兴趣,注意新闻写作故事化手法的运用,注意细节和重点的结合。如果有一些数据或者宏观面上的信息,也应该将这些东西揉进报道中去,而不能全是枯燥的内容。抽象、枯燥的内容全被分散、融合在报道主体之中,并被不断地冲击,还未等读者不耐烦,马上就有更带劲的材料上来了。情节、细节、引语等技术的运用造成了起伏与波澜,让读者始终饶有兴致地了解新闻的全貌和过程。

（四）结尾：回到稿件开始的焦点，照应开头

华尔街日报体特别强调新闻的结尾，要写作一个强而有力的结尾，这个结尾一般还要再回到开头的焦点上去，首尾呼应，形成一个循环，令人回味无穷。

三、板块组合结构

板块组合结构是指依照新闻内容的性质或要素，将新闻内容划分成不同的板块并对这些板块进行巧妙组合的结构模式。各板块的地位、篇幅大体相当，板块之间形成一种并列关系是其主要特征。

四、沙漏形结构

沙漏形结构的开始部分与倒金字塔结构非常相似，往往有一个描述新闻核心内容的导语，之后则要按照时间顺序来构造新闻主体，展开报道。

这种结构模式比较适合时间进程标志明显的新闻事件报道，便于清晰展现新闻事件在各个时间段的变化和进展，利于读者对整个新闻事件的来龙去脉有一个清晰的认识和把握。

第二节　实践训练

一、结构组合

阅读下列材料，选择合适的结构，将其组合成新闻报道。

人物介绍：金波在互联网行业从业多年，长期担任国内著名网络论坛天涯社区的副主编。多名金波的同事向澎湃新闻记者证实，金波"工作比较拼，经常熬夜"。

公开报道显示，金波在天涯任职期间多次对互联网生态发表自己的看法，并多次表示天涯社区的优势在于普通网友，在于草根网民。

公开活动：金波在媒体圈内享有"才子"之名。今年4月，金波与20多家全国主流媒体、新闻客户端、微信微博客户端、门户网站、视频网站的大咖们一同齐聚泰州，实地感受泰州的自然之美、人文之美、发展之美。

金波用"药"这个字概括了自己眼中的泰州。金波认为，"药"字主要有三

层意思:首先,这个药,是芍药的药,芍药有花中仙子的美称,她能够概括泰州的自然之美、人文之美、泰州百姓的勤劳之美。其次,泰州有中国医药城,随着老龄化社会的来临,泰州的中国医药城将为越来越多人所熟知。最后,"药"字当中有个"约"字,也意味着我们可以更多次相约泰州,共同关注泰州的发展。

这次泰州之行也成为金波最后一次在大众媒体上公开亮相。

新闻事件:澎湃新闻记者6月29日晚从金波亲友处获悉,天涯社区副主编金波因疾病突发在北京不幸去世,年仅34岁。

同事评说:一名金波的同事表示,金波"刚刚三十出头,有一对双胞胎,近几年长期加班熬夜"。

详细情况:另据金波的部分亲友证实,金波于6月29日19点40分左右,在北京地铁6号线呼家楼站开往潞城方向站台上突然晕倒,随后失去意识。

救助情况:据金波亲友表示,金波倒地后身旁两名素不相识的地铁乘客对其进行了心肺复苏和人工呼吸,另有一名外国女子自称是急救医生,随后也参与到救治过程中。不过,遗憾的是金波最终没能苏醒过来。

二、时间顺序结构练习

请写出你会做的一道菜的烹饪过程,首先列出原料,然后写出烹饪的先后环节。

三、倒金字塔结构练习

下列信息摘自新华网稿件,请用倒金字塔结构组织这些信息,撰写新闻报道。

人物身份:4月28日事故中伤亡的这8人,均是台湾林务部门的外包商。

背景:在此之前,4月27日中午阿里山发生小火车翻覆意外,截至目前已造成5名大陆游客罹难,百余名大陆游客不同程度受伤。

事故车辆:载有8人的厢型车(汽车)。

时间:4月28日清晨6时31分。

事件:厢型车突然坠落约10米深山谷。

地点:阿里山乡达邦村168林班。

原因:不明。

更多情况:造成1人死亡、7人轻重伤。目前消防人员已封锁道路并以车辆接驳方式将伤患送医急救。

来源:台湾媒体报道

四、结构分析(一)

分析下文采用了哪种结构模式。

黑车抢客,合法车主受苦

"花一万块钱买辆旧面包车,没有经营许可证和营运证,100多辆黑车整天抢我们的客源,我们实在是支撑不住了。"12月8日,有人给本报打来电话,称丰润区黑车非法客运猖獗,严重扰乱客运市场的正常秩序。

合法客运赔本经营

从丰润始发途经左家坞镇、北夏庄镇到仰山是丰润区境内跑乡镇客运的一条主要线路。任女士跑乡镇客运已经有好几年了,为此她投入了30多万元钱,买了一辆中巴客运汽车,办理了各种合法手续,挂靠在客运公司下面才辛辛苦苦做起了客运经营。

任女士说,以前没黑车瞎搅和,她一天的正常收入平均在400元以上,可是现在她们这些合法车主却只能是赔本赚吆喝了,"我一天只能挣100多块钱,而跑车费用却要280多块,生意都被这些客运黑车抢走了。"

据介绍,丰润区区域内跑各乡镇的23辆客运车都受到了黑车的干扰,跑乡镇客运的邱先生说,这些黑车大多是些二手面包车,价格很便宜,同时由于省掉了很多手续费,运行成本低,合法客运根本就没法和它们比。

票价相同善打游击战

为了进一步摸清丰润黑车客运的情况,记者来到丰润汽车站北面的停车地带,据介绍这里就是一个重要的黑车揽客站点。"上哪的?上哪的?"一位戴着墨镜的面包车女司机把脑袋探出了窗外,招呼记者上车。

另一位面包车司机则一边开车一边不动声色地问记者要不要上车。

此时,已经有3个乘客钻进了这辆面包车。当执法人员到来时,面包车加大油门跑了。

在暗访中记者了解到,黑车客运大多打的是划算牌,花同样的价钱乘坐载客人数较少的面包车,在一些乘客看来是比较划算的事情。

黑车带来治安隐患

丰润区交通运输管理部门一直没有放松对黑车客运的治理工作,执法人员说,黑车扰乱了正常的客运秩序,给社会治安带来了隐患。

"这条线路快成死线了。"一位现场蹲点的运管执法人员说,由于黑车的恶性竞争,合法客运很难取得经济收益。记者在采访中了解到,在黑车争抢客源过程中,双方口角、辱骂乃至斗殴的事情时常发生。

"黑车经营没有合法手续,驾驶人员也没有经过交通部门培训,大多没有从业资格证,一旦发生事故,顾客很难获得赔偿,车主也很难支付得起赔偿。"一位知情人士透露,由于黑车经营害怕运管部门对其围追堵截,驾驶人员精神会比较紧张,并发生过带着乘客转圈狂跑的情况,实在不安全。

五、结构转换

将下文改写成倒金字塔结构,并比较阅读效果。

两名大学生玩命

1月22日下午7时,某校物理系18岁学生吴某某,与三名女同学到学校附近的铁道边散步。

吴对女同学说,国外曾有人趴在路轨中间,火车过后安然无恙。

这时,一列火车正巧从西直门方向驶来,吴和一女同学欲亲身一试,他们迎着火车趴在两轨中间。

火车司机发现后,立即采取紧急制动措施,车头和一节车厢从他们上面驶过后停了下来,女同学从车下爬了出来,侥幸留下了性命。

吴某却没有出来,他的颅脑受到严重损伤,已经丧生。①

六、结构分析(二)

阅读下文,分析其采用了哪种结构模式,说出这种结构模式各个部分在该文中的段落位置。

在南美洲曾经最富的国家,一场人为的饥荒正在蔓延

记者 Juan Forero

(1)刚满一岁的让·皮埃尔(Jean Pierre)体重仅5公斤。他面容枯槁仿佛暮年,哭声微弱得像是喘息,在这个本应肉嘟嘟的年纪瘦骨嶙峋。

(2)他的母亲玛利亚·普兰查特(Maria Planchart)在垃圾堆里翻来拣去,想找点吃的给孩子填肚子,但她只找到了一些不知是鸡肉还是土豆的残渣。最后,她带儿子去了加拉加斯的一家医院,在那里恳求别人给些米奶糊,好让儿子活下去。

(3)"我看着他睡啊睡啊,越来越虚弱,越来越瘦。"34岁的普兰查特说,"我从没想过,有一天委内瑞拉会变成这样"。

(4)她的祖国曾经是拉丁美洲最富裕的国家,是粮食出口国。如今,私营农场国有化以及物价和货币管控带来的经济萧条,已经导致国民食不果腹。

(5)国际货币基金组织(International Monetary Fund)估计,委内瑞拉的通胀率高居全球之最,预计今年的通胀率高达720%,国民入不敷出,很难维持生计。当地投资银行都灵资本(Torino Capital)数据显示,2013年以来,委内瑞拉国内生产总值(GDP)萎缩了27%,而食品进口骤减70%。

(6)人们成群地翻着垃圾堆,很多还带着小孩一起,这在一年前

---

① 转引自宋品新:《新闻写作学》,沈阳:辽宁大学出版社1996年版,第172页。

是很罕见的景象。入夜后,村民们将附近的农场席卷一空,从树上的果实到地里的南瓜,一点不剩,这使农场主们更为悲惨——他们原本就没什么种子和肥料了,如今更是雪上加霜。有人趁火打劫,哄抢食品店。而每家每户都给冰箱上了挂锁。

(7)委内瑞拉生活条件民意调查(National Poll of Living Conditions,一个由社会学家进行的年度调查)数据显示,四分之三的受访者称自己去年体重下降,平均降幅为8.6公斤。委内瑞拉人愤怒或打趣地称这是马杜罗减肥法(Maduro diet),就是总统尼古拉斯·马杜罗(Nicolás Maduro)的马杜罗。

(8)一个多月以来,委内瑞拉人民对日益专制的马杜罗政府发起了多次抗议活动。据报道,截至4月底,已有超过35人在动乱中丧生。委内瑞拉食品部、总统办公室、通讯部和外交部均未回应要求就本文置评的电话与电子邮件。

(9)"在这里,对政府来说,没有什么营养不良的儿童。"内科医生、儿童营养不良疾病专家利维亚·马查多(Livia Machado)说,"而实际情况是,营养不良这种病症已经席卷了委内瑞拉,每个人都应该注意到了这一点"。

(10)马查多医生和她的医疗团队在加拉加斯的多明戈卢西亚医院(Domingo Luciani Hospital)工作,他们看到被送来医院的消瘦婴童数量急剧增长。

(11)即使是加拉加斯南部的亚热市这样左派运动长期盛行的地方,情况也不容乐观。"为了找吃的,"11岁的塞尔吉奥·杰西·索杰斯(Sergio Jesus Sorjas)说,"有时候我会去找屠夫,问他'先生,你有不要的肉骨头能给我吗?'"。

(12)有时教区牧师会给他点营养配方奶,或是传统的委内瑞拉玉米片。索杰斯说他几个月没闻过肉味了:"有时候,我什么吃的都没有。"

(13)苏珊娜·拉弗里(Susana Raffalli)是一名粮食紧急情况处理专家,曾在非洲危地马拉等遭受饥馑的地区工作,她正带领一组工作人员,与天主教慈善机构明爱会(Caritas)一起监测该地区的情况。

（14）明爱会近来对亚热市及另外三个社区800名5岁以下的儿童进行了调查，其最新研究结果显示，今年2月，该群体中有近11%的人患有严重急性营养不良（这是一种可能致命的疾病），而去年10月时患病人数为8.7%。明爱会表示，这四个社区中，近五分之一的5岁以下儿童患有慢性营养不良，这种病症阻碍儿童生长发育，可能影响到一整代人的生活。

（15）拉弗里表示："是否会出现危机已经不是讨论重点了，重点在于还要多久就会危机大爆发。"

（16）根据世界卫生组织的标准，明爱会的调查结果已经证明委内瑞拉出现严重危机，政府有必要申请特别援助。然而当局拒绝了其他国家提供的粮食和援助。

（17）随着医疗卫生系统全面崩溃，蚊蝇传播疾病流行，以及委内瑞拉制药联合会（Pharmaceutical Federation of Venezuela）所谓的药品严重短缺，国民营养不良的状况愈加严重。

物资枯竭

（18）去年夏天，贝尔克斯·迪亚兹（Belkis Diaz）眼睁睁看着刚出生的儿子达尼·纳瓦（Dany Nava）死于饥饿。孩子的祖母艾伯特蒂娜·埃尔南德斯（Albertina Hernandez）说，他们没有奶粉，迪亚兹也没有奶水。

（19）埃尔南迪斯说："我们找不到食物，找不到牛奶，他变得越来越瘦。"

（20）达尼被送到医院的时候咳得很厉害，没过多久就死了。"他才那么一点点大。"他的祖母说。

（21）前些年，当地南部的农场还是牛羊满圈，硕果累累，从鸡到大豆应有尽有。

（22）48岁的阿尔贝托·特罗亚尼（Alberto Troiani）仍在自家的养猪场里工作，农场是20世纪70年代他的意大利移民父亲开办的。如今，在物价管制、供应短缺以及犯罪团伙的连番打击下，他的生意举步维艰。

(23) 农场原本有 200 头母猪,每头能产十几只仔猪,如今只剩下 50 头。过去养猪用的高蛋白饲料和药物,现在特罗亚尼也买不起了。以前每头成年猪有 240 磅重,现在只有 175 磅了。

(24) 更可怕的是,他说,有时走过半空的猪圈,会发现猪在互相啃食尾巴和耳朵。

(25) "以前我们每个月会有 120 到 150 头猪出栏,送去宰杀,"特罗亚尼说,"现在一共只有五六十头猪了,简直是笑话。"他说一公斤猪肉要卖 1.17 美元才能赢利,可现在只能卖 93 美分。据业内人士透露,自 2012 年以来,委内瑞拉 82% 的养猪场已经关闭,猪肉产量下降 71%。

(26) 特罗亚尼和母亲尤兰达·法乔利尼(Yolanda Facciolini)商量着离开,他母亲 69 岁了,20 世纪 60 年代从意大利移民来到委内瑞拉。他说不会有人买他的猪了:周围所有人都关闭了农场。他说,小偷会把剩下的铜线、拖拉机、除草剂这些东西全部卷走。

(27) 经济学家和农场组织调查发现,政府接管的农业公司都已经关闭或停止运营,包括牛奶厂以及化肥和饲料分销商。

(28) "制度如此,你没法战胜,"全国猪农协会主席阿尔贝托·卡德摩斯(Alberto Cudemus)说。

生存技能

(29) 65 岁的戴奥真尼斯·阿尔萨雷(Diogenes Alzolay)开过两家小建筑公司,也当过出租车司机。如今,他正设法把店里的冰柜卖出去,他的书籍、台灯、复印机和出租车也在待售之列。

(30) 他和妻子奈蒂亚·卡迪兹(Nidea Cadiz)急需钱来养活一群孩子:小的两个,一个是 2 岁的男孩,一个是 7 岁的女孩;大的三个,分别是 13 岁、16 岁和 19 岁。

(31) 最近某天,阿尔萨雷炸沙丁鱼来吃。为了省下食物,有的家庭成员会饿一天肚子,好让其他人吃饱。他们常吃的是当地玉米饼、蔬菜、芒果,偶尔能吃上鱼罐头。

(32) "我想过逃走,可是为了孩子,我不能走,"阿尔萨雷说,"活得太难了,我想哭"。

（33）生活条件民意调查数据显示,委内瑞拉有90%的家庭表示收入太少,买不起足够的食物。近三分之一（960万）的委内瑞拉人一天只吃两顿或不到两顿饭,而2015年时该数据为12.1%;五分之四的国民如今陷入贫困。

（34）75岁的西泽·奥古斯通·帕尔马（Cesar Augusto Palma）说高通胀让固定收入急剧贬值。他说,现在自己每个月的养老金约合10美元左右,只买得起四盒牛奶。

（35）他还有一个成年女儿和三个外孙要养活。帕尔马和11岁的外孙杰曼（Germain）会少吃一些,好让两个更小的孩子吃饱。杰曼曾经浓密的头发开始发黄。

（36）"他们比我更需要食物。"杰曼说,他只有23公斤重,而同龄男孩的平均体重是32公斤。一旁,他的两个弟弟——10岁的西泽·奥古斯通（Cesar Augusto）和4岁的安杰尔·乔斯（Angel Jose）——正在试着放自己做的风筝。

（37）"我好饿,"杰曼说,"饿得胃疼。"被问及最喜欢的食物是什么,他说是"Arroz con pollo",即米饭和鸡肉,他最后一次吃到是在2015年。

（38）在加拉加斯的多明戈卢西亚尼医院,普兰查特一边回忆自己如何给儿子让·皮埃尔和另外四个孩子找吃的,一边哭了起来。当时她翻遍了垃圾袋,只为找点没长蛆的玉米片或面包片。

（39）"我站在那里对自己说,'我做不到'。"她担心被邻居看到,"可是我告诉自己,'不翻垃圾,我拿什么给孩子吃？'"。

（40）普兰查特打过很多份工:收银员、理发师、厨师。后来工作没了;通货膨胀和食品短缺让他们的境况雪上加霜。她说,有一次,有个邻居杀了一条狗来吃。

（41）她看着让·皮埃尔日渐消瘦,不再动弹,决定去医院向马查多医生和其他营养不良疾病专家寻求帮助。然而医生并没有病童需要的维生素、抗生素或血清。

（42）"我们没法让他在医院里吃得很好,"马查多医生说,"只有香蕉和奶酪,这样孩子没法好转。"

(43) 普兰查特把让·皮埃尔抱在怀里,轻轻摇了摇,这个小动作安慰了母子俩。

(44) "他还没有完全康复,"她说,现在孩子又得了水痘,"我们的想法是,先让他长壮一点儿,再让他的新陈代谢功能好起来。可他太虚弱了。"①

第三节　操作参考

一、结构组合

这是一则动态新闻,适合采用倒金字塔结构。下文为澎湃新闻记者的报道,叙事清晰简练,又有比较丰富的背景材料,可读性也比较强,可供学习参考。

34岁天涯社区副主编金波北京地铁突发疾病去世,生前常熬夜

岳怀让、郭琛、卢梦君

澎湃新闻记者6月29日晚从金波亲友处获悉,天涯社区副主编金波因疾病突发在北京不幸去世,年仅34岁。

另据金波的部分亲友证实,金波于6月29日19点40分左右,在北京地铁6号线呼家楼站开往潞城方向站台上突然晕倒,随后失去意识。

据金波亲友表示,金波倒地后身旁两名素不相识的地铁乘客对其进行了心肺复苏和人工呼吸,另有一名外国女子自称是急救医生,随后也参与到救治过程中。不过,遗憾的是金波最终没能苏醒过来。

金波在互联网行业从业多年,长期担任国内著名网络论坛天涯社区的副主编。多名金波的同事向澎湃新闻记者证实,金波"工作比较拼,经常熬夜"。

---

① 转引自微信公众号"华尔街日报·派"2017年5月27日的文章,https://mp.weixin.qq.com/s/8kLcLHSt0fQH6UmGge9Hgg。

一名金波的同事表示,金波"刚刚三十出头,有一对双胞胎,近几年长期加班熬夜"。

公开报道显示,金波在天涯任职期间多次对互联网生态发表自己的看法,并多次表示天涯社区的优势在于普通网友,在于草根网民。

金波在媒体圈内享有"才子"之名。今年4月,金波与20多家全国主流媒体、新闻客户端、微信微博客户端、门户网站、视频网站的大咖们一同齐聚泰州,实地感受泰州的自然之美、人文之美、发展之美。

金波用"药"这个字概括了自己眼中的泰州。金波认为,"药"字主要有三层意思:首先,这个药,是芍药的药,芍药有花中仙子的美称,她能够概括泰州的自然之美、人文之美、泰州百姓的勤劳之美。其次,泰州有中国医药城,随着老龄化社会的来临,泰州的中国医药城将为越来越多人所熟知。最后,药字当中有个约字,也意味着我们可以更多次相约泰州,共同关注泰州的发展。

这次泰州之行也成为金波最后一次在大众媒体上公开亮相。①

二、时间顺序结构练习

清蒸鲈鱼的主要原料包括鲈鱼、大葱、红椒、姜、蒸鱼豉油,制作过程主要分5个环节,学起来并不难。

首先,将鲈鱼去鳞、去腮、去内脏,洗净沥水,把鱼的尾部片开一点,让鱼趴在盘中,放上姜片和葱段。

然后,把葱白去芯切成丝,红椒片去瓤切成丝,姜去皮后切成丝。

接下来,在锅里加水,放置篦子,烧开后把鱼盘放到篦子上,盖严锅盖,旺火蒸制8分钟左右。熄火后,不掀锅盖虚蒸1—2分钟。

现在可以打开锅盖,将蒸好的鱼身上的葱姜去除,倒掉蒸鱼时渗出的汁水。

最后,将切好的葱姜丝和红椒丝铺在鱼身上,淋上蒸鱼豉油,浇上烧至微微冒烟的热油。一道清蒸鲈鱼就做成了,尝一尝吧。

---

① http://www.thepaper.cn/newsDetail_forward_1491329,2016年6月29日。

三、倒金字塔结构练习

采用倒金字塔结构撰写新闻，应该依据新闻价值递减、重要性递减的原则安排材料，把新闻价值最高、最重要的事实成分放置在最前面，依次排列其他材料。

在本例中，"厢型车坠落约10米山谷，致使1人死亡、7人受伤"是核心事实，新闻价值最高，最重要，应该放在导语段。这是一则动态消息，强调时效性，时间要素、地点要素可以一同在导语段呈现出来，这些信息通常也是读者十分关心的。另外这则消息来源于台湾媒体报道，可以在开头交代消息来源。

伤亡者的身份和救援情况是新闻价值次之的信息，也是读者接下来可能会询问的内容，可以紧接导语段提供这方面的情况。

阿里山前一日还发生过一起小火车翻覆事故，这一信息可以作为本次报道的背景部分，它丰富了新闻报道的信息内容，但对于本次报道来讲它的重要性最差，可以放在新闻的末尾。

下面请看具体的报道案例：

阿里山再传交通意外　汽车坠谷1死7伤①

据台湾媒体报道，一辆载有8人的厢型车28日清晨6时31分，行经阿里山乡达邦村168林班，突然坠落约10米深山谷，造成1人死亡、7人轻重伤。

据报道，这8人是台湾林务部门的外包商。目前消防人员已封锁道路并以车辆接驳方式将伤患送医急救。

阿里山这两天"祸不单行"，27日中午发生小火车翻覆意外，截至目前已造成5名大陆游客罹难，百余名大陆游客不同程度受伤。

四、结构分析（一）

板块组合结构。

---

① http://news.xinhuanet.com/society/2011-04/28/c_121358364.htm.

五、结构转换

两名大学生玩命

1月22日下午7时,一名大学生因趴在铁轨中间被火车压死,他的颅脑受到严重损伤。和他同卧铁轨中央的女同学则侥幸留下了性命。

从西直门方向驶来一列火车,司机发现有人卧轨后,立即采取紧急制动措施,车头和一节车厢从他们上面驶过后停了下来,女同学从车下爬了出来,侥幸留下了性命。

据了解,这天下午某校物理系18岁学生吴某某,与三名女同学来到学校附近的铁道边散步。

吴对女同学说,国外曾有人趴在路轨中间,火车过后安然无恙。

这时,正巧从西直门方向驶来一列火车,吴和一女同学欲亲身一试,他们迎着火车趴在两轨中间,结果造成了这样的惨剧。

分析:这篇报道改写成倒金字塔结构后,一开头就把结果展示了出来,没有了悬念,阅读效果明显下降。可见对于新闻报道来讲,安排结果必须考虑阅读效果,没有哪种结构是万能的,倒金字塔结构也不例外。

六、结构分析(二)

这篇报道采用了华尔街日报体结构模式。

开头设置焦点(第1—2段):刚满一岁的让·皮埃尔瘦骨嶙峋,他的母亲普兰查特翻拣垃圾堆,想找点吃的给孩子填肚子。以小见大,见微知著,这对母子的遭遇形象地代表着这个国家遭受的饥荒。

过渡(第3段):从这对母子的遭遇过渡到文章的主体部分,即整个委内瑞拉经济的困境以及整个国家层面的饥荒问题。这个部分的篇幅很短小,过渡非常迅速。

主体(第4—37段):详细报道委内瑞拉经济萧条以及遭遇饥荒的境况。这部分的篇幅最长,承载着文章的主要报道任务,深入报道了宏观面上的问题。

这部分提供了委内瑞拉通胀率、国内生产总值萎缩比例、食品进口骤减比例、国民体重平均降幅数据、患有严重急性营养不良人口的比例、政府接管的农业公司的运营状况、国民陷入贫困的占比等材料,便于读者充分了解宏观面上的情况。

宏观面上的数据容易抽象化,让读者感到枯燥,稿件注意了这个问题,及时将一些生动的故事糅合到文章中,有效增强了报道的可读性,吸引读者不断阅读下去。

稿件讲述的一些具体事例包括,11岁的塞尔吉奥·杰西·索杰斯去找屠夫要肉骨头,有时候他什么吃的都没有;家人眼睁睁看着刚出生的孩子达尼·纳瓦死于饥饿;48岁的阿尔贝托·特罗亚尼仍在自家的养猪场里工作,但举步维艰;65岁的戴奥真尼斯·阿尔萨雷急需钱来养活一群孩子,正设法把店里的冰柜卖出去;75岁的西泽·奥古斯通·帕尔马有一个成年女儿和三个外孙要养活,帕尔马和11岁的外孙杰曼会少吃一些,好让两个更小的孩子吃饱。这些具体人物的具体遭遇,给读者带来了很强的冲击。

结尾(第38—44段):回到开头的普兰查特和让·皮埃尔母子身上,母亲把孩子抱在怀里,轻轻摇了摇。现在孩子得了水痘,母亲想让他先长壮一点儿,再让他的新陈代谢功能好起来。结尾与开头呼应,令人深思,耐人寻味。

第九章 引 语

第一节 理论精要

引语是新闻报道的有效构成元素,引语尤其是直接引语能够增强稿件的可读性。引语分为直接引语和间接引语,直接引语是对消息来源原话的引用,间接引语是对消息来源话语意思的转述。

一、直接引语与消息来源

（一）直接引语的作用

(1) 有助于增强报道的客观性。
(2) 使新闻报道更加真实可信。
(3) 带来现场感觉,增强可读性。
(4) 改变报道的节奏。

（二）消息来源的种类

消息来源是新闻信息的提供者,是引语的发出者。以下四类消息来源尤其需要密切关注:

1. 参与者

参与者是指新闻事件的当事人,参与新闻活动的各种角色力量。作为人的消息来源,参与者的可信度通常低于物的消息来源。

2. 专家

在面对一些复杂事物时,记者有必要请专家出来解释,以便引领读者对专业性问题或复杂事物有一个更清晰的认识。但是,记者不能完全依赖专家来做报道。记者的主要工作仍然在于到一线调查采访,而不是一味地与专家纠缠在一起。

3. 物的消息来源

物的消息来源包括各种记录、文件、参考资料、合同、财务报表、账簿、司法文书、音像资料等,其可信度通常比较高。

4. 网络消息来源

网络消息来源包括网站、微信、微博、客户端、抖音、快手等各种网络渠道,网络消息来源提供了丰富的内容,其中含有不少虚假信息,需要认真辨别。

二、如何与消息来源打交道

(1) 警惕虚假消息来源。

(2) 与消息来源保持联系。

(3) 材料的公开与消息来源的保护。

采访对象要求记者不公开报道他的谈话,并且记者也已经做出承诺,那么记者就不应该报道谈话,更不能指明出处。保护消息来源是记者的职业操守,从某种意义上讲,也是对记者职业尊严的维护。

(4) 三角定位。报道有利益冲突的事件时,记者应该找到正面、负面、中立的三种性质的消息来源加以采访,这是避免偏听偏信的有效法则。

(5) 多重佐证。通常记者不能仅凭单一消息来源的说法,就确信新闻事实的存在。记者必须找到两个以上相互独立的消息来源,彼此佐证,方可基本确认事实的成立。

三、交代消息来源的可行做法

(1) 养成交代消息来源的习惯。交代消息来源应该明确具体,消息来源交代得越笼统含糊,新闻的真实性就越难以保证,新闻造假的可能性就越大。

(2) 交代消息来源是为了分清责任,谁说的话谁负责。即便如此,记者也要格外注意信息的可靠性。

(3) 不要冒充消息来源。"相关专家认为""业内人士说",很多时候其实就是记者在那里发表言论,这是造假行为。通常应该说出专家的姓名,明确具体地说明专家擅长的领域。

（4）对消息来源做出的承诺一定要遵守。

（5）一般地，记者不应成为消息来源。

（6）只有当记者成为事实亲历者或权威当事人时，记者才可以成为消息来源。

（7）众所周知的信息、没有争议的信息不用标注消息来源。

（8）尽量少用，最好不用匿名消息来源。

（9）绝不使用匿名消息来源对具体的人物或机构进行攻击。

（10）出于人身安全和合法权益保护的考虑，可以采用匿名消息来源形式。

（11）要明确告诉采访对象，即使他们的名字不出现在报道中，记者也有权利将他们的名字告诉媒体主编。

（12）对匿名消息来源的说法，至少要有第二个独立的消息来源证实其可靠性。

四、选择什么样的直接引语

（一）关系到新闻本质的话

消息来源对新闻事实有着深刻的认识和理解，他们说的话如果起到了点明主题的作用，有益于读者正确认识新闻事实，就可以考虑加以引用。

（二）彰显"非凡个性"的话

敢于冒天下之大不韪、能够彰显消息来源鲜明个性或特殊品质的话值得引用。

（三）富有人情味的话

有的话虽然并不重要，却充满人情味，也可以做直接引语。

（四）令人动容的话

冲击人的情感、让读者感动甚至动容落泪的话，值得引用。

（五）令人震撼的话

一般人不敢讲、令人震惊、富有冲击力的话值得引用。

（六）富有戏剧性的话

像演小品那样，富有戏剧性，这样的谈话可以考虑作为直接引语。

（七）带有强烈感情色彩的话

消息来源特别悲痛、很严肃地或者很气愤地就某件事发表看法，这类带有强烈感情色彩的话能够触动读者，值得引用。

（八）重要的讲话

重要的讲话往往具有较高的新闻价值，将重要的讲话用直接引语的形式刊发出来，可以更好地体现报道内容的权威性，增强可信度。

（九）重要人物的讲话

重要人物的讲话有的很重要，有的可能并不一定特别重要，但是也会由于"物以稀为贵"的原因而被直接引用。

（十）争论中各方说的话

争论具有戏剧性，往往能够引起读者的兴趣。记者在报道有争议的事情时应该使用直接引语的形式，将处于不同立场各方的观点、意见、主张报道出来，同时还要辅之相关的语境背景。给矛盾双方或多方以平等的说话机会，这是对客观公正报道原则的遵循，也是生动展示争论过程的需要。

五、直接引语的写作

（一）一个有用的模式

对于报刊新闻的写作来讲，如果直接引语超过一个句子，应当在第一句话的后面指明出处，不妨套用"直接引语—消息来源—直接引语"模式。

（二）对消息来源的介绍

第一次提到讲话人时，要介绍一下这个人的身份，否则读者就不知道是谁在讲这句话。介绍消息来源的身份，有利于读者更加准确地理解引语。

在同一篇报道里，第二次及其以后引用同一消息来源的话时，直呼其名即可。有的也可适当简化称谓，如简称其为"张先生""李女士"等。

（三）慎用"异口同声"

异口同声的情况当然是存在的，但是乱用"异口同声"的做法却是值得警惕的。换句话说，一般地，新闻报道中直接引语只能是一个人的话，不能是几个人同时说的话。尤其当直接引语比较长的时候，有的报道里还用"异口同声地说"

这样的字眼,致使"异口同声"都快变成了套话,实际上这是违背常理的。几个人一起说一句很长的话,每个字都是一样的,这是不可能的事情。

(四) 多用"说"这个动词

"说"是一个中性动词,应该多用"说"这个动词来连接消息来源和直接引语。应该尽量避免使用"说"的代替词,如"眨眨眼睛""哈哈大笑""皱着眉头"。类似的代替词语有些老套,有的时候很可能就是作者为了追求所谓生动而想象杜撰出来的。

(五) 直接引语中的代词注解

如果直接引语中的代词没有指明是谁,记者和编辑可以利用括号加以注解。

(六) 标点符号的使用

(1) 由两部分构成的引语,通常在第一个引语的后面加逗号——有时如果前面这个部分的意思比较独立,也可加句号——然后紧跟后引号。消息来源后也加逗号,接下一个引语。

(2) 只有一个部分的引语,若消息来源前置,则紧跟冒号;若消息来源后置,则以句号结束。

(3) 当在连续两个以上段落中引用同一个人的话时,在前一段结束之处可以不用后引号。在下一段开头处用前引号,在最后一个引用段落加后引号表示引语结束。

(4) 部分话语的引用,句号置于后引号的后面。

(5) 引语中的引语要用单引号。

(6) 尽量少用省略号。滥用省略号,会使文章显得支离破碎,读起来也不顺畅。

六、需要注意的问题

(一) 直接引语不能太长

一条新闻如果从头到尾都是一个人的直接引语,如会议报道中领导人的长篇讲话,是非常令读者厌倦的。要精选直接引语。对讲话中的一些语句,可以通过加解释和背景来显示其新闻价值和意义,而没有必要让直接引语过长。最好找到一句话的直接引语,让人们牢记。

（二）直接引语可不可以修改

（1）直接引语是神圣的,最好也应该是原样引述。

（2）一般地,可以把直接引语中的文法错误改正过来,可以删去那些"嗯""啊"之类的口头语。

（3）如果需要做较大的修改,不妨干脆以间接引语的形式加以表述。

（4）不要编造直接引语。

（三）不雅语言的处理

一般地,报纸不刊登肮脏的、下流的语言,涉及人体的、性的或者排泄功能的猥亵语言要去掉。但是也有的时候媒体为了再现当事人的原话,会将一些不雅的词保留下来。

（四）核实你的引语

记者在撰写完报道后,最好将文中的直接引语与录音做一下核对。如果可能的话也可以将引语念给当事人听,请他们核实这样撰写引语是否妥当。

（五）不要滥用引语,不要为引语做过多的解释

一些初学新闻写作的学生用起直接引语来往往肆无忌惮,他们试图用直接引语来填充报道,结果走向了使用引语的另一个极端——引语泛滥。有的学生写起稿件绝大部分篇幅在叙述引语,对引语做了太多没有必要的解释,显得很单薄,很幼稚。

第二节　实践训练

一、挑选练习

从下文中挑选出你感兴趣的直接引语。

工厂正门前挖上一条沟

10月12日下午开始,双柳树村村民来到滦南节能锅炉厂门前,动用挖沟机在这家私营企业大门前挖出了一条深沟。村民说这是为了

村里排水的需要，村里以后还会在锅炉厂门前修一座桥，但节能锅炉厂必须支付所有应当负担的人工费用、物料费用。锅炉厂认为村民们纯粹是无理取闹，这条沟已经阻断了企业车辆的进出，影响了工厂的正常生产秩序，还想向工厂要钱，这简直是无法无天。

工厂：除了挖沟，还想要我厂房

从滦南县城向西行驶十分钟左右就到了双柳树村，滦南节能锅炉厂就坐落在村北不远处。据村民介绍，节能锅炉厂及附近几家企业都是占用了村里的耕地，由镇政府分别承包给了几个客户，节能锅炉厂所占用的六亩田地是原来村里卖给镇里盖敬老院用的。

10月12日上午，双柳树村的村干部来到节能锅炉厂要求商谈挖排水沟的问题，节能锅炉厂厂长李广臣认为在工厂门前挖沟已经是影响了企业的生产，况且工厂也没有义务为村里的这种行为支付什么相应费用，就没怎么搭理这几个村干部。

"他们居然还打起了我房子的主意，想要我的三间厂房。"李广臣生气地说，"可能是觉得我慢待了他们，他们下午就来挖沟了。我什么都不会给他们！"记者在工厂门前看到了村民们的"杰作"，一条大约有三十米长、一米宽、一米深的沟渠就横摆在节能锅炉厂的正门前。

村民：在自己地里挖沟，谁能怎么着？

村民们却说是这家工厂采取了不合作的态度，"我们与其他企业都能商量得来，唯独他（节能锅炉厂）不爱搭理我们，是他不愿意跟我们好好相处。"双柳树村村主任薛秀海告诉记者，10月12日上午，他们几个村干部去找节能锅炉厂时，对方三言两语就把他们给打发走了，根本没有想解决问题的意思。回去后，村里马上召开了全村村民代表大会，才决定动手挖沟。关于要房子的问题，村主任说由于事情不太清楚，村里已经不打算要了。

老支书薛修岩说，村里确实存在排水不畅的问题。由于村北修公路路面被垫高的原因，积水无法像从前那样流出去。前两天滦南连续几天的降雨简直就给老百姓带来了一场水灾，"村北有的人家水都快没到炕沿了，再不挖沟也不行了"。

对于收取费用一事，村民认为这是很正常的事情，"我们给他挖了沟，又给他修桥，他不出钱谁出钱？"还有的村民甚至说："我们是在我们自己的地里挖沟，那地又不是他们家的，谁敢怎么着？"

双方仍在僵持中

由于现在是生产旺季，节能锅炉厂不想跟村民们再纠缠下去。"我打算下午先抬块楼板给盖上，本来镇上打算要双柳树村给填上的，我不想再添麻烦了。"锅炉厂的厂长无奈地说，他为这事很是烦躁。

村民们却不依不饶，10月13日下午，村民又聚集到了节能锅炉厂门口鼓动村主任继续发动号令挖沟，"选了村主任也不给老百姓做事，早晚都得下去"。一个村民仿佛是很气愤地说。村民还普遍认为，节能锅炉厂的占地是原来村里以200多块钱一亩的低价卖给镇上盖敬老院的，现在镇上又以高价承包给商家，村民们却没有得到多少实惠，让工厂出点钱也没什么大不了。

"镇上到底跟他们怎么定的协议，又有我们什么责任？"节能锅炉厂厂长也很生气，"我倒不是怕事，只是觉得这点小事不值得弄成这个样子。"本来打算下午重新把沟弄平的锅炉厂不得不中止了原来的计划，记者离开双柳树村时，村民们仍聚集在他们挖出的大沟附近，或蹲或站，似乎还有一场大的任务在等待着他们。

二、案例分析（一）

阅读下面的案例，试做相关分析。

国税总局"47号文件"竟是子虚乌有

2011年8月，包括中央电视台、新华社在内的国内许多媒体报道说，国家税务总局发布"47号"文件，"年终奖个税计税方式将修改？避免多发1元多缴2万"。国家税务总局随后发布声明，称这是一则伪造的消息。

（1）8月12日，会计网站上发布公告全文

文件最早发布在小型网站"税屋"上。8月12日，"中国会计视野网"和"中

华会计网校"做了转载。"47号文件"疑系讨论稿。

（2）13日，《广州日报》被指传统媒体首发

8月13日，广州日报A10版刊发稿件《年终奖个税计税方式将修改 避免多发1元多缴2万》。该报被指是最早报道"47号文件"的新闻媒体。

（3）13日下午和晚上，《北京晚报》、中央电视台报道

13日下午上市的《北京晚报》在第4版显著位置刊发了内容相似的报道。15日晚，写作该稿件的《北京晚报》记者姚丽颖说，"消息来源于《广州日报》和网站，由于是周六，并没有找到国税总局的人确认消息。但有一点可以肯定，当时（国税总局）的官网并没有这个'47号文件'"。

13日晚，央视新闻频道也做了报道，关键词提炼为"避免多劳少得"，无形中增强了报道的传播效果。

（4）14日，新华社、《人民日报》报道

14日，新华社播发消息《国税总局明确企业派发红股计税方式》，但并未署名。15日，《人民日报》在第2版发布了题为《年终奖今年起按新税法纳税（政策速递）》的稿件。两篇稿件均涉及"47号文件"。

（5）15日，国税总局声明"47号文件"系伪造

国税总局15日下午发声明称，国税总局从未发过该文件，此文件及解读稿系伪造。[1]

三、案例分析（二）

对下面的案例进行分析。

节振国是唐山地区的抗日英雄，2011年12月中央电视台播出了电视剧《节振国传奇》。12月18日，《唐山劳动日报》编辑收到了一篇关于电视剧播出后"在唐山引起强烈反响"的稿件。稿件中有这样一段文字：

"《节振国传奇》在保留人物和故事真实性的基础上，融合了魔术、抗战、英雄、史实、亲情等多种元素，塑造了一个符合现代观众审美要求的节振国，让观众从中认识到了英雄的伟岸、智慧，以及矢志不渝的爱国情操。也正是因为该剧的热播，最近有很多市民都来购买有关节

---

[1] 参见2011年8月16日《齐鲁晚报》《郑州晚报》等媒体的报道。

振国的图书和音像制品。"市新华书店相关负责人介绍说。

当班编辑问记者消息来源的具体姓名,记者说她也不太清楚,这是一位通讯员写的稿件。当班编辑核实后发现,当时市新华书店搬迁,尚未营业。

四、引语分享

从新闻媒体刊播的报道中,找出给你留下深刻印象的直接引语,与你的同学分享。

五、引语修改

下列引语写作存在什么问题,应该怎样修改?

老人们对演出赞不绝口,久久不愿离开,都说:"表演很精彩,希望每年的重阳节都这么开心,都能看到这么好的演出。"

六、对话体阅读

对话体稿件呈现了记者的提问与被访者的回答,其主要内容是由消息来源的直接引语构成的,可以将其看成是一种极端运用引语撰写而成的稿件。对话体通常适用于名人访谈,或者谈话内容极其重要、有趣的情况。对话体可以更加逼真地再现访谈的过程,带给读者现场感;被访者的谈话内容可以原汁原味地传达给读者,满足读者更加全面、真实地体会被访者谈话内容的需求。如果访谈的内容比较普通,不具有明显的个性,则通常不宜使用对话体。

找一份采用对话体撰写的优秀稿件,仔细阅读并体会其运用直接引语的效果。

第三节　操作参考

一、挑选练习

以下引语比较吸引人,两相对比,具有冲突性,增强了文章的可读性。

(1)"他们居然还打起了我房子的主意,想要我的三间厂房。"李广臣生气地说,"可能是觉得我慢待了他们,他们下午就来挖沟了。我什么都不会给他们!"

（2）对于收取费用一事，村民认为这是很正常的事情，"我们给他挖了沟，又给他修桥，他不出钱谁出钱？"还有的村民甚至说："我们是在我们自己的地里挖沟，那地又不是他们家的，谁敢怎么着？"

二、案例分析（一）

（1）相关媒体的消息来源标注为"国家税务总局"，但记者并未真正与国家税务总局取得联系获得确认，而是以讹传讹。

（2）《广州日报》是第一个发布此消息的传统媒体，《广州日报》的消息来源显得更为关键——记者应该联系国家税务总局，核实消息真伪，不能仅仅根据会计网站上的文章来做报道。

《广州日报》在报道中明确说消息来源于国家税务总局，随后的媒体在接力传播中并未核实消息来源，集体制造了乌龙新闻。

（3）与地方媒体相比，中央电视台、新华社、《人民日报》等中央媒体核实"国家税务总局"消息来源应该不是困难的事情。这些媒体尤其不应该犯这样的错误。

（4）记者不能以"由于是周六，并没有找到国税总局的人确认消息"等理由做借口，真实是新闻的底线，不能因为是休息日就可以不去核实消息来源的真伪。

三、案例分析（二）

此处完全没有必要对消息来源做匿名处理——除非是为了保护消息来源的人身安全，否则通常都应该公布消息来源的姓名——对一部电视剧发表评论，不会给发言者带来损害，消息来源又是一位负责人，应该公布其姓名。此处采用匿名消息来源的形式是不专业的做法，可信性差。

当班编辑与记者取得联系，记者说她也不太清楚，这是一位通讯员写的稿件。通讯员写的稿件，记者即便一起署名，也应该仔细看看稿件，检查一下有无不妥的地方——按照严格的报道规范，没有对稿件做出实质贡献，记者就不应该署名。

另外，消息来源所讲的"最近有很多市民都来购买有关节振国的图书和音像制品"也值得怀疑。当班编辑核实后发现，当时市新华书店搬迁，尚未营业，所谓很多市民去市新华书店购买图书和音像制品一事也就很难成立了。

有一些通讯员由于没有受过严格、系统的新闻专业训练,为了宣传的需要,喜欢编造一些内容,他们往往还意识不到问题的严重性,这应该引起我们的警惕。

四、引语分享

中央电视台播出中国足坛"反赌扫黑"最新进展,涉案裁判黄俊杰在忏悔了自己的堕落轨迹后痛哭流涕。"我这个体重,这个身材,能到今年坚持这么多,我付出了多少啊!但是谁让我伸手了呢?"黄俊杰说,"我对不起球迷,对不起父母,我唯一对得起的就是中国足协这帮官员,我对得起他们!"①黄俊杰的直接引语给人们留下了深刻的印象。

五、引语修改

直接引语通常应该是单数主体说出来的,异口同声的情况主要存在于很短的直接引语,而不存在于很长的直接引语。

这个例子中的直接引语很长,不算标点符号有28个汉字,作为复数主体的几个老人不可能一起说出同样的一句话。这样撰写直接引语容易令人怀疑新闻的真实性。

这就启示我们的记者,一定不要随意编造直接引语。如果复数采访对象表达了一个相似的意见,可以采用间接引语形式。或者找到一个具体的消息来源,采用单数消息来源的话作为直接引语。

六、对话体阅读

法拉奇《风云人物采访记》的写作主要采用了对话体,记录了记者与采访对象的访谈对话,推荐读者阅读。

---

① 参见央视《法治在线》2011年3月30日的报道《揭秘足坛"黑哨""黑金"内幕》。

第十章 消 息

第一节 理论精要

一、消息概论

（一）消息的特征

消息是精要化的新闻。消息是一种迅速及时、直接简练地报道新闻事实的文体，也是媒体上用得最多的一种体裁。狭义的"新闻"即指消息，消息有两个本质特征：

1. 简明扼要

消息通常是简明扼要地报道新闻事实，所用笔墨更为经济。消息的篇幅更为短小，一般在1000字之内，大多数消息只有几百字。

2. 迅速及时

消息更注重迅速传递信息，特别强调时效性，尤其在报道一些重大新闻事件、突发性新闻事件时，更要争分夺秒才行。消息以最快的速度，把新闻事实的最新变动和最新信息，直截了当地报道出去。

（二）什么情况下使用消息体裁

1. 当记者采访了突发事件后，必须迅速报道相关情况时

对于突发事件的报道，媒体需要尽快地向受众报告新闻，这个时候，记者可能只是了解到了主干信息，但掌握的细节材料还不够丰富，可以采用消息体裁迅速报道新闻。

2. 新闻事实不是过于复杂，无须细腻表达时

有的新闻事实本身并不过于复杂，读者也只是知道有这么件事情就足够了,无须采用特稿体裁深入报道,这个时候采用消息体裁会更加有效。对这样的新闻事实进行报道,不需要展示过多的细节,也用不着细腻的描述,只需要交代清楚来龙去脉即可。

3. 当版面或时段紧张,而需要刊播的稿件又非常多时

报纸的版面、广播电视的时段都是有限的,当在特定的版面空间、特定的时段内安排更多的稿件时,就只能采取压缩每条稿件篇幅的办法,采取消息体裁也就成为一个有效的手段。编辑可以将特稿或通讯形式修改成消息形式,反过来却不好将消息直接修改成特稿或通讯形式。

（三）消息的重要性

1. 消息体裁的优点

（1）多发消息,可增加媒体的信息量。

（2）消息更易于传播。

（3）消息更节省读者的时间。

2. 采写消息是记者的基本功

写消息是记者的基本功。消息具有最强的新闻性,只有掌握了消息的写作技巧,记者才能驾驭其他新闻体裁。掌握消息写作技术是记者的首要任务,写消息也是记者最为重要的基本功和看家本领。写好了消息才有可能写好特稿,写消息的功力将在很大程度上决定着写特稿的水平,只有基本功扎实,才有可能有更加精彩的表现。

二、消息写作的基本要求

消息有两个本质特征,即简明扼要、迅速及时。特征即要求,这两个特征也是对消息写作的基本要求。

（一）简明扼要

消息的写作应当对准核心新闻事实,一事一报,避免面面俱到。

消息要写得简明扼要,就必须精选材料,舍得割爱。消息里面也可以甚至应该写细节,但是消息的细节与特稿并不一样,消息的细节要以一当十。

（二）迅速及时

以下几点有利于增强消息写作的及时性:

1. 记者要有时效观念。

2. 记者要有雷厉风行的作风。

3. 记者要有倚马可待的写作技能。

4. 记者的社会联系要广泛。

三、消息头与消息标题

（一）消息头：消息的外在标志

消息头用来表示稿件发出单位、地点和时间，显示消息的身份，表明责任的承担者，标示新闻的来源和时效。

消息头的写作要点主要包括：

（1）消息头最常见的格式是：本报讯（记者某某）。

（2）如果时效性特别显著，可标明日期，日期标注时不能包括年。

（3）异地报道可标注报道地点，地点应该与新闻相关。如：

新华网乌鲁木齐12月8日电（记者毛咏、江文耀）7日晚间，新疆若羌县发生5.1级地震。

（4）综合报道不应该使用标注日期和地点的消息头。

（5）地点是指记者采访报道并发出稿件的地方。在甲地写稿，发稿时却使用乙地消息头，这是不对的。

（6）记者未到达现场，就决不能使用带有现场地点的消息头。

（7）离开当地后，保留使用当地电头的时间应该有所限制。路透社规定对于消息的时限是24小时，对于特稿的时限是两个星期。

（8）记者应当署真实姓名。

（9）做出实质贡献的记者应当署名。没有参与报道，或只是在报道中起到极其微小的作用，新闻工作者在这种情况下不能要求署名。

（10）可以在报道的结尾对做出贡献的人员做出说明。

（二）消息的标题：主标题是实题

消息的引题、主题和副题通常都是实题，而不是虚题。主标题则必须是实题，不能虚化，要明确地告诉读者发生了什么。

消息标题通常是主谓句,而不是名词性短语。标题里面一定要强调谓语动词的运用。

消息标题对事实的表述要呈现一种动态,要向读者报告发生了什么事情、有什么进展与变化,标题中要凸显最有新闻价值的事实或材料。

四、消息的结构

(一) 典型结构:倒金字塔结构

倒金字塔使用直接式导语,以直截了当的方式讲述新闻,它一般概括介绍稿件中最有新闻价值的事实。倒金字塔结构将最有新闻价值的事实或材料放到最前面,然后按照新闻价值递减顺序安排事实或材料,能够最快捷地满足读者的新闻欲求。

(二) 允许采用不完整的结构

消息结构包括标题、消息头、导语、主体、结尾等成分,消息的写作不必要求所有结构成分都要具备,实际刊发的消息往往是缺这少那。消息结构成分完备可以刊发,少一个结尾也可以刊发,主体和结尾被删掉也可以刊发,有的消息甚至只剩一个标题——标题新闻——也可以刊发,没有标题只剩一个导语也可以刊发——简讯。

五、消息的语言:具体与概括的统一

消息的篇幅短小,应该更加注重语言表达的效率。一篇消息里面不能像是特稿或通讯那样有那么多的细节和直接引语,除了有这些具体的语言以外,消息里面还要考虑使用概括的语言。

六、故事模式还是信息模式

故事模式是指运用讲故事的技巧来撰写新闻,信息模式是指记者更加干脆更加直接地报道新闻,记者不是以故事性技巧取胜,而是更迅速地向读者提供核心新闻事实信息。

新闻篇幅越短小,新闻写作就应该越靠近信息模式,篇幅越长,新闻写作就应该越靠近故事模式。大多数消息的写作应该以提供信息为第一要务,应该尊

重信息模式的运用。但是如果篇幅足够的话,也可以考虑运用讲故事的技巧。

七、事件性消息的写作

事件具有变动的特点和原始的戏剧性特点,容易引起读者的关注。新闻天然地关注事件,新闻报道必然追逐事件。报道事件是消息的基本命题,写好事件性消息是记者的一项非常重要的基本功。

(一)事件来龙去脉要清晰

事件性新闻的写作的最基本的要求是要把事件交代清楚,应该注意以下几个方面:

(1)新闻要素要齐备,事件轮廓要清晰。

(2)不要粗枝大叶,细微之处也要准确。

(3)附属事实及相关原因要交代清楚。

(二)见事还要见人

新闻学是事学,新闻学也是人学,人是新闻报道的力量源泉。读者关注事件,实质上是在关注事件当中的人。事件性消息在报道事件进程的同时,不能就事论事,而忽略了人的因素。新闻报道中应当再现人的面孔,有血有肉的人的面孔。

事件性消息在写人的时候应该注意以下几点:

(1)关注事件当中的人的命运。

(2)关注事件结果对人的影响。

(3)再现有血有肉的人物形象。

(三)一事一报

消息篇幅短小,一篇消息最好只写一件事。一事一报会让报道主题更加集中,也会让报道更加迅速及时。试图在一篇消息里面讲述太多的事情,往往会让报道显得混乱。事件性消息也要交代背景,但是它的背景要比特稿更加简洁。

(四)软消息的写作

软消息的写作不必拘泥于倒金字塔结构,可以灵活地使用其他非倒金字塔结构。软消息更倾向于采用故事模式来撰写新闻,更讲究趣味性,更注重对趣味性因素的挖掘,记者需要挖掘故事的幽默因素,增强报道的人情味。

动态消息强调时间性,相对来讲,软消息则更需要在可读性上下功夫。记者需要在细节刻画、故事的生动性等方面多做些努力。

与特稿相比,软消息的篇幅比较短,记者应该在这样一个不长的篇幅里,集中力量讲述一个故事。在一个有限的篇幅内,叙述、刻画好一个主题新闻事实已经足够了。

八、非事件性消息的写作

非事件性消息关注的对象多是社会问题、社会现象,或者是某些可供参考的方法、技巧与经验。非事件性消息的写作应该注意以下几点:

(一) 找到新闻由头

新闻是对新近发生的事实的报道,非事件性消息的写作可以考虑找一个新闻由头,借着这个由头来写相关情况。由头让报道有了新闻依据,但由头并不是新闻报道的重点,它只是一个引子。它让读者更为自然地接触非事件性新闻报道。

(二) 以点带面

"点"是具体的、个别的事例,"面"是全局的情况。"点"具有代表性,它反映了"面"的情况。"点"更加具体和生动,可以增强报道的可读性,给读者带来更容易被感知的信息。写"点"是手段、技巧和方法,却不是最终的目的,写"点"的根本目的是为了写"面"。

(三) 运用量化方法

量化可以更加集中地展现总体情况,让读者更清楚地看到问题的全貌和社会现象的总体态势,传递给读者更为精确的信息。

(四) 运用对比方法

非事件性消息所报道的对象多是呈渐变状态的事物,不像事件那样容易引起人们的关注。比较出新闻,通过对比,可以把人们不容易发觉的事实变动状况凸显出来,从而强化报道对象的变动性和新闻性。

第二节　实践训练

一、消息写作

请阅读下列材料并据此撰写消息，500字以内：

据上海冠生园（集团）有限公司官网信息，冠生园为上海知名企业，旗下品牌包括大白兔奶糖、华佗十全酒、佛手牌调味品等。其中，大白兔奶糖家喻户晓，是几代人的共同回忆。

对于翁先生的遭遇，知情人士表示，这两天，公司已知悉，并纷纷表示意外和惋惜。据称，退休后，翁懋先生身体硬朗，而且爱好摄影，经常参加摄影班活动。不过，此次遇难，尚不知其是否和摄影爱好者同往。

知情人士：当时是一群人在景区走着，突然一个男子倒地

"当时是一群人在景区走着，突然一个男子倒地，一开始大家以为他是不是突发疾病，后来看到他头上流血了。他当场就昏过去了，然后景区工作人员报警，并将该男子送入医院，但之后还是不治身亡。该男子60多岁，其家属当天就赶往事发地处理后事。家属现在正在和景区谈赔偿事宜，暂时并不涉及旅行社方面。"知情者表示。

腾讯财经从冠生园处确认，事故属实，翁懋系冠生园前董事长，已退休多年。

另据知情者透露，翁懋在出行前购买了旅游意外险，保额为40万元，根据正常流程，现在发生这样的意外，其家属应该可以获得相应的意外险赔偿。

记者从上海野驴摄影部落确悉，4月19日上午，旅行社接到电话，得知翁懋在河南云台山核心景区出事，第一时间联系其家人，并一起当天驱车1100公里，赶到河南省修武县，配合协商处理善后事宜。

网友还原：4月19日那天，云台山上发生了什么？

4月19日上午，网友@东方关注和郑州市一些知名书画家赴云台

山写生,拍下了一些珍贵的当日图片。

4月19日上午9:59分,河南焦作云台山景区大门。(照片略)

10:35分许,网友乘坐景区大巴抵达云台山红石峡苑区,而几乎同时,网友看到一辆救护车开过,当时救护车并未鸣笛。此时,大家并不知道发生了什么事情。

整个上午,网友一行人都在云台山红石峡景区。

4月19日14:41分,网友一行抵达云台山小寨沟景区,正是上海冠生园(集团)有限公司原董事长、总经理翁懋意外事故发生地景区。而此时,事故已经发生5个多小时!!

4月19日14:57分,网友一行抵达小寨沟上山通道。

此时却发现,不少游客从上山通道下山,有游客讲"上面封路了,让原路返回"。

导游迅速打电话与景区方面沟通,后告知游客,"14:00左右,小寨沟上山通道被封闭,原因是发生落石伤人事件,道路不安全!"

云台山景区:不会推卸责任,已成立善后工作小组

4月22日清晨6时30分许,云台风景名胜区管理局给大河报·大河客户端记者魏国剑发来一份公告——《关于一名游客在云台山被落石击中意外身亡的公告》。公告说:

"4月19日9时25分,一名上海游客在云台山景区潭瀑峡景点游玩时,被山崖上的一块落石击伤。景区工作人员发现后第一时间赶到现场展开救助,立即拨打120急救电话并上报情况,景区迅速安排医务人员赶到现场对游客进行包扎处理,随后送至修武县人民医院进行救治。

"事发后,景区及时封闭相关游览道路,组织人员进行全面的安全排查,确保游客游览安全,并主动与游客家属联系沟通。

"因伤情过重,该名游客最终抢救无效,不幸身亡。目前,景区已成立了善后工作小组,与家属进一步沟通,积极做好各项善后事宜。"

22日凌晨,河南日报·大河客户端记者李建华和云台山景区有关人员核实情况时,景区表示,在景区发生这样的不幸他们也很痛心,不

管落石原因是什么,景区都不会推卸责任和义务,会积极与家属沟通,做好善后。同时,景区已经组织人员对易落石的地方进行排查加固,安装防护网等,预防再出现意外和不幸。①

二、校园消息采写

采写一篇校园新闻,内容不限。其他要求:500字以内,消息体裁,制作新闻标题,带消息头,撰写直接式导语,采用倒金字塔结构。

三、消息改写

下文是本书作者执笔撰写的特稿,请将其修改为消息,800字以内。

河北唐山一退休教师与妻子尸体同床共枕长达8年②

妻子宋教授死后的8年里,谢玉臣一直对外谎称她在养病,从不让外人进屋探望。更让人不可思议的是,8年里妻子的尸体一直放在他的睡床上,谢玉臣就在尸体旁边睡觉,到破案时妻子早已经成为一具"木乃伊"。

生死之谜被揭开

2003年11月1日下午2时许,干警包围了唐山市路南区矿院楼平房1排3号住宅,宋教授失踪8年的谜底也终于被揭了开来。谢玉臣和宋教授的住宅分东西两间住室,宋教授的尸体就存放在西屋的床上,尸体上蒙着一个床单,下面有一层白纸。经检验,尸体未见损伤,死亡时间初步推定为1995年10月。

"她(宋教授)可是个人才,搞钢铁冶金在国内外都很有名气。"在采访中,河北理工学院的老师告诉记者,从1995年年底人们就看不到宋教授了,8年里大家也都有过猜测,估计宋教授已经死了。可是,宋的丈夫谢玉臣一直对外宣称她在养病,在练功。学校和有关部门也曾

---

① 材料主要来自手机凤凰网:《上海冠生园原董事长之死猴子买单?云台山首度回应》,http://inews.ifeng.com/48554995_1_1/news.shtml?isappinstalled=0,转载自《大河报》,综合大河客户端、《河南日报》《河南商报》、澎湃新闻、《法制晚报》《第一财经》。

② 《燕赵都市报》2003年11月6日,有改动。

多次上门求见,但都被谢玉臣拒绝了。"他(谢玉臣)很蛮横,采取恐吓、威胁的办法对付我们。"一位曾要求探视宋教授的公安人员说,谢玉臣拒绝探访的理由主要是,"看可以,如果人死了,由你们负责,如果没有死,以后我也不管了,你们把她弄走"。

1988年上半年,宋教授因脑出血住院治疗,半年后仍能继续工作。宋教授的同事回忆说:"从1995年左右感觉她的身体开始变弱,以后就不能下床和出屋了。"

据谢玉臣交代,1995年10月28日宋教授已经停止了呼吸。谢玉臣称宋的尸体无明显变化,情况特殊,有研究价值,便将妻子的尸体藏在家中。开始时谢玉臣每天都用纸将尸体溢出物吸出,自己则在尸体旁边睡觉,"死尸脸(头)朝东,脚朝西,谢玉臣脸(头)朝西,脚朝东",直到案发。为了掩盖宋死亡的事实,谢玉臣对要求探视宋的人们谎称宋在练功治病,需要静养,拒绝任何人探视,"就连宋教授的亲儿子来探视也绝不允许"。

据了解,宋教授和她的丈夫谢玉臣都是理工学院的退休教师。1978年1月宋教授从东北工学院(今东北大学)调入唐山工程技术学院(今河北理工学院),任冶金系教师,她是省管专家,享受国务院政府津贴。宋教授来唐前已离婚,谢玉臣的前妻子在地震中死亡,1978年底宋教授与谢玉臣结婚。

尸体防腐令人惊

8年里活不见人死不见尸,虽然一次次要见宋教授的请求被谢玉臣拒绝,但是学校领导和公安部门并没有放弃揭开谜底的努力。

10月31日,河北省政法委书记刘金国做了指示,要求11月10日之前破案。唐山市公安局组成专案组,立即展开工作。当天夜里,干警就在谢玉臣家周围进行了蹲点。考虑到谢玉臣的特殊身份和影响,公安人员试图先从后窗户向里看个究竟,不料窗户关得很紧,一时无法打开。11月1日上午,专案组采取了连夜制订的第二套工作方案。下午2点左右,专案组分成两组进入宋家。一组在东屋做谢玉臣的思想工作,另一组由于存局长带领技术人员秘密进入西屋——这里正躺着去世8年的宋教授的遗体。

在东屋谢玉臣依然态度强硬地说:"要想见宋教授拿法律手续来,没有法律手续谁也别想见!"西屋的门被打开了,干警揭开了蒙在那个人形物体上面的床单,这才知道宋的确是已经死了。

"我摸到了干尸的脚,手上沾了一些液体,味道很难形容。"这位办案的公安局局长说,尸体是经过防腐处理的,上面涂满了防腐药品,"否则,是保存不了这么长时间的。"令人惊奇的是,宋死后一直是放在床上的,尸体保存得非常好,就连一些医学专业人员也感到惊讶。尸体成蜡状,黄褐色,已经干瘪,双手放在腹部,牙齿外露,头发枯萎,虽然经过了防腐处理,一般人看了也会感到恐惧。

事情发生后,居民感到非常后怕,"我们现在轻易不敢走这条胡同了,晚上一般也不出门了。"记者再次走进谢家小院时,有居民在胡同口远远地张望。

古怪行迹难揣度

据谢玉臣交代,1995年10月28日宋实已经停止了呼吸,到2003年11月1日东窗事发,整整8个年头过去了,谢玉臣就在尸体的旁边睡觉。他的作为让人感到不可理喻。谢玉臣究竟是一个什么样的人呢?

矿院楼家属院住的都是河北理工学院教职员工及其家属,平时大家都很熟悉。大家似乎并没有觉出谢玉臣有什么不正常,在采访中邻居都说他的为人还算不错。11月7日,唐山突降大雪,记者再次走进了这个家属院,"要是谢玉臣还在的话,他早就出来扫雪了"。居民们说,每到冬天下雪的时候,谢玉臣都会早早起来扫雪,把这条胡同全扫了。一位大姐说,柿子熟了的时候他还会给邻居送些柿子——记者看到谢家的柿子树枝头上正挂着熟透的柿子。

"刚开始我们也闻到了难闻的气味。"谢的邻居回忆说,有人看到谢玉臣那一阵子往屋里运沙子,有的时候又在自家的院子里晒沙子、晒床单,很古怪的。

1995年11月3日省委组织部领导带队到宋教授家中慰问,被谢玉臣挡在了门外。河北理工学院领导出面做谢玉臣的工作，但谢玉臣仍然拒不接受，并立下了字据："宋实同志愿意接受用气功调理身体，谢玉臣支持继续用气功调理，据目前身体状况不宜去医院体检，如去医院而出现问题后果自负。"

"我早就劝过谢玉臣，让他还是早点去医院给宋看病，可他对我说他会给调理好。"谢的邻居回忆说，宋教授生前有一次在院子里坐着的时候他曾见到过，问她为什么不去医院呢，"她跟我说她被谢玉臣控制了"。

2002年人口普查时，广场派出所派人到宋家中核实户口，并要见宋本人，仍然被谢玉臣挡在了门外。

谢玉臣的那间西屋非常神秘，与别人家不同的是，早在宋实去世之前，他就把西屋与院子里的厢房连在了一起，窗户和门一年四季都挂着窗帘，8年里，谁都别想走进这户人家。记者还了解到，有人曾经趁谢玉臣出去的时候，闯到院里试图进去看个究竟，无奈"门锁得很紧，没有成功"。

每天早上5点左右谢玉臣都会起来遛早，然后买三袋奶回来，一袋给自己的儿子，一袋给自己，另一袋给宋教授，以此来表示宋还活着，他这种做法也坚持了8年多。居民们还向记者反映，今年5、6月份"非典"期间，谢玉臣还给宋办了出入证。8月份以后，谢玉臣从外面弄来三个大树根，每天都花很长时间搞根雕，出门渐少，尤其到最近一个月，居民们已经很少见谢玉臣出门了。

个中原委待审查

在唐山市路南分局，据相关负责人介绍，分局已经对谢玉臣进行了初次的提审。据谢玉臣交代，他不承认自己是为了冒领工资、薪金而把尸首隐藏8年之久的，只是说尸体对于他很有研究价值才这么做的。该负责人说，目前事情并没有搞清楚，现在还很难给谢定性。

唐山市路南分局局长在接受记者采访时显得小心谨慎，他只是说互联网上众说纷纭，莫衷一是。当记者问到谢玉臣的行为出于何种动机时，该局长却以案件正在进一步审理中不便媒体介入为由推脱记者的采访。当记者问到能否把不涉及案件机密的部分内容透露给读者时,该局长称:"审理中的案件是一个完整整体,没有哪一部分不是机密的,机密的东西我们无可奉告。等我们把事情彻底弄清楚后再通知你们。"在记者的反复追问下,该局长说,我可以告诉你们,这一事件就全世界来讲也会是罕见的,不信你们可以期待,将来这事儿会闹得很大!局长的话让记者隐隐感觉这层神秘的面纱离读者不是更近了,反而显得更远了一些。

四、篇幅控制训练

阅读下列稿件,将其改写成两篇消息,字数分别控制在 600 字以内、200 字以内。

赌球、网贷让他走向生命覆灭之路

去年 1 月,河南牧业经济学院大学生郑德幸开始买足球彩票。

2 月底,网上国彩禁售,他就到处找可以买国彩的地方,每天的心思全都用在了赌球上。

3 月开学的时候,他玩起了 10 元钱的"二串一"。连赢几天后,郑德幸觉得赚钱太容易了,就渐渐加大了投注。慢慢地,郑德幸开始赔钱,输光了生活费。

郑德幸找朋友借了 800 元,把钱全部押在了美洲的两场比赛上,中了 7000 元。

这两个月的彩票,总体上是赢了,他也没有外债。

一次,他把自己的 2000 多元钱全部投入滚球。一周下来,他输得只剩下 800 元。

过了几天,郑德幸开始接触一个叫"重庆时时彩"的彩票,两个小时,200 元变成了 2000 元,此后三四天他一直赚钱。他把赢的钱拿去消费,"购物,大吃大喝,什么都用好的"。

后来他输光了。

郑德幸慌了,因为没钱就没法玩了,他想到了贷款。他在网贷平台贷了 1 万多元,不到半个月,1 万多元又输光了。

第十章 消　息

越输越多，郑德幸"疯狂地找钱想把输的一把捞回来"。

在班里，郑德幸是班长，人缘也很好。多位同学称，郑德幸借用同学个人信息，通过各种网贷平台进行贷款。

郑德幸借用、冒用 28 名同学（其中本班 26 名）的身份证、学生证、家庭住址等信息，分别在诺诺磅客、人人分期、趣分期、爱学贷、优分期、闪银等 14 家网络分期、小额贷款平台，分期购买高档手机用于变现、申请小额贷款，总金额高达 58.95 万元。

"被欠款"的学生中，最高的是 8 万元、涉及分期平台 12 个，最低的为 6000 元、涉及分期平台 1 个。

到了去年 10 月，不少同学第一次收到催款短信，"还以为是诈骗"。他们找到郑德幸，郑德幸就给同学写一张借贷欠款证明，摁上手印。

到去年 12 月中旬，越来越多的同学收到了催款短信。

这段时间，郑德幸基本白天出去，晚上回来，有时候一天都不吃东西，说没有钱。同学看着可怜，还偶尔给他买点馒头。

还不上款，这些借贷平台频繁给同学们发短信、打电话，甚至称会派出"外访组"到学校来找麻烦，再不还款，就会报警，告到家长处，汇报给学校。

郑德幸的老家在河南省邓州市裴营乡花园村，家里有 4 亩多地，种了玉米和小麦，小麦一年两季，收入一年是 5000 元左右。郑德幸的父亲郑先桥说，自己平时做建筑小工，每天 100 多元，但是活儿不多，有一阵没一阵。

去年七八月时，听说儿子迷恋赌球贷了款，郑先桥很生气。他帮儿子还了两笔钱：第一次 7 万多，这是他一辈子的积蓄；第二次 3 万多，是从亲戚朋友处借的。

可是到了 9 月，郑德幸说又欠了 5 万多。此时，家里已无力承担，郑先桥就带他找到了在邓州做生意的舅舅。舅舅让他继续上学，又帮他还了一部分钱。舅舅责令郑德幸写下清单，列出同学的姓名、贷款金额、电话号码。

欠款名单写满了一张 A4 纸，舅舅还给其中几位同学打过电话，要同学们不能再借钱给郑德幸，还要求郑德幸删除赌球和借贷软件。本打算一次还清，但这些网贷平台要求分期付款，舅舅就每月给郑德3000多元。

但3个月后，郑先桥让舅舅不要再给郑德幸汇钱。郑先桥说，他发现儿子越陷越深，"再给他钱，不是害他吗？"那时，他发现儿子已欠了30多万元，他对儿子失望透顶。

郑德幸也曾做过努力，试图挽回败局。

郑德幸在郑州市农业南路上打工，白天送外卖，晚上分拣快递，累了就在大厅里躺着眯一会儿。他打工20天，挣了2000多元。

但很快，郑德幸发现，靠着打工的杯水车薪，根本无法填补日益上涨的网贷亏空。

到了3月5日前后，郑德幸开始频繁地在各种贴吧中发帖，要出售自己的器官，"自己也不应该再拖累家里，这可能是最好的选择了"。

郑德幸的同学说，他曾4次企图自杀。今年1月，他两次试图跳入学校附近的龙子湖内。2月，他撞上一辆汽车住进医院。过完年，他在河南新乡服下了大量安眠药，昏迷了一天。

4次自杀不成，郑德幸被郑先桥带回邓州老家。几天后，郑德幸告诉父亲，要回学校给同学们一个交代，便离开了家。这一次，是父子二人的最后一面。

车票显示，郑德幸从郑州到济南再到烟台，终点是青岛。至于为什么是这样的路线，无人知晓。郑德幸最后留下的遗物是，一张身份证、一部白色手机、4张车票和38.5元现金。

"爸、妈，儿子对不起你们，我真的撑不下去了，我发现好多努力没有结果，我心痛。爸、妈，我跳了，别给我收尸，太丢人。爸、妈，来世做牛做马报答你们。"3月9日晚上7点33分，郑先桥收到儿子郑德幸发来的最后一条短信。

郑先桥慌了，他赶紧给儿子打电话，电话那头，郑德幸哭着反复念叨，"不行了，不行了"。他说刚喝了半斤酒，摔下去不会觉得疼。几分钟后，电话被挂断，郑德幸从青岛一家宾馆的8楼跳下。

此时，郑德幸所在的班级早已炸了锅，他发在微信群里的一条语音说:"兄弟们,我就要跳了,在这最后的时刻,真的很对不起大家,听说跳楼摔下去会很疼,但是我真的太累了。"

他语音里充满了愧疚:"过些日子大家联合起来,告我诈骗,这样你们的钱就不用还了,真的,告我诈骗的话可以胜诉。"

不少同学打他电话,却怎么也打不通。

直到20多分钟后,电话中传来青岛警方的声音,"啥都别问了,赶紧来人吧"。

郑先桥奔向火车站,乘坐最早的一趟火车赶到青岛时,见到的已是儿子冰冷的尸体。

郑德幸走了,但他以28位同学之名欠下的58.95万元贷款,却给家属、学校、同学、借贷公司留下了难题。

"儿子作孽,他付出了代价,我所有的希望都没了,我们是最大的受害者。"郑先桥悲痛地说,郑德幸母亲至今不知道儿子死了,手术后的她还在家里休养,下楼都喘着粗气。

学校给受害学生开了一个会议,认为学生可能需要承担部分本金。但同学们一致认为自己是受害者,不应该承担还贷之责。河南牧业经济学院发给记者的材料称,已在全校进行排查,提示学生"不得与社会上任何借贷公司发生借贷关系"。①

第三节 操作参考

一、消息写作

上海冠生园原董事长翁懋在河南景区被石头砸中身亡

本报讯 4月19日,上海冠生园原董事长翁懋在河南云台山景区被石头砸中身亡。

冠生园为上海知名企业,旗下品牌大白兔奶糖家喻户晓,是几代

---

① 本材料根据张玉甫、潘志贤的报道大幅度缩写而成,原稿件《被"校园贷"夺去的生命》详见《中国青年报》2016年03月21日04版。

人的共同回忆。

云台风景名胜区管理局公告说,4月19日9时25分,一名上海游客(翁懋)在云台山景区潭瀑峡景点游玩时,被山崖上的一块落石击伤。景区工作人员发现后安排医务人员对游客进行包扎处理,随后将其送至修武县人民医院救治,"因伤情过重,该名游客最终抢救无效,不幸身亡。"

上海冠生园确认,事故属实,翁懋系冠生园前董事长,已退休多年。知情人士表示,退休后,翁懋先生身体硬朗,而且爱好摄影,经常参加摄影班活动。

另据知情者透露,翁懋在出行前购买了旅游意外险,保额为40万元。

上海野驴摄影部落说,4月19日上午,旅行社第一时间联系翁懋家人,并一起当天驱车1100公里,赶到河南省修武县,配合协商处理善后事宜。

云台山景区有关人员表示,在景区发生这样的不幸他们很痛心,不管落石原因是什么,景区都不会推卸责任和义务,会积极与家属沟通,做好善后。同时,景区已经组织人员对易落石的地方进行排查加固、安装防护网等,预防再出现意外和不幸。

二、校园消息采写

小贩上门推销商品,女大学生图便宜被骗

本报讯 无论是雨伞、笔记本、乒乓球拍、铅笔盒还是圆珠笔芯,每件商品一律4角钱,并且还给总价打一个大折扣,××师范学院的大一女学生买了这样的商品,等细细点数时才发觉上了当,再去找推销商品的人却再也找不到了。

10月25日下午,一位自称叫金春梅来自湖南的妇女进入××师范学院女生宿舍推销小商品。刚入大学不久的新生小孟和她的同学最终被金春梅说动了心,"她把雨伞、笔记本都摆在上面,刚开始我们看了也认为的确值这个钱"。小孟告诉记者,金春梅对她们讲,这样的

价格在外面是无论如何也拿不到的,她建议小孟拿这些小商品搞勤工俭学,很快就能赚上一笔。

金春梅说她推销的商品一共有1945件,也用不着数了,总共778块钱。见小孟和她同学还有些犹豫,金春梅干脆又来了个大折扣,咬定要价450元,并催促快交钱。"她还给我们留了电话和公司地址,让我们相信有了问题是可以找她的。"

最终,小孟和同宿舍的另两位同学动了心,合伙买下了这些小商品。可等她们打开包装时才发觉自己上了当,除了表面上她们看到的两把雨伞和几个笔记本是些值钱的大件外,里面全剩了一些"值不了5分钱"的笔芯。

小孟对门宿舍的女生也花了600多块钱购买了这样的小商品,几个女生心情很低落。"这么多圆珠笔芯我们用到大学毕业也用不完呀,算起来至少亏了200多块钱。"

10月26日,××师范学院的学生报了警,龙华道派出所谷所长介绍说,近来外地人选择大一新生进行商品推销的事件比较多,仅在师院就有四五起这样的"圆珠笔芯"事件,大学生一定要多长个心眼,别贪图便宜。

三、消息改写

河北一教师与妻尸体同床8年 尸体变成"木乃伊"

本报讯 河北理工学院退休教师宋教授死后的8年里,她的丈夫谢玉臣一直不让外人进屋探望。8年里妻子的尸体放在谢玉臣的睡床上,到破案时早已成了一具"木乃伊"。

11月1日下午2时许,唐山干警包围了唐山市路南区矿院楼平房1排3号住宅,宋教授失踪8年的谜底终于被揭开。

据谢玉臣交代,1995年10月28日宋教授已经停止了呼吸。谢玉臣称宋的尸体无明显变化,情况特殊,有研究价值,便将妻子的尸体藏在家中。开始时谢玉臣每天都用纸将尸体溢出物吸出,自己则在尸体旁边睡觉。

谢玉臣对外谎称宋教授在练功治病，需要静养，一直拒绝任何人探视。

宋教授是省管专家，享受国务院津贴。宋教授失踪案引起了河北省政法委领导的重视。

10月31日，河北省政法委书记刘金国指示，要求唐山警方11月10日之前破案。

唐山市公安局组成了专案组。10月31日当天夜里，警方就在谢玉臣家周围进行了蹲点，试图从后窗向里看个究竟，但窗户未能打开。

11月1日下午2点左右，专案组分成两组进入宋家。一组在东屋做谢玉臣的思想工作，另一组由唐山市公安局副局长于存带领秘密进入西屋。

于存说，宋教授的尸体就放在西屋的床上，尸体上蒙着一个床单，下面有一层白纸。经检验，尸体未见损伤，死亡时间初步推定为1995年10月。

唐山市公安局路南分局相关负责人说，分局已经对谢玉臣进行了初次提审，但目前还很难给谢玉臣的行为定性。

四、篇幅控制训练

（1）600字以内消息

一大学生因赌球以同学之名网贷58万余元　跳楼身亡

本报讯　大学生郑德幸因赌球用同学名义网贷，欠下58万余元债务，3月9日他从8楼跳下，结束了21岁的生命。

从去年年初开始，河南牧业经济学院学生郑德幸迷上了赌球，结果越陷越深。

郑德幸"疯狂地找钱想把输的一把捞回来"，借用、冒用28名同学（其中本班26名）的身份证、学生证、家庭住址等信息，分别在诺诺磅客、人人分期、趣分期、爱学贷、优分期、闪银等14家网络分期、小额贷款平台，分期购买高档手机用于变现、申请小额贷款，总金额高达58.95万元。

郑德幸来自河南省邓州市农村,去年七八月,父亲郑先桥得知他赌球贷款。父亲帮他还了两笔钱:第一次7万多元,这是一辈子的积蓄;第二次3万多元,是从亲戚朋友处借的。郑德幸的舅舅也帮他还了一部分钱,另外每月给他3000多元还分期付款。

郑德幸曾打工赚钱还债,但他发现无法填补日益上涨的网贷亏空。今年3月5日前后,他开始发帖出售自己的器官,"不应该再拖累家里"。郑德幸的同学说,他曾4次企图自杀。

车票显示,郑德幸从郑州到济南再到烟台,终点是青岛。3月9日晚上7点33分,郑先桥收到儿子郑德幸发来的最后一条短信,"我跳了,别给我收尸,太丢人"。

郑先桥赶紧打电话,郑德幸说他刚喝了半斤酒,摔下去不会太疼。几分钟后,电话被挂断,郑德幸从青岛一家宾馆的8楼跳下身亡。

此时,郑德幸所在的班级早已炸了锅。他在微信群里发了语音,让同学们联合起来告他诈骗,"这样你们的钱就不用还了"。

(2) 200字以内消息

一大学生网贷欠债58万余元 跳楼身亡

本报讯 河南大学生郑德幸网络贷款欠下58万余元债务,3月9日他从青岛一家宾馆的8楼跳下身亡。

从去年年初开始,河南牧业经济学院学生郑德幸迷上了赌球。他借用、冒用28名同学信息,在14家网络分期、小额贷款平台,分期购买高档手机用于变现、申请小额贷款,总金额高达58.95万元,无力偿还。

第十一章 特 稿

还乡河从河北丰润石各庄镇刘家套村流过,村里的孩子小贺成蹲在岸边,静静地看着被污染的河水。(本书作者摄)

第一节 理论精要

一、认识特稿

(一)特稿的含义

特稿是细腻化的新闻。特稿是充分运用讲故事的技巧,更加生动、更加详尽、更加深入地报道新闻事实的体裁,特稿具有高度的文学性,它是属于新闻范畴的非虚构性故事。西方新闻界一般将新闻分成消息和特稿,除了消息之外的其他所有报道都是特稿。

(二)特稿的特征

(1)消息注重事件轮廓的勾勒,特稿注重新闻的细节。
(2)消息更加精干,特稿更加细腻。
(3)消息注重提供信息,特稿注重讲述故事。
(4)消息注重迅速报道,特稿更注重精心打磨。
(5)消息关注整个事件,特稿更注重人物因素。
(6)消息的写作套路相对固定,特稿的写作风格更加自由多样。

(三)特稿的任务

(1)向读者提供全新的新闻信息。
(2)展现更丰富的情节、场景和细节,让报道更有人情味,更有欣赏价值。
(3)剖析深层的原因,进行更为深入的解释和报道。

(四)讲故事这一形式的好处

(1)讲故事这一形式更利于新闻信息的传受。
(2)故事具有更好的解释作用。

二、故事的元素

(一)角色

要选择最能体现新闻价值属性的人物做主角,选择读者感兴趣的人物做报道。人物性格的刻画对于角色的表现来说非常重要,记者必须对角色有着充分的了解,这样才有可能把他刻画清楚。

(二)难题

新闻故事中,主角总是要面对一些无法回避的难题,一些让读者都感到头痛的问题。这就意味着,解决这些问题需要付出很大的努力。如果主角轻而易举地就能把这些问题解决了,那么这篇文章很可能就没什么可写的了。

(三)场景

场景是地点位置,是人物生存、活动的时空环境。记者在报道中必须要再

现关键场景。没有场景描写,就没法讲故事。场景具有以下价值与功能:

(1)场景传递着文化:场景中渗透着人物角色的生活方式、宗教信仰、价值观、仪式、禁忌、民族历史,场景是文化的重要载体,释放着文化信息。

(2)场景辐射着故事信息:场景是故事发生的舞台,是故事不可分割的要件,辐射着故事信息。

(3)场景蕴含着情感力量:场景比议论和解释更形象具体,更有情感力量,能够更加高效地表征和传递情感。场景更容易赢得读者的信任,能够让读者更快地进入故事。

(4)场景帮助读者理解故事:场景在很大程度上影响着人们的行为方式,场景描写能够烘托气氛,有效帮助读者理解文章中人物的性格和行事的动机。

(5)场景是写作的手段:场景可以用于开篇,可以用来收束全文,可以用于推动文章的进展。场景既是故事发生的舞台,也是故事写作的有效手段。

(四)过程

要对新闻事件的进展作描述,展示难题的解决过程及其细节,这一部分的叙述要能够解决读者的疑问才行。

(五)结局

在文章的最后,需要有一个结局。"主角要么失败了,要么最终解决了难题。虽然在现实生活中,事情不是这么简单,但为了不让文章内容无休止地延伸下去,你必须设置一个结局,提醒读者:事情结束了。"[①]新闻报道的篇幅是有限的,现实社会中的事件可能仍在继续,但是对于记者的具体报道来讲却不得不设定一个界限,告诉读者故事结束了。

三、新闻故事化的技巧

(一)人物描写

通过精心描写,刻画出新闻人物的个性形象,并使这个形象生动起来,让读者觉得这个人物就好像站在他的前面一样。新闻中的角色应当是有血有肉的

[①] 〔美〕杰里·施瓦茨:《如何成为顶级记者——美联社新闻报道手册》,北京:中央编译出版社2002年版,第156页。

人,而不应该是干瘪苍白的木偶。

(二)场景描写

(1)记者要到现场去,成为场景的一部分。要认真观察,尤其要注意观察和记录现场的细节。

(2)记者无法亲临现场时,要不厌其烦地询问被采访者,获取场景信息,与被访者共同完成场景的搭建。

(3)好的场景包含着有趣的细节和个性化的信息,好的场景不是平面的,好的场景要有立体感、纵深感,要让读者感受到场景空间。应该精心研究场景,并在作品中巧妙设置场景。

(4)场景描写与叙事相融合。场景描写是关于物的,叙事是关于人、关于动作的,场景描写是为叙事服务的,场景描写要与叙事相融合,用场景描写来推动叙事。

(5)限制单一的场景描写,尽量与多种表达形式相融合,以便完成视觉、听觉、嗅觉和触觉等全方位信息的提供,充分调动起读者的感觉系统,让读者仿佛亲临其境。

(6)场景描写不是固定的。场景描写没有固定的段落位置要求,可以根据写作需要,灵活地分布在全文之中。场景描写可以是一个段落,也可以是一句话,或者是一个句子成分。

(三)逸事回顾

在新闻的导语或文中使用逸事,利用过去发生的某件逸事,来讲述现在的事件。

(四)事件叙述

如果是一件能激发读者极大兴趣的新闻事件,干脆就直截了当地叙述相关事实。

(五)细节描写

随着时间的推移,稿件中的很多内容都会被读者逐渐淡忘。能够留在读者记忆深处的除了故事梗概外,往往就是一些精彩的细节了。

细节描写能够吸引读者的目光,让读者兴奋。精彩的细节增强了报道的可读性和欣赏价值,让读者为之一振,或是忍俊不禁,或是深思良久,记忆深刻。

（六）捕捉精彩的对话和引语

读者对人物说的话语感兴趣,捕捉精彩的对话和引语有助于新闻感觉化和视觉化的实现。在新闻报道中运用引语或对话,能增加报道的现场感和故事性,有助于消除平铺直叙带给读者的乏味感,拉近报道与读者的距离,给读者带来愉悦。因此,记者要有灵敏的听觉,能够捕捉精彩的引语或对话。

四、新闻特稿的写作要点

新闻特稿是指以报道新闻事件为主要内容的特稿。重要的新闻事件发生后,往往是消息打头阵,抢先播报相关动态,特稿随后披露更为详细更为深入的内容,满足读者了解详情的需求。

（一）从开头到结尾

1. 如何开头

特稿往往以生动的画面、精彩的引语、意想不到的情节来开头,特稿多采用延迟式导语。

2. 特稿的结构模式

一般地,特稿的结构模式要比消息复杂,特稿采用更加自由灵活的结构方式安排文章材料,很少采用单纯的倒金字塔结构来安排文章的材料。

3. 特稿的结尾

特稿的结尾是戏剧性的结尾,应当为特稿撰写一个精彩的结尾,让读者感到回味无穷,就像华尔街日报体的结尾那样。

4. 切忌重复、累赘

特稿写作同样需要简洁,在同一篇报道中不能重复使用同一事实。切忌华而不实的辞藻,切忌报道过量。

（二）真实再现新闻发展历程

记者应该调动一切技术,通过自己的笔触,真实再现新闻发展的历程及相关环节,满足读者了解新闻详情的欲求。记者所做的工作在某种意义上讲就是在还原新闻发生的过程,写作必须恰到好处、详略得当,让读者看完之后头脑里有一个清晰的认识。

（三）充分运用讲故事技巧

与消息相比，新闻特稿更强调可读性和生动性。记者应当充分运用讲故事技巧，把稿件写得更有味道。要重视细节刻画，用精彩的细节调动读者的阅读兴趣。要让新闻人物说话，将直接引语有效地分布在全文之中。要及早地推出难题，展现难题的解决过程，将读者的注意力吸引到故事中来。

（四）提供足够的背景资料

矛盾或纠纷的发生自然有其背后的原因，记者应当适时地向读者介绍相关背景材料，让读者对新闻事实的来龙去脉有一个完整而又清晰的认识。

（五）多信息来源采访，全面展示事件的复杂性

采写消息只有一个信息来源是可以的，但特稿的信息来源却必须是多元的，只有这样才能确保特稿的丰富性、故事性和可读性。很多事情并不像看上去那么简单，在简单的对错之间往往还有许多种状态存在，记者应该全面地展示新闻事件的复杂性及人性复杂的一面。

五、奇闻趣事特稿

新闻特稿中还有一类奇闻趣事特稿，专门以报道奇异事件、注重兴趣性为主要任务。奇闻趣事本身就天然地具有新闻价值，容易引起读者的关注。

奇闻趣事特稿的报道要点主要有：

（1）关键是要找到让读者感到惊奇有趣的事件；

（2）寻找事实中的趣味元素；

（3）完整清晰地讲述新闻故事；

（4）带领读者揭示奇闻趣事的"谜底"——揭示事实发生的原因及趋势；

（5）奇闻趣事特稿不是仅仅为了猎奇，要用科学的思想指导对奇闻趣事的报道；

（6）奇闻趣事特稿要写得生动，但不能用危言耸听的语言组织报道。

第二节 实践训练

一、风格塑造

请依据特稿写作的特征及要求,对下列文字进行修改,使之符合特稿风格要求,增强可读性:

2012年4月14日14时许,岳阳市江豚保护协会会长徐亚平接到消息:洞庭湖开餐饮船的船老大陶九九在太平咀附近发现一头死亡江豚。15时24分,江豚被抬上岸。这头江豚长1.63米,胸围1.1米,雌性,是3月以来发现死亡江豚中最大的,已经高度腐烂,头部有明显的伤口。

16时许,有渔民报告:"有一头死亡江豚正运往洞庭渔都!"17时许,第2头死亡江豚被运上岸。

18时45分,又有渔民电话报警:太平咀有一头雄性死亡江豚。

中国科学院水生生物研究所豚类研究专家王丁,在接受媒体专访时表示,江豚死亡数量已经到了不可容忍的地步,这将预示:洞庭湖江豚有可能成为长江流域最早灭绝的种群。

时间往前推。还有更多江豚死亡记录:4月13日,1头雌性江豚;4月15日,1头雄性江豚;4月12日,2头;4月9日,1头;3月3日,一雄一雌两头成年江豚,母江豚肚子里还有1头未出生的小江豚。[①]

二、描写训练

用最经济的笔墨描写一个人物,尽量包含其年龄、身高、穿着、体貌特征、家人情况、家庭饮食、性格、动作等信息,要求文笔简洁,并具有文学性。字数控制在100字以内。

---

① 材料摘自吴晨光:《普利策启示:当所有人在谈论运营时,我们关注怎么写篇好文章》,有少许调整,参见公众号"一点晨光"2016年4月21日。

三、现场采写小故事

全班分成两人小组，相互采访对方亲身经历的故事，撰写不超过 500 字的稿件。

请对方阅读你的文章，看是否把故事讲清楚了，是否存在歪曲事实的表述？修改你的稿件，提交终稿。

老师当堂抽取部分同学来讲述自己采写的故事，由老师和同学们点评，这个故事是否清晰，是否吸引人？为什么？

四、不限时自由写作

撰写一则关于个人经历的故事，要求运用现场描写、细节描写、事件叙述、轶事回顾、对话等故事化技巧写作。

以下列出一些主题供写作参考：

（1）我经历的一次捐款活动；
（2）我最糟糕的一次作业；
（3）我生命中的转折点；
（4）我做过的最有成就感的事情；
（5）我最愿意做的一件事情。

五、限时写作

从下列选题提示中寻找并确立写作主题，限时完成故事撰写。2000—3000字，100 分钟内完成，题目自拟。

（1）我熟悉的人，比如你的亲人、老师、朋友等；
（2）我的童年生活；
（3）我认识的最有趣的人。

六、企业报道

下面是一篇企业新闻采访实录，记者简称"记"，被采访者刘立军简称"刘"。请将其改写成特稿，稿件供被采访者所在单位的企业报刊发，1500 字以内。

记：讲讲你当初是咋到鼎旺集团的吧！

刘：1996年电大金融专业专科毕业，在县企业管理局当了不足一年的会计，感觉不是我喜欢的工作，不符合我的个性，就辞职出来了。

记：你家会同意？扔了铁饭碗？

刘：是啊，为这事我爸两年都没理我。

记：是因为你那工作工资少吧，当时跟着董事长干就为赚大钱？

刘：上大学时就认识董事长李春旺了，到现在都有17年了。那个时候经常跟他在一起，感觉跟着他干有意思，也许会闯出来，就出来了。在单位里没有奔头。

记：现在看来你是敢冒险、有想法的人，而且也是闯出来了。

刘：是，我出去和别人一说在大唐鼎旺干，挺自豪的。鼎旺这些年发展大了，现在出台了"三大板块"发展战略，将来企业还要上市。找到干事业的感觉了。

我在迁安和鼎旺A区有两处宅子了，也有了一辆车，我弟弟也带出来了，在智达干呢，现在我也当上了常务副总经理。

我媳妇都觉得我比过去成熟了，特支持我。人得和自己过去比，得知足。

记：这么多年在鼎旺都在干啥工作？

刘：多了，先是在砂轮厂跑业务，后又到智达跑业务。还兼职着纸厂的质量投诉、理赔，后又到化工厂跑业务。2010年又去鼎旺新疆水泥负责水泥销售，现在又回智达，当上了副总，眼下还兼职管纸厂"清欠"工作，两个月要回了50多万元了。

记：听说最近你去要款了？

刘：5月5日，我从唐山专程赶赴廊坊，为76岁的阎老板拜寿，给他买了一个22寸的蛋糕。阎老板从事纸制品生意，他的公司在2008年欠下集团下属的新金峰纸业货款22万元。

记：你是什么时候接手这份工作的？

刘：今年1月初，我接手清理欠款工作。阎老板是70多岁的老人，就需要尊重。追回欠款要讲心理战术，不能一味地追钱，应该从感情上拉近距离。

记：对方给你钱了？

刘：他很感动，高息借款凑足了 22 万元，要我把钱带回去。我说今天来跟要款没关系，就是给您过寿。不谈要账，只谈拜寿。当天不能把钱带回来。

5 月 9 日，他把 22 万元打到了大唐鼎旺集团的账户上了。

记：听说别人半年只要回 3 万多块钱，你接手清欠工作 19 天就能讨回 30 多万元？

刘：是的。也是因为先前做了一些基础工作，要持续沟通，要将心比心，崇德重礼，要讲究心理战术，讲究感情投入。

记：在集团内换了这么多工作，为啥？是没干好吗？

刘：不能那么说，我是不干则已，干就干好的脾气，换地方多是公司发展快，工作需要我换地方呗。

记：这么换，你收入受影响吗？

刘：那是肯定的，你想跑每项业务有了稳定的客户都很不容易，稳定的收入和提成是没问题，可又换业务，就得重新培养客户，能不影响收入吗？

记：那你怎么同意换地方呢？

刘：一是领导信任咱，二是我想多换地方能有更多锻炼的机会，将来放哪都能干，本事练出来了，领导会器重咱的。

记：对呀，你从业务员当上了副总了嘛。

刘：嘿嘿，是呀，说明领导认可咱，可是工作压力比原来更大了。我记得李老师十年前给我们砂轮厂培训时说过一句话：这里就是企业的"黄埔军校"，边干、边练、边学，你们将来都会成为领导的。我一直记着，这不，我们这几个也都干出来了。

记：各种不同的业务你是怎么跑的？你懂吗？

刘：不懂就学呗，当初在智达时我连电脑都不会用，看着张海丰能熟练操作电脑我都眼馋。回来自己学呗，现在我做的技术方案，设计的投标书，都比较专业了。

记：你跑业务是怎么搞定客户的？

刘：李老师培训时不是讲过么，推销的重点是人而不是产品，得先推出自己,赢得客户的好感,再说卖产品。

记:怎么推销自己?西服革履吗?

刘:我几年都没穿过西服跑业务,你想咱卖的都是工业品,接触的人大都是工厂干具体工作的,咱穿的得和人家一致呀。还得研究客户喜好,一个客户我去三次都不理我,后来我花了80块钱找小广告公司做了书法作品牌匾,写某某领导惠存、砂轮厂敬赠,他一下子就喜欢我了,谈成了业务还请我吃饭。

记:80块钱公司报销了吗?

刘:只报销了40块钱,不过有了稳定的客户,也就有了收入啦。

记:你跟着董事长一路干来,他有哪些方面影响了你呢?

刘:那多啦。第一,他好学,干啥学啥,他现在都读EMBA啦,值得我学习。第二,他注重提高自己的修养,有涵养。我原来脾气太冲,通常不冷静,他就告诉我,你推销能和客户瞪眼吗?啥时候把自己的想法变成对方领导的想法了,你就长本事了,成熟了。第三,他自信,他坚持。他25岁时就和我说:你看吧,到28岁时我就能有800万了。

记:当时你信吗?

刘:嘿,说实话,是将信将疑啊,可是后来他真做到了,我就彻底信了。所以现在的三大板块,公司上市我就特有信心,努力干肯定有大发展。

记:跑业务天天在外面,家庭你能兼顾?

刘:老婆挺支持,我工资卡在她手上呢。每次回家我们都不在自己家里,都是带着老婆孩子回父母那。

记:你现在有哪些想法?愿望?

刘:想有机会像董事长那样也去学习,念个EMBA,也能去三一重工那样的大企业学学。咱学历不算高,干营销、管理都是侃班,不学习光干,会跟不上啊。

我爱看书,曾在跑业务时在地摊上买了本曾国藩写的《挺经》,受益匪浅。

记:除此之外没想别的?

刘:谁不想当CEO啊。不过还得先学习,多锻炼、认真干。我媳妇都说:"西装都给你准备好了,去学吧,咱自己出点学费也行啊。"

第三节　操作参考

一、风格塑造

原稿以"2012 年"开头,这样写新闻不好。首先是不必要,稿件发表在当年,不需要再把"年"写上了;再次,这样写新闻会让稿件更容易失效,比如你现在一看是 2012 年的事情,很可能就失去了阅读的兴趣。我们应该尽量延长稿件的寿命,弱化时间因素、强化故事叙述是有效的方法。

原稿中还讲了"开餐饮船的陶九九",其实"陶九九"并不重要,没必要写这么细致,用"船老大"来代替就好。另外,原稿有些啰唆,逻辑上有点混乱,不容易吸引住读者。

本书作者严格对照原文,在吴晨光老师修改稿的基础上,进一步优化:

当她被打捞上来时,身体已经高度腐烂。

这是一头 1.63 米长的雌性江豚,头部还带着明显的伤口。在洞庭湖太平咀附近,她的尸体被一位船老大发现。随后,岳阳市江豚保护协会会长徐亚平,得知了这个消息。

噩耗接二连三地传来。16 时许,有渔民报告:"有一头死亡江豚正运往洞庭渔都!"18:45,又有渔民电话报警:"太平咀一头雄性江豚,已经死去。"

此前,这位动物保护者已经接到了诸多类似消息。从 3 月 3 日起,至少还有 7 头死亡江豚被发现;而在 3 月 3 日,一头死亡的雌性江豚的肚子里,还怀着小江豚。

中国科学院水生生物研究所豚类研究专家王丁说,江豚死亡数量已经到了不可容忍的地步,这预示着洞庭湖江豚有可能成为长江流域最早灭绝的种群。

二、描写训练

以下提供两个例子供读者参考:

(1) 她身穿一袭黑色西装,站在台上。她身高仅162厘米,在人群中并不出众,但其站姿坚挺,常年注重均衡饮食和体育运动,使人们难以相信至今未婚的她已经有60岁。此刻,她容光焕发,频频微笑,与选民挥手致意。①

(2) 她35岁,穿着凉鞋勉强一米六高。臀部逐渐变得像盛满粉蒸肉的平底锅。作为一名八个孩子的妈妈,她有着不寻常的温和性格。母鸡落在她手里,安静地要睡着了,这时她却操起斧头砍断了它的脖子。②

三、现场采写小故事

下面请看两名同学提交的作业,这两篇稿件段落短小,语言简练,讲述了普通人的故事,内容比较充实,也具有一定的可读性。

疯狂的爱情

一个漂亮女生转到高三(63)班,邻班的W和他的哥们儿开始悸动了。他们纷纷打赌,说要在多长时间内追上那个漂亮女生。其中W的态度最坚决,信心最足。

从那漂亮女生转学来的第二天,W便展开了疯狂的爱情攻势。

想尽办法和漂亮女生套上近乎后,W开始了一系列浪漫而又疯狂的求爱行动。

W每天早上四五点钟骑自行车到学校,趁操场上没人,约女生一起跑步,为的就是在清晨的操场上留下第一对脚印。

为了给漂亮女生的生日制造浪漫和惊喜,W提前十天拿着手机找认识的、不认识的人录音。为了得到尽可能多的录音,W挨个去跑门市,让人家给录音,祝女孩生日快乐。

忙碌了整整十天,W一共录了286条录音。

---

① 这是本书作者在山东大学讲授"高级新闻实务"课时,学生孔金赢当堂完成的人物描写。
② 安妮·赫尔在报道北卡罗来纳州的墨西哥外来工人故事时,对一位女主人公的描写。引自马克·克雷默、温迪·考尔主编:《哈佛非虚构写作课:怎样讲好一个故事》,王宇光等译,北京:中国文史出版社2015年版,第127页。

第十一章 特稿

在女孩生日的那天,天还未亮,W便约女孩去操场。

W拿着手电筒突然问:"你想看烟花吗?"女孩说:"想啊,可是哪里有?"

话音刚落,W的手电筒一打亮,四周的烟花也跟着亮了起来,录音也响了起来。女孩彻底被打动了,W求爱成功了。

当初的赌约早就抛到了脑后,W是彻彻底底地爱上了这个女孩。

浪漫、疯狂继续着……

有几次女孩独自在家,W怕女孩晚上自己不安全,大半夜独自骑自行车到女孩家门口,为其守护,直到天亮,再独自回家。

上大学了,两人分别在河北的南北端——邯郸和张家口。为了爱情,W什么都可以做,什么苦都可以吃。从张家口到邯郸,W独自一人来回奔波。

跑到第二年,女孩说:"以后别来了,咱们分开吧,我喜欢上别人了。"

这句话犹如晴天霹雳打在W的头上。

从此,W开始了颓废的生活,直到现在。(张立哲)

母亲的呐喊

"林林,林林,你在哪?妈妈在这!"一位年轻的母亲站在火车站高处嘶声呐喊。一声声"林林"贯入人们耳中,是那样地悲伤,让人难以忘怀。

2011年冬天,石家庄火车站热闹依旧,乘客依然那样多。人们都在等待着自己乘坐的列车到站。忽然一个地方人头攒动,叫喊声不断。

一位年轻女子跑了过来,口中不知在喊些什么。等到临近,才听到她好像在喊:"林林,你在哪?妈妈在找你!"她头发凌乱,脸色苍白,神情紧张,声音沙哑悲痛,像是丢了什么宝贝一样。

她突然看到一高处,慌忙跑过去,费力笨拙地爬上那个高点。此时围观的人越来越多,议论声不断。那女子却置若罔闻,在人群中看来看去,口中一直在喊"林林"。此声循环往复,却越来越沙哑悲痛。

突然，有小孩的哭声传来。

那女子双眸瞬间变亮，像是看到了希望。

她急忙朝那边看去，眸子却又瞬间变得黯淡无光。原来那小孩旁边站着一对夫妇，那是人家的孩子，那对夫妇正在耐心哄着自己的孩子。

列车一班班过去，人们向远处望去，仍可见那个年轻的妈妈一个人像雕塑一样站着，她像是在等待会有什么转机找到自己的孩子。

（王俊会）

四、不限时自由写作

下面是本书作者以"我经历的一次捐款活动"为主题撰写的稿件，供读者参考。

村民一天捐两万多元救9岁女童

刘美纤出生后不久被遗弃，由养父从苏州常熟抱养到临沂农村。现在她9岁的女儿刘玉芳得了白血病，母女所在的刘家小岭村村民一天为其捐款两万多元救命钱。为了救助小玉芳，姥爷决定支持养女寻找远在苏州的亲生父母，希望能够获得更多援助。

刘玉芳家住临沂市河东区汤头街道（葛沟）刘家小岭村，今年9岁，是沙汀联合小学二年级学生。4月17日，她被诊断患上了急性淋巴白血病，现在临沂人民医院住院化疗。

抽骨髓化验时不打麻醉药，直接穿刺胸骨抽取，妈妈刘美纤在穿刺室外心疼得晕厥过去。

4月28日，刘家小岭村组织村民捐款，活动一直持续到晚上9点多，当天收到村民捐款20415元。村民们少的捐2元、5元，多的捐50元、100元、200元，玉芳原来的老师、村主任程德兰捐了1000元，村民刘文转捐了500元。

5月1日，村民代表来到临沂人民医院，将这些钱交给玉芳的妈妈刘美纤。

在此之前，玉芳所在的沙汀联合小学为她捐款六千多元。

第十一章 特 稿

村民建议玉芳的姥爷刘西启向媒体公布刘美纤的养女身份,让她找到自己的亲生父母,寻求更多的帮助。刘西启老两口本来有顾虑,但考虑到救外孙女要紧,最终同意并支持他们唯一的孩子刘美纤寻找苏州常熟亲人。

刘美纤说她很感激养父母的义气,即便找到了亲生父母,也会一如既往地孝敬养父母,不会离开本村。

刘西启说,1979年正月他到苏州常熟一个孤儿院抱养孩子,同行的共有六个情况类似的临沂男子,刘美纤是第一个被叫到的弃婴。刘西启说他见过刘美纤的亲生父亲,但对方将孩子放在桌子上就走了,并没有跟他讲话,大约给女儿留下了一块钱。

六个弃婴中只有刘美纤没有妈妈哺乳、送行,一位妈妈见她可怜,便给她喂了喂奶。

刘美纤的养母将本来准备为自己修建坟墓的6000块钱拿出来给外孙女看病,这些钱是她前些日子刚刚卖了一块宅基地的收入,"现在俺家最值钱的就是那条狗了"。

刘美纤的养母患有糖尿病,6年前得了脑瘤,动手术花了约七万块钱,拉下不少饥荒,现在眼睛看不清东西,不能正常劳作。刘美纤因为帮助养母看病花了不少钱,这次女儿玉芳又查出白血病,她说自己快支撑不住了。

"这个孩子9岁了,在患病儿童中年龄偏大,治疗过程中反应重,化疗后呕吐厉害。"临沂市人民医院尹医生说,白血病是可以治愈的,玉芳的病治好少则十几万,多则需要几十万元。

玉芳化疗一天要一千多块钱。刘美纤说乡亲们的捐款还能支撑孩子治疗一段时间,花完这些钱只能马上出院,找到钱后再赶紧回医院为女儿治病。

刘美纤夫妇都是农民,刘美纤平时在家照顾孩子,没有工作。全家收入主要靠丈夫在外打工,但小玉芳生病后,丈夫也被迫中断了打工。

刘家小岭村主任程德兰说,即便参加了新农合,白血病的医治还是需要自己承担很多费用,刘美纤夫妇根本承担不起这么高昂的治疗费用,村民捐的这些钱只是杯水车薪,真正想救玉芳的命还得靠社会的捐助。

五、限时写作

山东话中把"姥姥"叫作"姥娘",本书作者以《姥娘》为题撰写了一篇人物故事,供读者参阅。

姥娘

父亲在电话那头说姥娘下午5点多去世了,他问我能否回去参加葬礼。我一时有些发蒙,这些天很多事都堆在一块了。

姥娘没有儿子,自然也就没有孙子。我是长外孙,自小受到姥娘最多的照顾和宠爱。这个时候我若不回去送她老人家最后一程,我简直都不是人了。

我乘坐夜里12点的火车赶往山东。

火车大约晚点一个小时,我上了火车很快就睡下了。早上醒来的时候天还不太亮,我倚窗而坐,看外面的田野、沟壑快速闪过。这条不知来回走了多少遍的路程,我突然发现似乎有些场景从未曾见过。

姥娘生于1919年,按农村的算法,她老人家去世时已经95岁了,高寿了。人终究是要归去的,我们心里都知道会有这么一天。

到济南下了火车,再倒去临沂的火车。到临沂,再坐汽车去葛沟。三弟在那里接我回家,准备参加姥娘的葬礼。

写到这里的时候,我心里有些酸楚,眼泪流了出来。那个最疼爱我的女人已经走了,她永远地离开了我们。

姥娘和姥爷一共生育了四个女儿,没有儿子成了两位老人的遗憾。但事实既然如此,他们也只好面对。这种重男轻女的传统观念至今在农村社会依然十分严重。我的母亲排行老三,彼时我的大姨已经生了三个女儿,我的二姨在之后生了唯一的女儿。母亲在二十四岁的时候生下第一个男婴,也就是我,这给姥娘、姥爷带来了一些喜悦和安慰。

在外孙辈共十个孩子中,姥娘最疼爱我。一方面因为我是长外孙，另一方面也是因为我小时候老实听话，容易得到老人的喜欢。我那伟大的母亲在紧接着的三年里又生育了两个儿子，这三个儿子使得母亲的生活变得劳苦困顿。姥娘便将我接到她家，以减轻她女儿的负担。

年轻的母亲教儿子叫爸爸，姥爷表示了不屑，农村人还学人家城市人叫爸爸。母亲对姥爷的这种态度非常不满，即便在我成年后，说起这事时母亲还很生气。

我的姥爷是位离休教师，年轻的时候跟随革命组织做教育工作。他在离家几十里外的莒南当小学教员，隔段时间才能走回家住几天。

有一天晚上还乡团来抓人，他跑到地瓜窖里藏起来，但还是被发现了。他被逼迫服侍还乡团头目，为他端送尿罐，跟他睡在一张床上，甚至还被抽打过。

姥爷这个人很胆小，他虽然追随革命力量，但他说自己也怕死。有一次转移，他怕途中被子弹击中，还被送了回来。

姥爷当教员的时候还有一段绯闻，他与一位小美人相爱了。这段小插曲在姥爷去世前几年被逐步公开出来。姥爷去世前有七八年的时光瘫痪在床上，精神思维大不如从前。当我问起那段粉红色回忆时，姥爷笑出声来："默默无语各自羞。"这句简短的直接引语恰当地描述了姥爷与美人在一起的神态，令人神往。

彼时的姥爷是位青年知识分子王老师，其魅力不次于"来自星星的"都教授。这位"来自星星的"王老师为识字班上课，识字班其实就是扫盲班，学员大都是农村姑娘媳妇。直到现在我们农村还把姑娘叫成识字班，比如对一个小姑娘说，你都是个大识字班了，还哭。姥爷就是这样与村里的一位美丽姑娘相识并产生了感情，他每天中午都去姑娘家，两个人躺在炕上互相看着，很美。

我对姥爷与小美人只是互相看着对方心有不甘，反复追问过除了看着对方还干什么了，姥爷说就是互相看着，别的什么都没干，"默默无语各自羞"。这让我有些失望。

这位美人后来被土匪头子掠去做了压寨夫人，真是可惜了。再后来去了南方，没有了音讯。

姥娘对这件事不太敏感,她知道这件事,还能说出这个美人的名字和去处。但姥娘说人家哪能看上姥爷这个糟老头子呢。

姥爷回到村里后,做过赤脚医生,为生产队喂过牛。再后来办了离休手续,过上了衣食无忧的生活。他与姥娘平静地生活,倒也恩爱。

姥娘张氏,没有名字。姥爷便给她起了个名字"恩俊",含有"俊俏"的意思。姥娘去世后,华弟惊叹道到现在才知道姥爷很时尚,那么多年前就给姥娘起了个韩国名字。

我小的时候只吃了三个月的奶,我从三个多月开始吃饼干和鸡蛋,那个时候能吃上饼干和鸡蛋已经算是相当奢侈的事情了。但以我成年人的理解,我宁可不要这样的奢侈,我喜欢被母乳喂养大。我对这件事情一直耿耿于怀,根据我所掌握的知识,母乳对于一个孩子的智力和身体发育太重要了,一个婴儿怎么也得吃一年母乳才行啊。

工作后提起这事,我还向母亲抱怨。母亲却并不认错,她说你小时候吃了那么多饼干,别人家的孩子哪有条件吃那么多啊。我说饼干有什么营养,别说是给一个小孩子吃,就是成年人现在也不愿吃啊。有时候我就想,如果我能获得足够的母乳喂养,我的智力、身高一定会突飞猛进,怎么着也得学个航空航天什么的,而且至少得提前八年博士毕业,身高怎么也不至于跟普京似的。

姥娘将我带回她家,喂我饼干和鸡蛋。在姥娘家住五六天,她再送我回到母亲身边,过两天再来接我。我就是这样逐渐被养大。

等我长大后,姥娘常跟我说起几件往事。姥娘说当听说母亲要生我时,她赶紧跑着去看望。那天刮大风,小脚老太太顾不得与别人多说几句话,径直向南奔去。母亲说姥娘赶到镇上的医院时扑了个空,便往我家赶去。到了村西口,风渐渐停了,天也黑了,姥娘甚至迷了路。

过年的时候我跟姥爷、姥娘一起包饺子,姥娘说我特别听话,从不闹腾,就在那里按面皮,嘴里说着"登山"。

这么听话的孩子有一次到了姥爷手里却大闹不止,姥爷怎么哄都不管事,我号啕大哭。姥爷生气了,就把帽子扣在了我的脸上,我的注意力一下子被吸引住了,说"帽帽"。姥爷笑得不行了,见人就说给他扣了个帽子,他就不哭了,还说"帽帽"。

等我记事后,姥娘还常去接我,我可以跟着她一起走到她的村庄了,不用她背了。姥娘絮絮叨叨地跟我说话,鼓励我,夸赞我,从小岭村到东安乐,五六里的路程,充满了我童年的快乐回忆。我喜欢与姥娘在一起。

出家门,往北走。小脚老妈妈和一个男童爬上小北岭,经过桃行,下岭,穿越松软的田地。那一片广阔的田地里有一池清水,姥娘招呼我歇一歇,洗洗脸。姥娘洗了脸,我们又继续赶路。

空气是那样的清新,没有一丁点雾霾,阳光是那样的明媚,土地是那样的松软,麦苗是那样的青翠,小鸟的鸣叫是那样的悦耳。

从那以后,我就再也不需要姥娘背我了。

我在姥娘家睡午觉,到下午很晚才醒。阳光穿过姥娘家旧社会时代的木头窗格,投射在堂屋地面上。姥娘跑回来,她说她去大队磨坊磨糠了。

有多少次,我躺在姥娘家的床上,姥娘不时走到我的床前,给我披披被角。有个姥娘披被角真好啊。

现在那个为我披被角的姥娘已经远去了。我很怀念她。

六、企业报道

刘立军:从业务员到常务副总经理

17年前,刘立军结识了董事长李春旺,那个时候他们还都是在校大学生。

大学毕业后刘立军在迁安政府部门上班,不到一年他就辞去公职,追随李春旺创业。

他从跑销售当业务员干起,一直做到现在的智达公司常务副总经理。他从不后悔当初的选择,他觉得追随董事长李春旺让他成熟了很多,也收获了很多。

追欠款善打感情牌

5月5日,刘立军从唐山专程赶赴廊坊,为一位76岁的长者拜寿,他给长者买了一个22寸的蛋糕。

长者是从事纸制品生意的阎老板,阎老板的公司在2008年欠下集团下属的新金峰纸业货款22万元。

今年1月初,刘立军接手清理欠款工作。

"他是70多岁的老人,就需要尊重,"刘立军说追回欠款要讲心理战术,不能一味地追钱,应该从感情上拉近距离,"不谈要账,只谈拜寿"。

阎老板很受感动,高息借款凑足了22万元,要刘立军把钱带回去。

"今天来跟要款没关系,就是给您过寿。"刘立军却拒绝了。

4天后,对方将22万元打到了大唐鼎旺集团的账户上。

刘立军是一个讨债的高手,别人半年只要回3万多块钱,他接手清欠工作19天就能讨回30多万元。刘立军说取得这些成绩也是因为先前做了一些基础工作,要持续沟通,要将心比心,崇德重礼,要讲究心理战术,讲究感情投入。

辞去公职谋发展

1996年刘立军大学毕业后在迁安县企业管理局当会计。不到一年,他扔了铁饭碗,辞职出来追随李春旺创业。

由于工作需要,刘立军在鼎旺换了很多岗位,做了很多工作。

他先是在砂轮厂跑业务,后又到智达跑业务。2008年3月他还兼职负责纸厂的质量投诉、理赔,年末他又到化工厂兼职销售工作。

2010年7月,刘立军去新疆负责水泥销售,10月底奉命回到智达,被任命为常务副总经理,同时兼职管理纸厂"清欠"工作,两个月要回了50多万元欠债。

"一是领导信任咱,二是我想多换地方能有更多锻炼的机会,将来放哪都能干,本事练出来了,领导会器重咱的。"刘立军很痛快地接受了一个个新的任务。

他还记得十年前在砂轮厂接受培训时老师说过的一句话:这里就是企业的"黄埔军校",边干、边练、边学,你们将来都会成为领导的。

"这不,我们这几个也都干出来了。"

董事长对他影响大

读大学的时候刘立军就感觉跟着李春旺干有意思,也许会闯出一片天地。

刘立军说,这一路走来,董事长李春旺对他的影响可是不小。

"第一,他好学,干啥学啥,他现在都读EMBA了,值得我学习,"刘立军说,"第二,他注重提高自己的修养,有涵养。第三,他自信,他坚持"。

刘立军说董事长把他的坏脾气给改掉了,"我原来脾气太冲,遇事经常不冷静,董事长就问你推销时能和客户瞪眼吗?啥时候把自己的想法变成对方领导的想法了,你就长本事了,成熟了。"

李春旺25岁时对刘立军说,你看着吧,到28岁时我就能有800万元了。"说实话,我是将信将疑啊,可是后来他真做到了,我就彻底信了。"

现在大唐鼎旺集团确立了"三大板块"战略,公司还准备上市,刘立军觉得跟着董事长是跟对了。

"我在迁安和鼎旺A区有两处宅子了,也有了一辆车,"刘立军说,当初他辞职气得父亲两年多不搭理他,现在父亲也理解他了,"我弟弟也带出来了,在智达干呢,现在我也当上了副总"。

刘立军希望自己能够有机会像董事长那样念个EMBA,也能去三一重工那样的大企业开开眼界。

刘立军的妻子为他准备了一套西装,等着丈夫有机会外出学习的时候穿。"去学吧,咱自己出点学费也行啊。"刘立军的妻子说。

第十二章 报道领域

第一节 理论精要

一、会议报道

（一）会议报道的准备

在正式参加会议采访之前,记者需要做一些研究工作,充分了解与会人员的相关情况和会议将要讨论的内容,并回答这样的一些问题：

会议将由谁召集？

召开会议的机构是一个什么性质的组织？

谁是会议上的关键人物？

会议将要涉及哪些内容？会议的新闻点在哪里？

记者应当到图书馆或报社的资料室去搜寻相关资料,也可以联系一下关键人物,试探着先了解一些会议的内容。

（二）报道要点与信息来源

1. 会议报道要点

会议召开的时间、地点。

会议的内容与议程。

会议讨论和决议的情况。

会议的相关背景。

与议程不符的内容:注意展示会议所涉及的问题中蕴含的矛盾与冲突。

与会者和专家对这次会议的看法及评论。

受会议决议内容影响的相关人士的反应。

下次会议的议程。

2. 信息来源

与会人员。

图书馆与资料室。

会议的关键人物。

与会议内容相关的其他人员。

相关专家、学者。

(三)新闻发布会报道

1. 新闻发布会的报道要点

新闻发言人的姓名与身份。

新闻发言人讲话的要点。

新闻发布会所涉及的新闻背景。

记者提问及新闻发言人的回答情况。

新闻发布会举办的时间、地点以及目的。

2. 寻找有价值的信息

在报道新闻发布会的时候,记者应该多问自己几个问题,将真正有价值的信息挑选出来,呈现给读者。

新闻发言人的哪些回答是坦率的,哪些回答是不够坦率的?

哪个问题最精彩?哪个回答最精彩?

什么内容是以前没有讲过的?

新闻发言人回避了哪些问题?这些问题的真正答案在哪里?

新闻发布会的背景是什么?

事实的发展前景又会怎样?

新闻发布会报道的一个重要环节是要充分关注会议的背景和相关事实,而不能仅仅充当会议的传声筒,简单地发布会议提供的文字材料。

(四)会议新闻报道的注意事项

1. 认真参加会议。

2. 将会议看成新闻出处,寻找真正的新闻点:(1)极少数会议本身就是新闻;(2)大多数会议本身并不是新闻。

3. 站在读者的立场去写报道。

4. 要懂得讲故事。

二、时政报道

（一）政府事务牵涉公众利益

本地政府部门所做的决定对老百姓生活的影响十分明显，它们决定着你出行的交通状况、学校教育改善与否、公园环境甚至你的工资收入。

（二）报道关注点与信息来源

1. 报道关注点

（1）财政预算。

（2）城市拆除违章建筑。

（3）城市建设与城市规划，道路建设。

（4）任命或解聘政府官员。

（5）人大代表会议与政协会议的召开。

（6）其他重要会议的召开。

（7）卫生、教育、环境、工业、农业、服务业等的发展规划与相关政策的发布。

（8）政府应对社会问题而采取的行动。

（9）政府采购。

2. 信息来源

（1）政府官员或领导干部。

（2）普通机关工作人员。

（3）与报道事务相关的老百姓。

（4）专家。

（5）政府文件。

（三）注意事项

1. 从老百姓面临的问题开始寻找新闻。

2. 要具有平视权力意识。

3. 不要说套话。

4. 参加什么样的活动和会议？

记者应当积极参加政府举办的活动与会议，并善于从这些活动与会议中搜寻真正的新闻。记者应当密切关注政府出台的文件政策，努力挖掘关系到百姓生活与切身利益的信息。

记者还要同时保持清醒的头脑，不要一味地钻进文山会海当中，却忽略了最重要的根基——百姓生活。到社区里面走一走，参加一些社区活动，跟老百姓聊天，询问他们的感受与意见，然后带着这些问题再去审视政府的会议与文件，会更有针对性。

三、灾难报道

（一）交通事故报道

1. 报道要点清单

（1）事故发生的时间、地点。

（2）死亡发生的时间、地点及原因。

（3）事故发生的原因。

（4）天气与公路状况。

（5）驾驶员情况：是否违章驾驶，车速是多少，司机是否酗酒，是否疲劳驾驶；驾驶员的姓名、年龄、性别、职业状况等其他个人特征。

（6）汽车品牌型号。

（7）行驶的起点与终点。

（8）事故的受害者：死者、伤者、其他驾乘者的人数及相关故事。

（9）重伤者的最新情况。

（10）车辆损坏情况。

（11）亲历者与目击者的陈述。

（12）事故调查者的陈述。

（13）救援情况、政府部门的反应、英雄行为。

（14）保险赔偿情况。

（15）违法行为：抢劫、偷窃。

（16）警方采取的行动。

（17）这一地区以前发生的交通事故情况。

2. 信息来源

（1）驾乘人员。

（2）事故的目击者。

（3）受害者的家人、朋友。

（4）处理事故的交通警察，政府人员。

（5）医院。

（6）保险公司。

（7）消防队。

（8）殡仪馆。

（二）火灾报道

1. 报道要点清单

（1）火灾发生的时间、地点。

（2）火灾发生的过程：从什么地方开始，向哪里蔓延，怎样蔓延。

（3）火灾发生的原因：人为纵火还是管理漏洞。

（4）火灾发生的隐患：房屋结构与材质、用火用电装置情况、生活习惯。

（5）人员伤亡情况：死者、伤者人数及相关故事。

（6）重伤者的最新情况。

（7）财产损失情况：房屋住宅、公共设施、生活生产用品等财产损失情况。

（8）火灾的影响。

（9）最先发现火灾的人，报警的人；报警的方式与过程。

（10）灭火救援情况、英雄行为。

（11）亲历者与目击者的陈述。

（12）事故调查者的陈述。

（13）违法行为：纵火、偷窃、抢劫。

（14）警方调查及采取的行动。

（15）火灾情况的背景资料。

2. 信息来源

（1）消防队员及其负责人。

（2）警察。

（3）受害者。

（4）受灾者的家人、朋友、邻居。

（5）火灾目击者。

（6）医院：抢救伤亡者的医生、护士。

（7）火灾发生地的负责人。

四、自然灾害报道

1. 报道要点清单

（1）自然灾害发生的时间、地点。

（2）自然灾害的危害强度。

（3）死伤者人数、被困人员面临的情况。

（4）财产损失情况：房屋、土地、公共设施、农作物、其他的生产生活资料。

（5）灾害发生的原因。

（6）是否有过灾害预报。

（7）被困人员的疏散情况。

（8）政府的救援、救济措施：物资、经费、人员、指挥。

（9）瘟疫、疾病的防控措施。

（10）社会慈善机构与爱心人士的捐助情况。

（11）救灾人员构成：部队、警察还是群众。

（12）英雄行为。

（13）违法行为：偷窃、抢劫、人身伤害。

（14）警方对违法犯罪行为采取的防范措施及处置情况。

（15）亲历者与目击者的陈述。

（16）灾害救助者的陈述。

（17）灾害发生的历史背景总结与分析。

2. 信息来源

（1）政府负责人。

（2）受灾群众。

（3）救援官兵、警察或群众。

（4）抢救伤亡者的医生、护士。

(5) 灾害预报部门。

(6) 救灾专家。

(7) 社会学者。

3. 灾难报道的取向

灾难报道不能一味地沉浸于灾难本身,还应该着眼于未来的发展。报道灾难是为了总结经验教训,更好地渡过难关,而不是永远地沉浸于过去的痛苦。灾难来临,人们需要抗争,灾难终将过去,而活着的人们还要继续生活和发展,生生不息。过去的意义是由现在和未来赋予的,人们还需要向前看。

当灾难来临,我们可以悲痛,可以哭泣,但我们不能一味地限于悲痛而不能自拔。我们还要以乐观向上的态度,勇敢面对未来。

五、环境新闻报道

(一) 生态中心主义的确立

生态中心主义并不将人类看作自然的绝对统治者,它看重生态的价值,认为生态创造了人,没有生态,人类就不能存在。"打破人类中心主义的关键一步是确认其他生物的内在价值,从而确定人以外生物的道德身份"[①],人是生态系统的普通成员,人以外的自然生物同样具有内在价值,具有道德身份。

环境新闻报道应该敢于打破人类中心主义,确立生态中心主义的指导思想地位,反思人类的错误行为对生态的伤害,寻找环境问题产生的根源。人与其他自然生物本就同在一个生态系统中,人类虽然找到了自身的价值,但这种价值同时也是人赋予自身的,并存在夸大的成分。我们一方面在价值序列中尊重人的价值,同时还要理性看待作为生物体的人类在生态系统中的地位,还要看到我们在广袤宇宙中的渺小。环境决定了我们的生存,我们应该懂得敬畏自然的道理。

(二) 寻找确定环境风险所在

环境风险是指人为因素可能对环境造成危害,揭示环境风险所在是环境新闻的核心价值,寻找并确定环境风险所在是成功报道的前提。

---

① 王积龙:《抗争与绿化:环境新闻在西方的起源、理论与实践》,北京:中国社会科学出版社 2010 年版,第 93 页。

对风险的理解可以借助德国社会学家乌尔里希·贝克的风险社会理论,"我所说的风险,也就是生产力发展的先进阶段所制造出来的,首先是指完全逃脱人类感知能力的放射性、空气、水和食物中的毒素与污染物,以及相伴随的短期和长期的对植物、动物和人影响的后果。它们所导致的常常是不可逆转的伤害,而且伤害一般是不可见的"①。

环境新闻应当反映环境问题,当前环境问题主要表现为工业社会的发展给环境带来的伤害。风险是环境新闻反映环境问题中有效的元素,是环境新闻报道必须面对的问题。

(三)揭示现在的危害性

谈论过去的危害和未来的危害,都不能给人们以足够的刺激,不足以充分调动人们对环境问题忧虑的情绪。揭示环境污染现在的危害性,能够带给人们更为强烈的刺激,让人们充分感受到环境问题的严重性和紧迫性,并加以密切关注。

(四)讲述环境故事

环境新闻可以写得很好看,好看的环境新闻通常都是采用讲故事的方法完成的。

(五)深度与真相

环境新闻报道不能仅仅满足于浅层事实的传播,而应该善于追求深度和真相。只呈现一部分事实可能得出环境保护取得显著成效的结论,深入调查之后的报道可能会得出环境问题依然严峻的结论。

(六)数据的使用

数据代表着严谨、精确、科学,数据增强环境新闻报道的权威性,让人产生信赖感。

数据同时意味着枯燥和难懂,数据的使用应该严格控制。在一段数据之后,要及时做出解释。环境新闻报道中的数据是少量的,要以故事讲述为主。

---

① Ulrich Beck, *Risikogesellschaft: Auf dem Weg in eine andere Moderne*, Frankfurt am Main: Suhrkamp Verlag, 1986, p. XII. 转引自王积龙:《抗争与绿化:环境新闻在西方的起源、理论与实践》,北京:中国社会科学出版社 2010 年版,第 67 页。

要善于凸显有冲击力的数据,找到那些本身就有趣味和意义的数据。

(七) 描述专业知识

环境新闻与专业知识之间的关系非常紧密,有时候需要通过专业知识的描述来推进环境新闻报道。环境新闻报道是面向社会公众的,专业知识的描述不能像化学教科书那样抽象,而应该尽可能地通俗化,专业知识的讲解也应该尽可能生动些、有趣些。

六、教育报道

北约轰炸中国驻南联盟大使馆后,沈阳高校学生走上街头游行示威。

1999年5月8日凌晨6时,北约的美国B-2轰炸机投出五枚精确制导武器,击中了中国驻南斯拉夫联盟共和国大使馆,新华社记者邵云环、光明日报记者许杏虎和朱颖当场遇难,数十人受伤。(本书作者摄)

(一) 报道关注点与信息来源

1. 报道关注点

(1) 教育与学习的趋势。

(2) 师生的有趣成就。

(3) 教育不公平问题。

(4) 班级过于拥挤的问题。

（5）各种考试问题。

（6）富学校与穷学校。

（7）贫困地区的教育问题。

（8）性别与受教育机会的不公平问题。

（9）教师与管理层的矛盾。

（10）与师生利益密切相关的事情。

（11）教学环节。

（12）伙食。

（13）住宿。

（14）拖欠教师工资。

（15）毕业生求职就业。

（16）教育资金的走向。

2. **信息来源**

（1）学生及学生家长。

（2）教师。

（3）校长及教育管理部门。

（4）政府负责人。

（5）新闻事实牵涉的其他人员。

（二）采写教育新闻的建议

1. **慎用教育教学专业术语**

如果报道中充斥着"九年一贯制""区域均衡发展""普九""两基"等专业术语，却不加任何解释与说明，如果不是教育领域业内人士，是不容易看懂的。

2. **跳出教育看教育**

记者应该将教育新闻放在一个更加开阔的社会背景下进行多维透视，在向受众展示新闻事实的同时，挖掘、解释、剖析、追踪、预测这些新闻的前因后果和发展趋势。

3. **学会寻找教育新闻**

记者应该善于从看似平淡的日常教育专业会议、活动、课题中，寻找鲜活的新闻线索。要学会"听会"的本领，从各种各样的工作会议、研讨会议、教学展示会议、教育活动、教育教学课题、教育文件中寻找新闻选题。

注意同教育界人士交朋友,接近不同类别的教育专家,了解教育界的内幕和新闻。

教育科研成果当中也有新闻可以挖掘,记者应当尝试运用大众语言将专业科研成果翻译给老百姓听。

4. 加强教育新闻的报道策划

教育新闻具有比较强烈的"四季歌"特征:高考后谈大学录取工作、谈补习班,开学时谈新生报到,开学后谈课程改革、校园安全,收学费时谈助学贷款和贫困生补助,放假了谈社会实践和"三下乡",大学生毕业时谈就业问题和考研……

教育新闻具有"四季歌"特征,记者在对教育新闻的把握上应当具有超前性和预见性,加强新闻报道的策划与准备工作。对于日常教育新闻来说,报道策划与准备工作做得越好,教育新闻的撰写就越容易成功。

七、警事报道

(一)报道要点与信息来源

1. 报道要点清单

(1)受害人的姓名、身份及相关背景。

(2)案件发生的时间和地点。

(3)警方提供的案情及鉴定的作案原因,权威机构或权威人士认定的犯罪动机。

(4)丢失的物品或金钱。

(5)犯罪分子使用的工具或凶器。

(6)犯罪分子如何进入受害人住所。

(7)对受害者造成的伤害。

(8)谁发现的尸体。

(9)可供破案的线索有哪些。

(10)不寻常的环境条件。

(11)受害者、证人的陈述。

(12)犯罪事件对受害者家庭及其他人产生的影响。

（13）被捕者的姓名、身份及相关背景。

（14）提起诉讼的确切罪名。

（15）侦查过程。

（16）传讯的情况，是否保释。

（17）犯罪嫌疑人的犯罪记录；受害者和犯罪者之间是否认识。

（18）逮捕现场的环境。

（19）犯罪的细节。

（20）是否有酒精和毒品的因素。

（21）案件的特殊性要素，是否牵涉官僚主义因素等。

2. 信息来源

（1）现场观察。

（2）办案警察。

（3）当事人。

（4）受害者的家人、邻居、朋友。

（5）目击者。

（6）医院。

（7）官方文件。

通常事故发生后一个小时内，现场官员就会将书面报告写出来，记者可以试着查阅这样的报告。查阅执行逮捕的文件、执行调查的文件、搜查证、起诉状、拘留证。

（8）法庭办案人员。

（9）辩护律师。

（二）将关注焦点放到社会层面上

犯罪属于典型的社会问题：犯罪问题是由于社会结构或社会关系失调，导致社会成员正常生活和社会进步发生障碍，需要依靠社会力量加以解决的问题。

社会问题起因于社会，社会问题的解决需要采取社会行动。我们不能仅仅将眼光盯在犯罪分子个体身上，我们需要探寻犯罪现象背后的深层社会原因。只将仇恨发泄到犯罪分子个人身上是不理性的，简单地指责罪犯是不够的，甚至是不负责任的。

每种类型的犯罪都起因于社会、文化、经济、生理等诸多因素的综合作用,需要综合防治。"它牵扯到医生、研究者、社区工作者、社会工作者、父母、老师和其他公民。"①我们在做警事报道的时候,应该注意从社会整体层面上探寻原因和解决之道。记者应当注意加注背景,补充介绍宏观情况,将新闻事件与社会宏观情况联系起来,让读者有一个更加清醒和理性的认识。

警事报道的主要出发点不是为了罗列形形色色的违法犯罪事件,尤其不是为了展示犯罪的血腥场面和细节。我们的报道应该为公众安全的保障做深度挖掘:找到深层的社会原因,让读者对违法犯罪问题有一个科学理性的认识,对自身的生存环境有一个准确的判断,动员全体社会成员共同应对公众安全问题带给我们的困扰。

(三)警事新闻报道注意事项

1. 新闻采访提示

(1)采访过程中注意记者自身的安全,做好防护措施,向新闻采编部门领导汇报行踪和采访进展情况。

(2)办案人员、法官有拒绝透露信息的权利,记者应该予以尊重,不宜强行采访。

(3)不干涉、不妨碍警方侦查和破案,不窃取警方办案材料记录。

(4)不要采用审讯的方式采访犯罪嫌疑人。

(5)不要接受任何涉案人员的馈赠、宴请。

2. 表达需注意规范

(1)报道应该遵循无罪推定的原则。在法院宣判之前,使用"犯罪嫌疑人"的称呼,不使用"犯罪分子"来指代刑事案件当事人。

(2)民事案件和行政案件中的原告与被告具有平等的法律地位,原告可以起诉,被告可以反诉。新闻报道应该注意使用中性表达方式,尽量规避记者的感情色彩和主观倾向,不要使用"某某将某某推上了被告席""罪大恶极"这样的表述。

---

① 〔美〕谢丽尔·吉布斯、汤姆·瓦霍沃:《新闻采写教程:如何挖掘完整的故事》,北京:新华出版社2004年版,第312页。

（3）缓刑不能表述为"当庭释放""恢复自由"。通常，记者不宜推测被告人的刑期。

（4）被告职务与犯罪主体身份应当一致。当被告有多重职务身份时，应当使用其犯罪时的职务身份。

（5）不要使用社会身份作为罪名前缀，如"医生强奸犯""农民工小偷"等。

（6）不要把"检察长"写成"检察院院长"。审计署的行政首长称为"审计长"，不能写成"署长"。

3. 留有余地

对于犯了错误的人，报道应该留有余地，要考虑到他们在社会上的生存与发展困境。日后的报道，如果与新闻主题关联不大，通常没有必要非得将他们的违法犯罪历史抖搂出来。

4. 公布人名须谨慎

报道对象尤其是作为普通人物的报道对象，记者在发表新闻报道前应当征询他们是否愿意在报道中公开自己的姓名。涉及强奸、凶杀等犯罪报道，记者更应顾及受害者及其家属的感受，在很多时候，不公开其姓名是对他们的一种必要的保护措施。

以下人物不宜公开报道其真实姓名，稿件涉及这些人员时可以采用真实姓氏加"某"字的代称，如"王某""高某"：

（1）犯罪嫌疑人家属。

（2）涉及案件的未成年人、妇女和儿童。

（3）被暴力胁迫卖淫的妇女。

（4）强奸案中的受害一方。

（5）凶杀案中的受害者及其家属。

（6）被强制戒毒的人员或有吸毒历史的人员。

5. 不要直接展现残忍照片或画面

报道应当顾及读者的感受，照片或画面不能让读者感到恐怖和恶心。不要直接展现凶杀、暴力、血腥等残忍照片或画面，不要直接刊登尸体和身体缺陷的特写照片。应用其他画面来代替引起读者不适的照片，比如一位退休教授死后成为一具干尸，媒体就不宜直接刊登干尸照片，刊登案发院落的照片更为妥当。也可以使用文字对犯罪情节做描述，但不应该做过度渲染，不要将残忍细节作为报道的主题和重点。

八、人物报道

人物报道是指以报道新闻人物为主要内容的稿件，人物报道讲述在特定环境中有着特定社会行为或生活方式的人的故事。读者对人物报道会很感兴趣，他们可以从人物报道中得到相关的借鉴、启示、提醒和教益。

（一）判断人物的新闻价值，不要把人物写得索然无味

记者首先应该判断所报道的这个人物与读者需求之间有什么样的关系，如果这个人物具有新闻价值，读者能够从他身上得到点启发或教益，读者能够对他产生兴趣，我们才有报道的必要。

值得报道的人物包括：

（1）英雄：他们做出了惊天动地的壮举，惩恶扬善，事迹感人。

（2）成功者：他们在事业上取得了成功，有突出成就。

（3）草根人物：他们是老百姓，但是他们有着不同寻常的情感故事、悲欢离合。我们的读者还是以老百姓居多，草根人物的命运离老百姓更近，也会受到更多读者的关注。

（4）犯了错误的人：违背了社会规则、有争议的或触犯众怒的人也值得关注。这类人极端的是犯罪分子，错误轻微的则是触犯众怒、有争议的人物。

我们所报道的人物应该是能够引起读者关注的人，无论被报道者是一个英雄还是一个普通老百姓，他（她）都应当是一个与众不同的人——他（她）有非同寻常的经历，他（她）的故事值得关注甚至令人着迷。

记者的任务是把人物的故事讲得生动有趣，切忌把人物写得索然无味。

（二）写人生片段还是更长的人生历程

撰写人物报道，记者应当在采写之前就考虑清楚，是写人物的人生片段还是写更长的人生历程。如果是写短暂的人生片段，记者就要掌握这一片段中更多的细节，要对人物的片段经历做深刻的挖掘，寻找精彩的故事和情节。

如果是写更长的人生历程，更为重要的则是要对人物的人生历程做一个梳理，从中找出其人生历程的关键节点。记者应当以这些节点事件来写人物，以少胜多，精挑细选报道材料，而不要把人物报道写成一本流水账。

（三）获取非预期答案的问题清单

这些问题主要用于在人物访谈中获取非预期答案：

你的初次记忆是关于什么？

你的母亲/父亲给你的最好的建议是什么？

在你生活中对你影响最深的人是谁？

你的第一份工作是什么？

你最差的工作是什么？

你的第一辆汽车是什么样的？

谁是你的初恋？

当你紧张时，你会做什么？

你的脾气好吗？

你喜欢吃什么？不喜欢吃什么？

谁是你最好的朋友？

你最坏的习惯是什么？

什么会使你愤怒？

你的专业是什么？

你多久阅读一次？

你每晚睡多少个小时？

如果你半夜醒来且睡不着的话，你会怎么做？

你理想的一天假期将怎样度过？

你计划什么时候退休？

谁是你最喜爱的聚会嘉宾？

你喜欢圣诞节吗？

你最喜欢的歌曲/书籍/电影/歌手/艺术家是？

你最崇拜的人是谁？

你最喜欢的饮料是什么？

你最喜欢的度假地方是哪里？

如果你可以完全自由地选择，你会去哪里生活？[1]

---

[1] 这些问题主要是由杰瑞米·马汀（Jeremy Martin）提出的，参见〔英〕大卫·兰德尔：《全球新闻记者》，上海：复旦大学出版社2013年版，第91—92页。

（四）以人的标准来写人

不要把先进人物写成了"神"，也不要把犯了错误的人写成了"鬼"。那种非黑即白的写作理念把这个世界看得过于简单了，用这样的思维方式来报道人物是不够真实也不公正的，读者也不喜欢这样的报道。我们应该用人的标准来写人，写一个英雄或一个成功者未必就要把他写成高大全的形象，英雄和成功者的失败或缺陷反而让他们显得更有人性、更富真实感。写一个犯了错误的人，哪怕是写一个犯罪分子也不要走极端，也不要怀着仇恨的心理将其写得面目全非。

（五）关键是写好人物的性格

写人物报道实际上就是在写人物的性格，抓住了人物的性格也就真正读懂了这个人，也才会真正理解这个人物的所作所为。而要认识一个人的性格，最基本的做法无非是看这个人做了什么事情，说了什么话。

（1）通过事件来写人

人物报道必须要见到人物的所作所为，也就是说要通过事件来认识人物，通过事件来展示人物的性格特征。

（2）通过言语来写人

言为心声，一个人说什么话，怎么说话，可以很好地表现他的性格特征。

（六）考察人物所处的社会阶层，寻求人物行为的社会原因

每个人都处于一个特定的社会阶层，社会阶层有如下特征：

（1）同一阶层的人群具有类似的行为；

（2）社会阶层有高低之分；

（3）社会阶层是职业、财富、教育背景等综合的结果；

（4）个人会提升到较高阶层或下降到较低阶层。

一个人的行为和思想必然折射着他的社会背景，我们在做人物报道的时候，应该看一看这个人物属于哪个社会阶层，对其社会背景加以考察，寻求其行为的社会层面的原因。

（七）人物报道的有效结构：现在—过去—现在—将来

现在或其他某个时刻：一般地可以从人物最新的情况写起，这样会使稿件更具有新闻性。如果人物在其他某个时刻更具有震撼力，也可以从那个时刻

写起。

过去:讲述有新闻价值的人生经历,讲述新闻人物的故事,比如他的童年,他接受的教育,他的事业、婚姻,他的成功或失败等。

现在:再次回到现在,更深入地交代他现在的境况。

将来或其他某个时刻:他对未来的打算是什么?或者将结尾定格在其他某个时刻的画面上。

第二节 实践训练

一、会议采访与报道

从下列三个选项中任选一个,完成会议新闻的采访与报道。

(1)参加学校举办的官方会议活动,完成采访报道。

(2)组织一场模拟会议,由部分同学分别扮演不同的参会人员角色,发言并完成相关会议活动,其他同学采访并撰写会议新闻。稿件发布媒体为学院网站。

(3)根据下列材料完成会议新闻报道。

会议时间:6月16日下午。

参会人员:山东大学(威海)党工委副书记赵玉璞,中国报道社金融财经栏目主编张洪祯,教务处处长闫涛蔚,文化传播学院院长张红军、党总支书记于培丽、副院长管恩森,新闻系教师代表张文祥、刘冰,部分研究生和本科生。

会议主持人:党总支书记于培丽。

会议内容:中国报道社与文化传播学院达成合作,今后中国报道社金融财经栏目将作为我校实践教学基地,为新闻学专业本科生和硕士研究生提供新闻实训机会,促进新闻学教育理论与实践的进一步结合,提高学生综合素质和竞争力。

赵玉璞副书记发言:中国报道社是著名的中央媒体,山东大学是百年名校,双方合作是"名媒+名校"式的强强联合,将为新闻学专业学生搭建起社会实践平台,让学生有更多机会接受专业训练,对提升我校新闻学教育水平、促进新闻人才培养发挥重要作用。希望今后双方积极推动各项合作事宜，不断拓展合作领域，促进校媒共同发展。

中国报道社金融财经栏目主编张洪祯发言：中国报道社领导对此次与山东大学（威海）的合作非常重视，双方建立合作关系后，将为新闻学专业学生提供更加广阔的实践平台，秉承"为学校负责，为学生负责，为学生工作"的态度开展相关实习活动，让学生们和《中国报道》的记者、编辑一起站在新闻的最前线，捕捉最鲜活的时政新闻，采写各类融合新闻，系统掌握全媒体新闻生产、运作流程，促进学生新闻业务能力的提高。

文化传播学院院长张红军发言：学院高度重视新闻学科的发展，与中国报道社达成合作后，双方将在新闻学专业实践教学等多方面展开合作，为新闻学专业学生提供更多机会去中央媒体、权威主流媒体实习实践，提高技能，锻炼才干；同时可以借助中国报道社的资源，请更多传媒业界的高级记者、高级编辑走进课堂，为学生讲授新闻业务课，进一步提高新闻学专业培养质量。

教务处处长闫涛蔚发言：我校是以本科教学为主的高校，非常重视本科教育教学质量。新闻学专业实践性很强，做好实践教学工作更加重要。双方可在专业实习、实践教学，包括大学生暑期实践等多方面对接合作，应尽快形成一种工作机制，稳步推进合作，对专业发展发挥良好作用。

签约活动：首先，张洪祯和文化传播学院副院长管恩森代表双方签订合作协议；接着，文化传播学院院长张红军和张洪祯共同揭牌；最后，参会人员（学生除外）集体合影留念。

二、实战案例及分析

参与或观察媒体的灾难报道、教育报道或其他事物报道，梳理报道的历程，总结并反思其中的经验或存在的问题。

三、正面报道评析

阅读下列稿件，指出这篇稿件存在的优点或不足。

震惊,陕西安康猝死副市长竟然住在这里……

地级市副市长,副局级干部,他的豪宅能有多豪?很多人去看了之后,全都哭了。

5月28日,陕西省安康市副市长李建民在出差途中突发疾病去世,引发社会关注。很多人关心他的身后事,在他的老家志丹县意外发现了这座"豪宅"。

院子里有四个窑洞,他和哥哥一人两个。贴瓷片的房子六间是两年前移民搬迁时盖的,国家补贴一半,自己掏一半。

房间里还是水泥毛坯墙,唯一的电器是洗衣机,现在还用老式大立柜。

某地产公司老总焦晓锋、彬县电视台播音员史爱群等人看到房子后放声大哭。

焦晓峰大哭着说:"有人说李书记不贪是因为不差钱。这算个啥吗!这叫有钱?"

全国道德模范卢效平说:"咱成天扶贫呢,看看书记这家当,跟书记共事多少年了,不知道书记住这样的房子,不知道书记家还未脱贫。"①

四、编辑与修改

下面这篇稿件将发表在企业报上,稿件中涉及相关领导的活动,请修改这篇稿件,适当考虑领导人物排序问题和实际效果。

压煤村庄六村联建新民居工程全面启动

4月18日上午10点18分,丰润区韩城镇"六村"异地联建新民居工程开工奠基仪式在韩城镇项目建设现场隆重举行。丰润区政府区长和春军、区委书记曹金华一行、区直部门负责同志、韩城镇党委书记李小青及党委班子成员、开滦集团公司总经理殷作如及领导班子成员、鼎旺集团董事长李春旺出席了此次奠基仪式。奠基仪式由区委常委、常务副区长、压煤搬迁领导小组组长李贵富主持。

---

① 参见"人民日报"微信公众号2016年6月3日转载"长安街知事"公众号的文章。

仪式现场处处洋溢着喜悦的气氛和高涨的热情,韩城镇党委书记李小青、鼎旺集团董事长李春旺、开滦集团总经理殷作如、丰润区政府区长和春军在开工奠基仪式上做了重要的讲话,激励了民心、鼓舞了承建单位的士气。随着区委书记曹金华宣布工程正式开工,军乐队奏响了乐曲,紧接着锣鼓声、鞭炮声、工程车鸣笛声、村民代表及现场群众的掌声溢满全场,各位领导为工程奠基,标志着历史性的重大举措的开始,现场气氛令人振奋。

韩城镇"六村"异地联建新民居工程由金润旺投资有限公司全面负责建设管理。本工程共涉及韩城镇东欢坨一、二、三、四村,何家庄,董家庄,共4032户、10012名群众。总占地557亩,规划建筑面积705735平方米。在基础设施方面,配套了村民行政中心、村民活动中心、教堂、文化广场、小学、幼儿园及宾馆、商业和医疗服务设施达12万平方米。规划设计由天津大学和唐山中建建筑设计研究院共同承担。建设施工中标单位为天津中泰集团和唐山建设集团,均为特级资质的大集团,施工规范,管理严格,将为小区建设提供充分的质量保障。

集团董事长李春旺提出要把老百姓"用着放心、住着安心、过得舒心"作为我们工作的目标和标准,集中精干力量,严格执行建设程序,严把设计、材料设备和现场施工质量关,决心按照总体规划和规定的时间,圆满完成任务。"这对我们是件大好事,建成后我们搬过来,居住条件、生活条件就更好了,就更加安居乐业了。"一位压煤村的村民代表激动地说。

五、人物报道鉴赏与结构分析

请阅读下列关于来辉武的这篇报道,对稿件做出鉴赏评价,并分析稿件的报道结构。

来辉武的"505"人生

本刊记者 刘建强

他曾经创造了一个行业。他离这个时代好像很远。他很满足。

五月初五,端午节。一大早,很多人来到西安近郊周至县尚村。

第十二章 报道领域

来辉武住在这里,这一天是他的生日。18年前,他用自己的生日命名"505神功元气袋"。

穿村而过通往来辉武庄园的柏油路还是他多年前所修,已经坑洼不平。

还有很多人不知道他的生日,包括领我们前去的来辉武的一位小友。他埋怨没有通知自己,所以没带礼物。

天一直阴着,时而落些小雨。占地近300亩的生态园中,药气浓郁。石子路上潮湿,能看见小青蛙跳跃,一只尚未生出羽毛的雏鸟不知何时从何处跌落上面。来辉武俯身捡起来,走到草丛边轻轻放下。

客人们陆续散去。来时未见繁华,去后略显寥落。来辉武出院未久,身体虚弱,坚持每次把客人送到庄园门外。

"你是一个企业家吗?"

"我是科技实业家。"据他说,这称号来自国务院,一起荣获的有十个人。是他认为自己不符合当下"企业家"的标准,还是"企业家"不能概括他的全部?

他曾经创造了一个行业,让咸阳成为"保健品之城"。这个行业很快地没落。20世纪末期的财富梦,当那些后起之秀如三株、太阳神梦醒逝去后,"505"还在——年销售收入超过10亿,二次开发及中医药现代化已见成效——仿佛作为见证。

来辉武的居所在庄园深处,三层楼。一楼,客厅兼书房,隔壁是陈列室,摆满荣誉证书,来辉武与各级领导、演员、作家的合影。这不是全部,在咸阳"505"总部还有更多。看不出他对这些东西、这些东西代表的岁月留恋,但是显然它们带来了安慰。

"我曾经说过'505'要存在505年,现在我说,'505'将与人类共存亡。"与其说他相信"505",不如说他相信的是自己赖以成名的中医药。他尚未听说激烈批判中医的方舟子。"经过18年的检验,老百姓认为,强身之宝,馈赠珍品,还是'505'好。"这本是"505"的广告词。现在的企业家们,不大会当众说这样的话了。

他离这个时代好像很远。"我看电视剧,知道李世民活了52岁,那是一代帝王。我已经活过了这个岁数。"他很满足。

"咸阳三大害"

还是有一些人对来辉武充满尊敬。他的那位小友说,来辉武是自己的老师。他听不得人说"来辉武不行了"之类的话。"我认识很多开奔驰坐宝马的人,都是靠卖'505'元气袋或者仿制品发家的。没有来辉武,你还知道上哪儿卖药不?"

他说,现在通行的"健"字批号始自来辉武。以前只有"食"字和"药"字批号,经陕西省委特批,"505"神功元气袋顶着"健"字号出世(2002年,卫生部取消"健"字号,将保健品规范为食品)。

一位前陕西省委领导来看他,说,现在这些卖药的,都是老来的徒子徒孙。

来辉武的一个妹夫曾是中央电视台的副台长。北京有一家饭店开张,请诸多人物到场,他妹夫是其中之一。吃过饭,饭店老板又请大家去洗桑拿。这时候他发现,同去的10人当中,只有他一个没带着"505"神功元气袋。"普及率90%。"他对自己的大舅子说。那是1995年,此前两三年开始的"505热"正达到高潮。

那时候"505"还是个小作坊,一天销售500万元,当天的产品不够当天卖。来辉武说,一个人只要能批出来几箱元气袋,走不出几百米就能赚成千上万块。那情形让人想起"红塔山香烟"的盛况。后来的"三八妇乐"董事长当时是"505"的一个员工,高中毕业,负责产品邮购。他"邮购10个截留5个",连未收到产品用户的询问函也一并截留。他因此离开了"505"。后来,他筹办企业,又找到来辉武,希望"来老师"能送给自己10箱元气袋,以作"宣传"之用。"505"的一个保安跟着他走出工厂大门,回来告诉来老师,他把10箱元气袋在路上就卖了。

咸阳"505"的工厂附近出现了100多家小厂,健肝袋、护胃袋层出不穷,对症不同,形式都与"505"元气袋相仿。来辉武的小友当时在一个药厂做销售,"我初中没毕业,一年能销售上千万元。"因为他卖的也是"袋类"保健品。

仿制之后就是假冒。来辉武到全国各地打假,设立打假基金,给公安局购买专用打假车。假冒风得到了遏制,但"袋类"保健品的市场也已破坏。"警察、小偷、元气袋",后者成为"咸阳三大害"之一(保健行业陷入低谷,"神针"赵步长、"秦龙壮元神袋"赵东科等先后离开咸阳,并向药业转型)。

时隔多年,来辉武对假冒"505"仍然耿耿于怀。他还没有学会现代企业管理制度、产品创新这些当代企业家们的口头禅。

忠孝仁义

比起当年,来辉武身边显得冷清。他认为这很正常。早在十七八岁的时候,他去上海,一个上海人在他的本子上写下三句话:世上有两难,登天难,求人更比登天难;世上有两险,山虎险,人心更比山虎险;世上有两薄,春冰薄,人情更比春冰薄。他记得古人也写过:富在深山有人知,拿起榔头棍棒,打不尽的山猪野狗;穷在街头无人问,拿起钩子弯子,拉不住的亲朋好友。"我深受其害。"他说。

一个亲戚,先后从他这里借走5000万元,说好三年后还,"加倍还",十年过去,依然是"要钱没有要命一条"的老套路。陕西国际投资公司为他理财,拿走3000万元购买国债,结果资金被私人挪用,至今没有下落。有人见他烦闷,介绍一个老和尚来。听完来辉武讲述,老和尚说"不要要了"。"不是几十万,也不是几百万,是几千万,"来辉武说。"那也不要要了。"

来辉武知道和尚的意思是前世相欠。信与不信之间,他得些宽慰,渐渐悟出"得而不喜,失而不忧"的意思(后半句系他的小友抢着说出)。堆在库房里有两百多万封求助信,他不能兼济,挑些确实困难的施以援手。他捐希望小学,建奖励基金,有的是应景,有的是自愿。"505"最热闹的时候,他曾出100多万元为当地政府订阅《人民日报》。许多名人、作家慕名而来,有的小住,有的长歇,他供给食宿,临走免不了带些钱物。其中多数人把钱财看得重,他心知肚明,并不揭穿。有时候在园中走,见了在这里打工的小厮,忽从腰中摸出一褪色的红包,给小厮些许惊喜。

来辉武的小友称赞他孝顺。父母的坟正对着他园中居所,为绿色掩映。父母在世,他出国从不超过半个月。父母有病,则不出一周。父亲肝病严重,他听说用乌龟捂在肚子上可治,跪在床上一个月捧着小龟,直至父亲去世。

孝子做善事,顺理成章。这些年,来辉武赞助公益有两亿多元。前不久中国教育电视台来拍了他的专题片,他请我们去看。受他帮助的人在电视里痛哭流涕、赞叹不已,他在电视前默默坐着,偶尔纠正一下片中人所说的数字错误。

他说这个世界上仗义的少,给过自己大帮助的人还没有。那些高官、名人,他从未主动去攀,现在门庭冷落,他就不会难过。

他知道《圣经》上写着,右手做的事不要叫左手知道。或许不是我们问得紧,他不会说这么多,更不会拉我们去看专题片。

知足常乐

园子里种满水杉、女贞、竹子、白芷、杜仲,多已成年,能为"505"的中成药生产提供部分原料。端午节正午前的艾叶最好,全国二十多个省市的"505"药材收购站同时在这一天展开收购。

园中有一座教堂,由当年园林基建时的民工食堂改造而成,现在也堆满艾叶。看着这些药草,来辉武眼神温柔。

不知怎么谈到了汽车。来辉武说自己刚买了一辆好车。问是什么牌子,他摇摇头,转过去问身边的人。"沃尔沃吉普。""没有他的好。"他拍了拍他的小友。小友开的是保时捷。

雨落落停停,已是黄昏。来辉武请客人们到家中用餐。"先去洗手。"他提醒客人们。居所所在的院子里有自来水管,是地下300米的深井水,可直接饮用。

小餐厅也必不可少毛主席像。每位客人面前都放着一张纸,《保健养生须知》,写着"餐前洗手""分餐""按量取食""食勿言""禁止吸烟"等注意事项。阅读完毕,饭菜上来,多是园中种植的野菜。园中有卫星电视接收器,可以收到凤凰卫视等境外节目。

用餐后,来辉武面前的盘碗干干净净。"我母亲生前吃完饭都要把菜盘舔干净。"就是这时候,他回忆起了自己的父母,想起了曾经为父亲捧了一个月的乌龟。他起身走到脸盆架前,拿起毛巾,擦拭眼睛。

庄园有100多个工作人员,但不能轻易见到,浓密的绿荫让他们变得神秘。来辉武希望我们留宿一夜,但并不坚持。这时候,会生出些不舍,在这阴暗的西安郊外的傍晚。

来辉武送我们到庄园门口。外面是一大片刚刚收割完的麦地。"你看,心情多舒畅。"①

六、媒体行为点评

某市爆发了手足口病,当地新闻媒体迅速做了报道,市卫生局负责人还专门组织了新闻发布会,接受记者采访。请对此做点评。

七、校园新闻线索与报道

校园里挂着这样的横幅"花都哭了 因为咱院的女生太美了",你是否认为可以采访撰写新闻报道?若你认为可以写成新闻报道,请采访并撰写稿件。

八、讨论:白岩松的用语

2015年6月8日夜至9日凌晨,河北省肃宁县西石堡村55岁的村民刘双瑞持双筒猎枪杀人。白岩松在6月9日晚《新闻1+1》节目讲述相关新闻时

---
① 《中国企业家》报道,参见 http://www.iceo.com.cn/zazhi/2007/0729/189929.shtml。

说"有两个警察不幸死亡",一些网民尤其是警察对白岩松使用"死亡"而不是"牺牲"表示反感甚至是愤怒。你如何看待这一问题?

九、时政/会议报道常规写法

找一篇采用常规写法的时政新闻或会议新闻,阅读并体会其写作方法。

党媒的时政新闻、会议新闻(会议是时政活动的重要内容,很多会议新闻也可划归到时政新闻当中)通常采用常规写法。常规写法主要体现在导语、主体和结尾三个部分,它极其强调领导的级别因素。导语点明会议或活动主题,并将主要领导写出来。如果导语内容比较长,也可分为两段,第一段讲一下会议或活动的主要内容,第二段把主要领导写出来。主体部分通常写主要领导讲话或活动的要点,每个主要领导的内容可以放在一个段落里,按照领导级别由高到低安排写作顺序。结尾部分写一下会议议程或活动,讲一下前面没有提到的领导或参会人员情况。

这种常规写法体现了新闻报道的礼仪化现象,它高度注重领导级别,是以领导级别来决定写作顺序和内容安排的,党媒、企事业单位媒体经常采用这种写法进行时政报道、会议报道。

采用常规写法,不能把新闻写成流水账,通常应该删去"首先""接着""然后""最后"等关联词,重点要放在内容呈现上,而不是时间顺序的表达上。常规写法虽然注重领导因素,但也没有必要把所有领导名单都列一遍,毕竟我们还要顾及更多的读者,不能过分强调礼仪化。

第三节 操作参考

一、会议采访与报道

我们以本书给的会议材料为例,提供一则会议新闻参考报道。

中国报道社与我校文化传播学院达成合作
为新闻学专业学生提供实训平台促进新闻学教育理论与实践结合

本站讯(顾明正) 6月16日下午,中国报道社与我校文化传播学院达成合作,今后中国报道社金融财经栏目将作为我校实践教学基地,为新闻学专业本科生和硕士研究生提供新闻实训机会,促进新闻学教育理论与实践的进一步结合,提高学生综合素质和竞争力。山东大学(威海)党工委副书记赵玉璞、中国报道社金融财经栏目主编张洪祯、山东大学(威海)教务处处长闫涛蔚、文化传播学院院长张红军、党总支书记于培丽、副院长管恩森、新闻系教师代表张文祥、刘冰和部分学生出席了当天举行的签约仪式。

在签约仪式上,赵玉璞副书记发表了热情洋溢的讲话,他对此次校媒合作给予充分肯定。他说,中国报道社是著名的中央媒体,山东大学是百年名校,双方合作是"名媒+名校"式的强强联合,将为新闻学专业学生搭建起社会实践平台,让学生有更多机会接受专业训练,对提升我校新闻学教育水平、促进新闻人才培养发挥重要作用。希望今后双方积极推动各项合作事宜,不断拓展合作领域,促进校媒共同发展。

中国报道社金融财经栏目主编张洪祯表示,中国报道社领导对此次与山东大学(威海)的合作非常重视,双方建立合作关系后,将为新闻学专业学生提供更加广阔的实践平台,秉承"为学校负责,为学生负责,为学生工作"的态度开展相关实习活动,让学生们和《中国报道》的记者、编辑一起站在新闻的最前线,捕捉最鲜活的时政新闻,采写各类融合新闻,系统掌握全媒体新闻生产、运作流程,促进学生新闻业务能力的提高。

文化传播学院院长张红军表示,学院高度重视新闻学科的发展。与中国报道社达成合作后,双方将在新闻学专业实践教学等多方面展开合作,为新闻学专业学生提供更多机会去中央媒体、权威主流媒体实习实践,提高技能,锻炼才干;同时可以借助中国报道社的资源,请更多传媒业界的高级记者、高级编辑走进课堂,为学生讲授新闻业务课,进一步提高新闻学专业培养质量。

教务处处长闫涛蔚表示,我校非常重视本科教育教学质量,新闻学专业实践性很强,做好实践教学工作更加重要。双方可在专业实习、实践教学,包括大学生暑期实践等多方面对接合作,应尽快形成一种工作机制,稳步推进合作,对专业发展发挥良好作用。

张洪祯和文化传播学院副院长管恩森代表双方签订了合作协议。

签约仪式上,中国报道社金融财经栏目挂牌成为我校实践教学基地。文化传播学院院长张红军和张洪祯共同为该基地揭牌。

二、实战案例及分析

吴金红是一位潍坊女孩,她在拿大学录取通知书的路上因车祸离开了人世。家人遵照吴金红的遗愿,捐献了她的器官。《山东商报》对吴金红事件作了连续报道,下面梳理一下报道历程,做一总结与思考。

(一)采访过程践行人文关怀

2014年8月,刚接到大学录取通知书的19岁潍坊女孩吴金红因车祸遇难。生前她曾表示愿意将遗体捐献给医疗事业。家人为了完成她的遗愿,捐献了她的心脏、肝脏和双肾,帮助了四位等待器官移植的患者。

8月下旬,《山东商报》记者陈心如联系上吴母时,距离11日器官捐赠、媒体集中采访之时已经过了数日。此时再进行采访,在报道深度上更容易取得突破,但对亲属造成"二次伤害"的风险也高了许多。通过反复解释和安抚,熟悉潍坊当地情况的陈心如记者初步打消了吴母的疑虑,得到了吴家人的住址并约定了当面采访的时间。

作为一名年轻女性、潍坊老乡,陈心如记者对尚未摆脱丧女之痛的吴家父母而言有着相对较强的亲和力。同时,陈心如与刚被录取的吴金红一样,都是山东财经大学的校友。采访伊始,陈记者对有些沉默的吴家父母袒露了身份,并且组织语言,用真情实感进一步劝慰他们,取得了他们的信任。

采访过程中,吴母在啜泣中回忆着女儿的往事,记者则以倾听为主,在少量的问题引导之余给予她追忆和悲伤的空间。事实上,对采访者放下心防的家属打开话匣子之后,会不断地倾吐大量的故事和情绪,这也是家属自身心理疏泄的过程。记者在这时正应扮演倾听者的角色,配合适当的心理抚慰,而不是单纯以完成采访任务为目标,心急地通过打断和提问获取"有用"信息。

之后,沉痛的吴父主动取出了吴金红生前的日记本向记者展示,这成为《山东商报》的独家新闻点。日记内容为最终的新闻成稿提供了大量素材,形成了报道《日记里十九岁的青春记》,让吴金红的媒体形象从扁平的"好学生"变得更加鲜活立体。

一个好记者要善于与采访对象交朋友。在灾难新闻的采访过程中,与悲痛中的亲属成为朋友,虽然更加困难,但是更有意义。陈记者采访中注重人文关怀,取得了吴家的信任和友谊,为之后长期稳定的采访关系打下基础。

陈记者后来总结说,采访是"一个拥抱,而非一把盐"。这话值得新闻工作者深刻思索。

当然,新闻工作者也不能走向另一个极端,让自己的报道落入无意义的煽情陷阱。要坚持主流媒体价值引导的使命,家属的痛苦不能成为新闻的重点。

(二)公共新闻呼唤社会关注

对于题材类似的医疗救助事件(如捐献"熊猫血"和造血干细胞),媒体的连续报道往往专注于健康传播的领域,遵循"捐献者的故事—争分夺秒的运输和手术—患者转危为安"的叙事套路。

但具体到本例的器官捐献,情况则有所不同。医疗机构和新闻媒体目前仍需要严格遵守"双盲原则",不能让器官捐受双方获知对方信息。如果这时还要继续坚持"捐献者—受助者"的报道框架,那么后续报道很有可能发展为对于当前人体器官捐献形势的分析,以及对最近接受器官移植的患者的介绍,前后报道之间的关联度会被大幅削弱。

事实上,案例中的吴金红事件覆盖了民生、健康、教育三个报道领域,在每一个方向上都有深挖新闻的价值。《山东商报》放弃了在健康传播的角度上继续做文章,而是把报道的重点留在了民生和教育方面。

吴金红拿到了大学录取通知书,但在报到之前去世了。《山东商报》记者在信息搜寻中发现,对于类似情况,高校通常不会保留逝者的名字。但记者却想,即便没有先例,山东财经大学也可以做这个先行者。记者还希望在开学典礼上,山东财经大学校长能够为吴金红说上几句话,让同学们知道他们有这样一位未曾谋面的"校友"。另外,吴金红的妈妈还有一个愿望,"等有机会吧,我会去替她看看大学的样子"。山东财经大学也可以向这位妈妈发出邀请,请她替女儿来学校看看。

8月25日,《山东商报》推出专题"心依然在跳动"。在"编者的话"中编辑朱启禧发出号召,希望山东财经大学关注这名准大学生的故事,为她的父母提供一些人道主义关怀。

报社里山东财经大学的校友也积极与母校联络,希望能促成此事。另外,《山东商报》的记者也积极协调政府部门和医疗机构,为她同样在车祸中受伤的父母提供财政补贴和医疗救助,并协助吴家人完成对吴金红进行海葬的计划。

客观性并不是指价值观念的取消,而是指新闻报道操作的规范化。记者也是人,他必然具备主观性,但主观是为客观服务的,没有记者的主观性,就无法实现报道的客观性。在这一过程中,《山东商报》不再是消极客观中立的旁观者,而是主动介入到新闻事件当中,发起公共话题,影响公共事务,通过媒体搭建平台,协调社会力量关注吴家父母和吴金红的故事。

25日的报道刊出之后,社会反响强烈。

山东财经大学校方对商报的提议积极响应,通过《山东商报》联系上了吴金红的父母,为他们送去了慰问金和吴金红的名誉校友证书,在吴家人访问学校时积极接待,并选取师生代表陪同吴家人完成海葬。同时,吴金红的家乡——潍坊昌乐的地方政府也积极为吴家提供帮助,并为吴金红申请了"山东好人"称号。

由此,报道进入了公共新闻的框架中。这不仅带来了新的报道素材和更深刻的社会意义,而且为吴家父母提供了切实的帮助。当然,媒体在号召社会各界伸出援手的过程中需要注意报道策略和遣词用字,切不能给读者以"道德绑架"之感。

公共新闻这一概念在中国并不是单纯的"舶来品",而是根植于我国民生新闻的长期报道实践当中。尽管有学者认为中国的公共新闻只是社会新闻的"异化"或是"2.0版本","一切只求速效救助",缺乏足够的公共性,但不可否认,这一新闻报道模式对弱势群体的确能带来切实的帮助。尤其是本例中,吴金红的父母得到了经济上的支援,也完成了替女儿"去大学看看"的心愿;大学也借此宣传了吴金红的事迹,潜移默化地对新生进行了生命教育。因为学生及其家庭的高尚举动,大学为没能来报到的学生永久保留了学号,这在全国范围内还是第一次。正是《山东商报》采取的公共新闻报道策略为吴家悲情的故事带来了温暖。

(三)新闻报道策划赢得主动

从8月25日到11月1日,《山东商报》围绕吴金红的故事及其引起的社会反响共形成了10篇左右的连续报道。

早在25日第一篇报道刊行之前,采编团队就已经形成了连续报道的策划方案。其主要思路为:尽力形成广泛的社会影响,并得到各级政府机构和山东财经大学校方的配合。之后随着9月中旬大学开学,《山东商报》将邀请吴家人赴济南,替吴金红看一看她未能就读的大学,并陪同其游览泉城。10月,陪吴家亲属赴青岛举行海葬。11月,大学开学典礼上关注校方是否向新生们提起吴金红的故事。同时,报道社会各界对吴家人的支援,对吴金红的缅怀,对遗体器官捐赠者们奉献精神的传扬。争取在这一过程之中能形成数篇有深度、有温度,带有人文关怀和社会正能量的新闻报道。

25日的报道形成了巨大的社会反响,社会各界的关注和支援形成了26日、27日连续报道(《山财大授予其荣誉校友称号》和《昌乐拟为吴金红申报"山东好人"》)的基础。由于取得了吴家人的信任,加之策划得当,之后的连续报道某种程度上处于"新闻主动上门"的状态。除了计划中围绕吴家人和山东财经大学的报道,还刊发了两篇社会反响方面的新闻(9月24日《吴金红的名字被刻上山东省器官捐献纪念碑》;10月6日《吴金红事迹登上央视"焦点访谈"》),形成了主动、定向、全面、有序的报道格局。

不是所有的个体悲剧都适合连续报道,但是一旦进行连续报道就需要合理的新闻报道策划。这样不仅能协调媒体资源,优化报道效果,深刻挖掘新闻价值,扩展新闻的时空范围,而且能相对有效地避免无序采访对当事人及其亲属的伤害,并可以适时对其提供帮助。在本例中,合理的新闻报道策划确实发挥了这一作用。随着连续报道的进行,悲情新闻的底色被冲淡,新闻的社会效果也得到了最大的发挥。

三、正面报道评析

报道中讲的是陕西安康市副市长李建民的老家情况,老家住宅简陋并不代表城里的住宅也是这个样子。如果稿件明确说明副市长李建民只有老家一套住宅,在城里没有住房,那他的住宅的确有些超出常人想象,但稿件并没有这样说,这种情况也几乎是不可能的——安康离志丹差不多1000公里,副市长不可能天天住在志丹县农村老家。

当了副市长并不意味着农村老家一定要有豪华住宅,这本身是一件正常的事情,稿件没有必要这样煽情。另外,"院子里有四个窑洞,他和哥哥一人两个。

贴瓷片的房子六间是两年前移民搬迁时盖的,国家补贴一半,自己掏一半"。这种境况其实已经不错了,本书作者也是从农村读书出来的,并在大学任教,已经几乎没有农村老家的房产了。

李建民去世后,他任职过的很多地方的群众前来悼念,现场令人动容,说明老百姓是爱戴他的。但是稿件选择了他老家住宅作为报道对象,试图说明一位副市长的清廉,效果却未必就是好的。新闻报道应该全面、客观,不为读者留下疑惑。这篇稿件没有讲这位副市长城市住房情况,却在他老家住宅上大做文章,煽情的味道很浓,为读者留下了疑惑,也容易招来批评的声音。

四、编辑与修改

李春旺在六村联建新民居工程全面启动仪式上承诺
"要让老百姓用着放心、住着安心、过得舒心"

本报讯 4月18日上午10点18分,丰润区韩城镇"六村"异地联建新民居工程开工奠基仪式在韩城镇项目建设现场举行。

开滦集团公司总经理殷作如及领导班子成员,丰润区委书记曹金华、区长和春军、区直部门负责同志,韩城镇党委书记李小青及党委班子成员,大唐鼎旺集团董事长李春旺等有关领导同志出席了此次奠基仪式。

奠基仪式由区委常委、常务副区长、压煤搬迁领导小组组长李贵富主持。

开滦集团总经理殷作如、丰润区政府区长和春军、韩城镇党委书记李小青、大唐鼎旺集团董事长李春旺在开工奠基仪式上分别讲话。

李春旺在讲话中说,要把老百姓"用着放心、住着安心、过得舒心"作为我们工作的目标和标准,集中精干力量,严格执行建设程序,严把设计、材料设备和现场施工质量关,按照总体规划和规定的时间,圆满完成任务。

曹金华宣布工程开工,军乐队奏响了乐曲,锣鼓声、鞭炮声、工程车鸣笛声、村民代表及现场群众的掌声瞬时响起。

各位领导走向奠基场地,挥锹奠基,五颜六色的彩条飘飘洒洒,从空中降下。

韩城镇"六村"异地联建新民居工程是省级新民居示范工程,由金润旺投资有限公司全面负责建设管理。工程涉及韩城镇东欢坨一、二、三、四村,何家庄,董家庄,共4032户、10012名群众。总占地557亩,规划建筑面积70多万平方米。

在基础设施方面,配套了村民行政中心、村民活动中心、教堂、文化广场、小学、幼儿园及宾馆、商业和医疗服务设施。

规划设计由天津大学和唐山中建建筑设计研究院共同承担。建设施工中标单位为天津中太集团和唐山建设集团。

"这对我们是件大好事,建成后我们搬过来,居住条件、生活条件就更好了,就更加安居乐业了。"压煤村一位村民代表说。

五、人物报道鉴赏与结构分析

人物特稿《来辉武的"505"人生》大体上是按照"现在—过去—现在—将来"的结构逻辑,搭建报道架构。这篇稿件去除了宣传味,采用了讲故事的报道技术,可读性很强。

该文的结构分析如下:

(1) 开头——现在:文章开头把最新的情况告诉读者:五月初五是来辉武的生日,客人们来到他的生态园。

(2) "咸阳三大害"——过去:让读者了解来辉武过去的辉煌和失败经历:来辉武的"505"元气袋当年火爆的情景;仿制和假冒最终让来辉武失去了昔日的辉煌。

(3) 忠孝仁义——现在:然后再回到现在,更深入地交代人物的情况。

这一部分虽然也夹杂了过去的事情,但也体现了来辉武接受采访的"现场感"。

讲述了来辉武目前相对冷清的状况及其看待这个世界的心态:面对人情冷暖,来辉武选择了顺应。

来辉武是个孝子,父亲得了肝病,他跪在床上一个月捂着小龟捂在父亲肚子上,直至父亲去世。

知足常乐——比较明显的关于来辉武现在状况的描述:来辉武的生态园、刚买的汽车、小餐厅等相关情况。

(4)结尾——定格到某个时刻:分离。来辉武送客人到门口。

六、媒体行为点评

这种做法是正确的。面对突发危机事件,必须转变信息传播观念,及时公开相关情况是应对危机灾难的最有效的策略。

新闻报道的使命是迅速、真实地向公众描述其生存环境最新的、关系到他们切身利益的变动状况。新闻应该为受众的生活行动决策提供信息参考,帮助公众认识到生存环境的变化,为他们规避风险、制定生活决策提供足够的参考信息。

当危机事件发生后,公众会求助于新闻媒体来了解权威信息,传统新闻媒体如果不做及时报道,三缄其口,公众只能失望地离开传统媒体转而求助于网络媒体或小道消息途径。

及时是引导的前提,从这个角度考虑,恰恰是及时的报道才能正确引导舆论,消除公众的恐慌感。是公开而不是保守信息,才能真正稳定群众的情绪,使他们获得信息安全感。

对于突发危机灾难,群众从来不会因为政府公开信息而抱怨政府,反而是因为媒体不能及时公开报道相关情况,让群众一再失望。媒体的及时报道,反而更有利于团结群众,更有利于问题的解决。

政府掌握着最多数量的信息,政府也是新闻媒体最主要的信息来源。满足公民的知情权是政府和新闻媒体的责任,加强话语影响力是政府公开信息的内在动力。政府应当与媒体一起努力,以更加开放的心态,推动媒体准确、全面、客观、公正地报道相关情况,不断扩大新闻传播的效果和影响力。

七、校园新闻线索与报道

这个横幅也是一个新闻线索,具有新闻价值,可以挖掘相关信息,撰写成校园新闻稿件。

女生节起源于山东大学

3月7日女生节,山东大学历史学院在校园内悬挂横幅"花都哭了,因为咱院的女生太美了",历史学院的女生看了应该心情不错。

3月8日是妇女节,中国女大学生想过这个节日,但又不愿意被称为妇女,在3月7日过"女生节"很好地解决了这个难题。

女生节起源于山东大学,如今已成为中国高校校园的趣味文化。1986年3月7日,山东大学文学与新闻传播学院、经济学院女生节联欢晚会在山东大学东校区科学会堂举行,《齐鲁晚报》《济南时报》、新华社分别就"女生节"这一新生事物做过跟踪报道。

全国高校在女生节这天打出过一些知名横幅,山东大学版"今天我给你提水"在网上也很受关注。

八、讨论:白岩松的用语

肃宁枪击案中,两名警察在执行任务过程中献出了自己的生命。辅警袁帅年仅34岁,女儿不满3岁;政委薛永清48岁,他的妻子在丈夫牺牲后跳楼身亡。警察也是人,他们也有自己的家人,在看了后续具体的报道时,我们都会为警察的逝去感到悲伤。要求使用"牺牲"而非"死亡",反映了警察群体对媒体报道寄予的情感期待,我们应该予以理解。

但新闻报道也有自己的专业准则,需要谨慎对待。新闻报道应该遵循客观原则,通常应当使用中性词,而不是倾向性词。"死亡"是一个中性词,任何人都会面临死亡问题;"牺牲"表示为了正义而舍弃自己的生命,带有价值判断,是一个褒义词。

肃宁枪击案发生在6月8日深夜至6月9日凌晨,6月16日晚上央视《新闻联播》报道说,公安部确认两名警察为烈士,对事件给予权威定性。但白岩松的节目是在6月9日夜间播出的,事件尚没有最终定性,新闻尚处于调查报道阶段,白岩松对警察使用中性词"死亡",而没有使用"牺牲"这一带有价值判断的倾向性词,从遵循新闻专业准则的角度看是妥当的。

新闻应该体现人性,应该讲究伦理,这是毋庸置疑的,但不能因为使用了中性词"死亡"就对白岩松作上纲上线的批判。其实,白岩松的用语在体现人性和遵循职业伦理方面并无不妥。况且白岩松在"死亡"一词前还加了"不幸",这也体现了白岩松的某种判断,并非冷血。对白岩松的一些批评脱离具体情况和专业要求,在讲究人性和伦理的时候进行道德绑架,上纲上线,这种武断和不理性的做法不值得提倡。

九、时政/会议报道常规写法

我们找了一篇采用常规写法的时政/会议新闻稿件,供读者参阅。

这条新闻采用了常规写法。导语中明确写了两位主要领导姓名——省委副书记杨东奇出席会议并讲话,副省长于国安主持会议。主体部分只有省委副书记杨东奇的讲话梗概,文字量较多。结尾概述了会议的一些活动及与会者发言情况,但不再写出其他领导的具体姓名,只是一带而过,文字量很少。这样安排写作详略得当,比较恰当,请读者诸君阅读体会。

全省海洋牧场建设现场推进会召开
杨东奇出席并讲话

本报荣成 8 月 12 日讯 今天,全省海洋牧场建设现场推进会在荣成市召开,深入学习贯彻习近平总书记关于建设海洋强国的重要论述和经略海洋的重要指示,交流经验、分析形势、部署工作,以更加有力有效的举措促进海洋渔业提档升级、提质增效。省委副书记杨东奇出席会议并讲话,副省长于国安主持会议。

杨东奇指出,我省海洋资源丰度指数全国第一,海洋科技力量雄厚,发展海洋牧场基础扎实、优势明显。推进海洋牧场建设是打造"海上粮仓"、发展海洋经济的有力抓手,是养护渔业资源、修复海洋生态的现实需要,是带动渔民增收、推动乡村振兴的重要途径。要以开展国家现代化海洋牧场建设综合试点为抓手,把绿色发展作为首要任务,把科技创新作为关键支撑,把产业融合作为发展方向,把安全生产作为底线任务,探索适合不同类型海域特点的海洋牧场发展新路径,为全国海洋牧场建设提供可复制可推广的经验。要凝聚加快海洋牧场建设的强大合力,夯实工作责任,加大政策支持,完善制度体系,注重宣传推介,努力构建生态、社会、经济效益相统一,近浅海与深远海相统筹的渔业可持续发展新格局,为实现海洋强省建设目标、打造乡村振兴齐鲁样板作出新的更大贡献。

会上,与会代表观摩了爱莲湾海域长青海洋牧场、桑沟湾海域泓泰海洋牧场和楮岛海洋牧场,参观了荣成市海洋食品博览中心,威海市委主要负责同志致辞,青岛、东营、烟台、潍坊、威海、日照、滨州 7 市分管负责同志,企业代表,专家代表作了发言。①

---

① 《大众日报》2020 年 8 月 13 日头版,记者毛鑫鑫报道。

第十三章 深度报道

第一节 理论精要

一、认识深度报道

（一）深度报道的界定

深度报道是深入调查研究新闻事实，挖掘新闻背后因素及关联信息，追求深刻，致力于揭示新闻真相和深层意义的报道。

深度报道是深化的新闻报道。与普通新闻报道相比，深度报道通常需要花费更多的时间、更大的成本，采写过程也要艰难得多。深度报道通过广泛而又深入的采访和调查研究，对新闻的时空圈层进行深度扩展，全面详尽地展示新闻发展脉络，深入剖析新闻背景、影响及发展趋势，深刻揭示新闻事实的变动状态、原因及意义。

深度报道有两种典型的类别，即调查性报道和解释性报道。

（二）深度报道与特稿、非深度报道的关系

特稿是报道体裁，作为报道体裁，特稿是与消息相对应的；而深度报道是就报道内容的性质而言的，它指的是有深度的新闻报道。深度报道往往要采用特稿的形式，篇幅较长，但这并不表明特稿就必然是深度报道，也不好说深度报道就必然等于特稿。特稿指的是体裁形式，深度报道指的是内容性质，二者不存在必然的相等相对关系。

从报道的深入与否情况来看，深度报道以外的所有稿件都是"非深度报道"。二者之间存在互相补充、共同发展的关系，非深度报道无法取代深度报道，反之亦然。

（三）深度报道的特点与作用

1. 深度报道的特点

（1）内容深刻

深度报道通常都是对重大社会问题、重大社会事件的报道，选题呈现出典型的深刻特征。深度报道不忘关照宏观社会层面，着眼于事物整体，把对事实的单一侧面描述转变为多侧面的描述，加以立体化、多层次的剖析，多侧面、多角度地挖掘事实的真相，探寻深层次动因，揭示事实的本质。深度报道需要记者深入调查与研究，充满理性、深刻的色彩。

深度报道题材重大，内容深刻，主要关注的题材或报道领域包括：

社会问题、社会矛盾和社会冲突；

重大伤害事件；

有深远影响的变化、趋势或事件；

与公共利益相关人物的错误行为；

卫生和公共安全问题。

（2）形式多样

深度报道的表现形式比较丰富，文体上以特稿为主，辅以消息报道、图片报道等形式。它的篇幅一般较长，含有详尽的背景材料。

报道方式既有单篇报道形式，也可采用组合报道、系列报道、连续报道、追踪报道等形式。

（3）采写复杂

记者往往需要耗费更多的时间和精力进行采访调查，研究相关背景材料，才能写出成功的深度报道。深度报道的采写对记者的专业素质提出了更高的要求：它要求记者必须具备更强的正义感、责任心和勇敢的精神，它需要记者具备足够的智慧和胆识，它要求记者拥有更高的文化素养，掌握大量的政治、经济、社会、文化、历史等科学知识，精通调查，善于研究。

2. 深度报道的作用

深度报道重在调查研究，不是简单地告诉读者发生了什么事情，而是要深究新闻现象背后的东西，帮助读者深刻理解生存环境的变化。

深度报道是帮助读者及时地、深刻地理解生存环境变化的专业新闻产品，它为读者理解这个变化的世界提供了依据,有助于读者的决策和为适应环境变化而采取正确的行动。

（四）深度报道的价值取向与方法论

深度报道的价值取向是追求真相和深刻,它以提供真相、揭示深层原因与脉络意义为重任。深度报道主要是"新闻执着于追求深刻性的一种写作旨趣"①,而不是报道文体。作为深度报道,调查性报道更加注重在调查上下功夫,而解释性报道更加注重在研究上下功夫。

中国正处于社会转型期,旧有的秩序和价值观已被颠覆,而新的秩序和主流价值观还未确立,整个社会心理呈现出一种混乱的多元化的状态。这是深度报道的黄金时代。

深度报道的操作方法论主要表现为深度扩展时空圈层,时空圈层的扩展包括两个方面：

一是时间上的延伸——对新闻事件的报道,以现在为核心,往后延伸回顾历史,向前延伸展望未来；

二是空间上的扩展——注重对多个社会平台背景的考察,以事件发生的现实场景为核心,扩展到对行业空间的探寻,对不同区域的比较。

（五）深度报道的注意事项

1. 始终坚守客观公正的原则

在撰写深度报道的过程中,记者应该始终坚守客观公正的报道原则,即便是对被揭露的对象,记者也要以公心对待,不要让情绪战胜了理智。

2. 报道不要过于单一

可以关注一些较为静态的、长期性的话题,并用人类学中田野调查的方式来采集信息。在继续关注弱势群体的同时,还要更多地关注市民阶层。

报道心态要更加沉稳和平和,避免"强势一方永远都是错误"的观念,要更多地分析社会心理和文化传统对人性的异化。

3. 敢于付出较长时间和采访成本

深度报道需要采访更多的人,要有高举高打的报道意识,要舍得花费更多

---

① 杜骏飞：《深度报道写作》,北京：中国广播电视出版社2000年版,第2页。

的时间和精力,要敢于付出更多的心血和采访成本。

4. 采用故事化写作模式

应当将可读性放在十分重要的地位,采用讲故事的方法,突出对细节、现场和事件发展进程的描述,借鉴文学写作技巧,摆脱传统的"事件过程"加"背景资料"加"专家分析"的报道模式。

5. 警惕报道过度与报道不足

报道不足是深度报道的一个缺陷,这样的报道会给人以不充实感,报道不足往往会伤害稿件的深度。同时,深度报道也不要走向另一个极端——报道过度,不要为了深度而深度,不要刻意延长报道的篇幅,也不要试图用长篇幅报道形式来增加所谓的"深度"。

6. 多来源规则

普通报道的写作可以是单一来源,深度报道的写作则必须依赖更多的消息来源。

7. 动笔之前务必理解这个事物或问题

记者首先必须搞清楚所报道的事物,"以其昏昏,使人昭昭"是撰写深度报道的大敌。

8. 可以说明一些信息没有得到

如果经过努力还是有一些信息没有得到,记者不妨在报道中做一交代,这样反而能让读者更容易理解你的报道。

二、调查性报道

(一) 认识调查性报道

1. 调查性报道的界定

调查性报道是指以调查为手段,致力于揭露深层事实真相的报道。调查性报道更注重深入挖掘那些已经发生的新闻事实的深层关系及真相,它是一种更加深入的揭露性报道。

2. 调查性报道的特点

(1) 题材性质:揭露某些人试图掩盖的事实真相。

(2) 材料获取:艰难的调查取证过程。

3. 调查性报道的写作

（1）冷静客观的笔法。

（2）反复修改。

（3）尊重法律。

（4）尽可能写得简明扼要。

（5）要写人，要讲故事。

（6）告诉读者调查的结果意味着什么。

（二）启动调查

1. 提出一个假设

根据获得的某个线索，记者应当提出一个假设，比如"这是一个黑砖窑，里面囚禁并奴役着一批劳工"。假设为记者的调查指明了方向，促使记者将注意力集中到问题的焦点上，减少了无效劳动的付出。

2. 初步核实

记者应当判断有几分把握来证明这个假设，尽力回答以下两个问题：

（1）调查项目里到底有没有一条重大新闻？

（2）我能不能调查出这一新闻？

如果答案都是肯定的，记者就可以开展调查工作了。① 如果答案是否定的，记者则要考虑放弃这个调查。

3. 寻找采访对象

（1）线人。

（2）被调查者的敌人或对手。

（3）被调查者的朋友。

（4）受到牵连的人。

（5）受害者。

（6）警察。

4. 按照正确的采访顺序进行调查

（1）列出与报道有关的采访对象。

（2）分析采访对象间的关系，确定采访顺序。

---

① 密苏里新闻学院写作组：《新闻写作教程》，北京：新华出版社1986年版，第389页。

将采访对象加以分类,先采访容易与你合作的采访对象,再采访有可能阻挠你采访的对象,最后采访其他相对次要的采访对象。

(三) 采访的突破

调查性报道要揭露被调查者掩盖的事实,对方往往会拒绝记者的采访,逃避记者的调查,甚至会封锁现场,设置各种障碍,调查过程的艰难可想而知。"记者要采取各种方法手段,突破采访障碍,找到核心信源"①,机智灵活地开展调查。

1. 混入现场

调查性报道记者应该有现场意识,到现场去搜寻信息。只有到达现场,才有可能获取大量的一手资料,才有可能找到调查性报道所需要的关键人物、关键物证。然而,很多时候进入现场却并非易事,记者必须想尽一切办法抵达现场。

混入现场是一种办法。

天津市撤销了三个相当于地级市的行政区域,成立了滨海新区。为了了解具体的人事安排,《新京报》调查记者褚朝新前往天津采访,但政府机关大门却一个都不让进。后来,褚朝新就装起了干部,大摇大摆地走进了政府大院:

> 端上自己的玻璃杯,泡上一杯茶,将采访本夹在腋下,挺起我'早熟的肚子',极力扮成一个到政府开会的小官员。这一招,居然有用,后面几天我顺利地进出滨海新区管委会和塘沽区政府的机关大楼,无人阻拦。②

2. 卧底侦探

调查性报道记者的工作就像侦探一样,有的时候需要充当卧底,深入团伙内部,才能掌握内幕。

《南方都市报》记者为了调查替考内幕,成立了南都卧底调查组,记者以枪手身份卧底一跨省高考替考组织,最终掌握了这个团伙运作的具体情况。

不过,记者卧底替考容易引发争议,应该把握住度,注意对自身的法律保

---

① 张志安:《深度报道:理论、实践与案例》,北京:高等教育出版社2015年版,第98页。
② 褚朝新:《手记:采访中的那些事》,http://blog.sina.com.cn/s/blog_4bf306cf0100h9gi.html,2009年11月22日。

护,避免由卧底调查滑向违法犯罪的深渊。

3. 利用采访到的材料迫使下一个人开口

不要把自己采访到的材料统统告诉对方,而是稍微透露一点,利用事先掌握的情况迫使对方开口。尤其当对方吞吞吐吐或是故意撒谎的时候,记者讲一下自己掌握的信息,让对方感觉好像记者已经掌握了所有的情况,他不说反而显得被动。

4. 有一种突破叫离开

每一次采访都有不可预知性,每一次采访都不能教条地照搬"纸上兵法",而应该灵活处置。突破并不意味着永远进攻,有时候离开也是一种行之有效的突破方法。当受访者情绪低落、抵触记者的来访时,记者不妨选择离开。离开是为了更好地回来,离开是一种以退为进的突破方法。

(四) 调查的展开

1. 寻找证据

从事调查性报道,记者必须具备强烈的证据意识,没有证据支持的内容不要写进报道。"证据,不仅是一篇报道得以成立的重要支撑,也是在新闻侵权案件中胜诉的有力保障。"[①]

想方设法拿到揭露事实真相的证据,不要忽视任何线索和细节。

要学会固定证据,对证人证言采用录音的形式加以固定;关键内容的采访笔记写明日期地点,要求被采访者签字或按手印确认。

2. 警惕和防范

调查性报道是一项充满危险性的工作,需要足够的勇气和智慧谨慎应对。以下事项需要引起注意:

向报社领导、同事和家人报告自己的行踪。

记者的住址需要保密,以防被调查者的打击报复。

不要轻易把手机、采录设备及笔记交给他人。

拍摄的图片、视频同步上传到网络硬盘,即使被强行删去也能很快恢复。

机智灵活地处理突发事件。

面临人身威胁时,通常不宜直接对抗。可以表面配合,及时撤离,事后

---

① 刘万永:《调查性报道》,北京:人民日报出版社 2015 年版,第 82 页。

控告。

要防备采访过程中的陷阱,规范自己的言行,男记者尤其要提防色诱。

要留心你的采访对象有可能改口。

3. 勇气与毅力

对记者施以暴力威胁的事情并不少见,在一些国家或地区,从事调查性报道的记者往往是在冒着生命危险或入狱风险展开工作的。这就要求记者必须具备超凡的勇气,能够顶住来自各方面的压力,将调查坚持到底。

4. 确定多赢策略

有的时候,记者也可以考虑与警方、纪检部门、律师、私人侦探、传媒同行合作,合作的好处是可以在某种程度上减轻调查的难度,便于迅速推动调查的进程。

三、解释性报道

(一)什么是解释性报道

1. 解释性报道的界定

解释性报道是指注重挖掘和运用背景材料,以解释新闻事实的原因、影响、发展趋向及深层意义等内容为主要目的和主要任务的报道。

2. 解释性报道的特点

(1) 以解释为目的,而不是以简单地报道新闻为目的;

(2) 充分运用背景材料进行相关解释;

(3) 侧重对"为什么"这一新闻要素的处理。

3. 解释性报道适用的题材

政党和国家颁布的重要方针、政策及举措;

政治、军事、经济等突发重大事件及趋势变化;

重要的科技成果;

涉及公众切身利益的重大问题。

(二)写作之前的工作

1. 全面掌握相关的事实材料。

2. 深刻理解报道涉及的专业领域知识。

3. 深入研究事实材料。

4. 正确对待调查数据。

(三) 解释与写作

1. 在什么地方解释

不言自明的地方不需要解释,隐藏在表面现象背后的东西才需要解释。以下内容尤其需要解释清楚:

新闻事实发生的原因、条件;

新闻事实的发展趋势和前景:从"明天"的视角解释新闻事实,着眼现在,展望未来;

新闻事实对社会与生活的影响;

新闻事实的本质与深层意义:将一系列事实联系起来观察和思考,揭示新闻的意义;

读者感到困惑的其他地方。

2. 让事实说话,用事实解释事实

解释性报道在阐释新闻事实的发生原因、影响范围、发展趋向和深层意义时,应该主要采用让事实说话的方式,要用另外一些事实来解释新闻事实。不能把解释性报道写成主观性很强的新闻评论。

解释性报道仍然属于新闻报道范畴,而不是新闻评论的范畴。事实材料不够,转而依靠记者的主观论断加以阐释,这是对解释性报道的误操作。

3. 用通俗的语言完成对新闻的解释

需要解释的新闻大多是普通读者比较陌生的领域,记者在做解释的时候一定要使用普通读者能够听得懂的语言,化复杂深奥为明白易懂,而不要试图使用专业术语和行话来做解释,把解释性报道写成了专业论文。

4. 发表权威专家的见解

在对专业问题的解释方面,权威专家更容易博得读者的信赖。在解释性报道的关键之处,引用权威专家的观点,可以为报道增添力量。记者应该找到真正的专家,经常在媒体上曝光的专家不一定就是真正权威的专家。记者不应该成为哗众取宠者的助推者,记者应该寻找真正的权威,发表他们的真知灼见。

5. 一个有用的结构模式

"现象与问题—原因及答案—影响或趋势",这是撰写解释性报道的一个有效的结构模式。

(1) 现象与问题

从新闻现象、社会问题开始着笔,运用讲故事技巧将社会问题故事化、情节化,对现象与问题加以描述,引起读者的关注,调动读者的阅读兴趣。

(2) 原因及答案

深入探讨出现这种社会现象的原因,探寻相关问题的答案。这是写作的重点,应该调动相关背景事实和专家意见,层次分明地加以阐释,为读者答疑解惑。在阐释原因时,务必注意不要只是用抽象的语言说教,而应该将有趣的材料适时补充进来,确保读者兴趣的延续。

(3) 影响或趋势

最后可以着眼于事实的发展趋势及其影响,在这部分里,可以着重谈一下这种社会现象或问题的危害、影响、应对措施、发展趋向等内容。

第二节 实践训练

一、选题判断

全班分成3—5人小组,针对下列提供的材料进行讨论和判断:该选题是否具有进行深度报道的必要和价值?为什么?如果做深度报道应该怎样采访?如果做普通报道又该如何采访?谈谈你的判断。

11月21日,22岁的孕妇李丽云在北京朝阳医院死亡。丈夫肖志军认为妻子只是来看感冒的,医院却要为其做剖宫产,所以他坚决不同意签字做手术。事后,一篇题为《妻子难产 丈夫拒不签字手术致死两条人命》的稿件在网上引起轰动,这篇稿件说:"孕妇因难产生命垂危被其丈夫送进医院,面对身无分文的孕妇,医院决定免费入院治疗,而其同来的丈夫竟然拒绝在医院的剖宫产手术单上面签字,焦急的医院几十名医生、护士束手无策,在抢救了3个小时后

(19点20分),医生宣布孕妇抢救无效死亡。"① 据悉,死者父母已经将医院和肖志军告上法庭,要求赔偿。

二、外围突破训练

从你所在的城市中寻找灾难事故、负面事件等新闻线索,从外围采访调查开始突破,获取足够的材料并撰写成稿件。

三、危险情景处置

如果在调查新闻过程中遭遇围追堵截,面临人身安全问题,你应该怎么办?

四、深度报道实战

自拟选题,深入采访调查研究,撰写深度报道稿件。

第三节 操作参考

一、选题判断

初步判断,根据这条材料可确定深度报道选题,具有进行深度报道的必要和价值。深度报道具有内容深刻、采写复杂等特点,社会矛盾、社会冲突、医疗卫生纠纷等更容易成为深度报道关注的题材。可考虑采写调查性报道,揭露深层事实真相:到底是丈夫的责任还是医院的责任导致了这起事故?

调查报道要始终坚守客观公正的原则,敢于付出较长时间和采访成本,要尽可能搜集患者在医院治疗期间的相关记录材料,倾听多方的意见,不要急于做出主观判断。采访调查过程中至少要回答以下问题:

第一个接诊的医生是谁?在哪个科室?是否是后来转诊到妇产科?
诊断过程中有无错误判断,是呼吸系统疾病还是难产?
在医院接受了哪些救治?具体的时间和救治措施是什么?
到底是来看感冒还是生孩子?胎儿是否足月?

---

① 吕卫红:《妻子难产 丈夫拒不签字手术致死两条人命》,http://health.sohu.com/20071122/n253410056.shtml,2007年11月22日。

丈夫拒绝签字到底有无合理性？

司法鉴定的结果是怎样的？由谁做出的司法鉴定？鉴定单位的独立性如何？

更具独立性的医学专家如何看待这起医疗纠纷？

卫生局的调查结果是怎样的？

法院如何裁判？律师的调查过程与结果，律师的看法是怎样的？

到底应该由谁为这件事情负责？

在撰写稿件的时候还要注意采用故事化写作模式，运用讲故事技巧，增强调查性报道的可读性。另外，推荐读者阅读《谁杀死了李丽云——"丈夫拒签手术致孕妇死亡案"再调查》（《南方周末》2009年4月29日）。

二、外围突破训练

2017年5月9日8时59分，山东省威海市环翠区陶家夼隧道内一辆校车起火，造成11名儿童与一名司机遇难，一名教师重伤（重伤教师经抢救无效离世）。山东大学威海校区新闻学专业学生祖一飞等同学，分别赶赴事发隧道、救治医院、安置酒店，展开采访调查，并撰写了稿件。

12时54分，祖一飞在看到新华社发布的消息时，一下子紧张起来。纠结了大概一分钟之后，他做出前往现场采访的决定。祖一飞快速换上一双运动鞋，抄起桌上的充电宝和数据线，连同装有小半杯水的塑料水杯一同塞进了双肩背包，并带上雨伞赶赴现场。

到现场去是采访突破的一个关键，祖一飞等同学正是因为尽快赶到了现场，才得以推动采访调查的有效开展。

祖一飞等同学善于从外围突破，他们分别赶赴事发隧道、救治医院、安置酒店开展调查，获取了很多宝贵的信息。他们的采访调查不事张扬，遵循了新闻伦理，对逝者家属的采访尤其注重倾听与观察，体现了人文关怀，避免了二次伤害。

这篇稿件的客观性很强，十分注重细节观察，稿件没有对任何一方的抱怨和攻击，语言平和，值得肯定。事故发生后媒体的报道大都很简单，没有提供足够的信息。这篇稿件提供了比较丰富的新鲜材料，满足了读者获知详情的信息需要。

校车失火之后

文:祖一飞等

图:韩炳诚 祖一飞

事发地:陶家夼隧道(1)

15:49分,隧道口待命的救援车辆

5月9日下午1点左右,我决定去现场。地图上显示,陶家夼隧道距离学校的直线距离不过6.4千米。

出租车司机把我拉到距离现场不太远的一个路口,交警已在这里设岗,不允许救援无关车辆驶入。担心警察不让进入,我偷偷从他们背后穿过,小跑着朝隧道的方向前进。

越往前,路两旁停着的车就越多,开始大部分是私家车,再往后看几乎全是消防车、警车和救护车。红蓝相间的警灯连成片闪烁着。

雨从早上就开始下,有人打着伞,有人任由雨点打湿发丝和衣服,面目无神。隧洞口早已拉起了一条警戒线,两排穿着黑色雨衣的警察背对着身后黑压压的洞口,表情严肃。

人群聚集的地方不时传来哭声,那种听上去是在尝试努力克制的哭。不少人握着手机通话,声音中混杂着着韩语、普通话和威海话。

14点左右,后方驶来三辆褐色别克7座商务车,在人群后方停了下来。

一位由同伴搀扶着的女士再也抑制不住,竭力朝警察喊道:"等了五六个小时了,不管孩子什么样让我们进去看看!"刚一喊完,旁边立马走过几个人来解释,有人说韩语有人说普通话,试图安抚。

没一会儿,一位身穿正装的政府工作人员拿着一张A4纸走来,我看了一眼,上面打印着11位孩子的姓名以及家长联系方式。他没有打伞,在几位家长之间来回走动,继续登记其他信息,并许诺他们会开车把家属运进事故现场确认,要一家一家来。

雨滴落在毫无遮挡的纸上,软塌塌躺在工作人员手中。刚刚写上的字迹随即被雨水溶解,变得模糊。一位女士在登记完之后,半个手掌上全是黑色的墨迹。

随后,载有孩子家长的车驶入隧道,依次进入,随后又离开。

现场的一位政府人员向一名男子解释,尸体要经过DNA鉴定等程序,最后运到殡仪馆让家长们认领。

15点左右,我在现场指挥的官员中认出了女市长张惠,上一次见到她是在总理视察威海的新闻图片上。大约一小时后,女市长换上了和消防员脚上相似的平底胶鞋,而后有一辆中巴车朝隧道驶去。不久车辆返回,人员又聚集到了应急指挥车上,不时有人出来布置任务。

15:40左右,两位身穿火灾勘验制服的工作人员走向隧道内。

不远处,两辆黑白牌照的领事馆车辆停靠在路边,车牌号"鲁B"显示来自大韩民国驻青岛总领事馆。

没多久,另一辆车牌号"鲁B0001领"的黑色现代轿车赶到。

16:30左右,一位面色慌张的年轻男人朝隧道口走来。在我面

现场作战指挥部车辆

前,他停住了脚步,问我现在隧道里是什么情况。我如实回答,他睁大了眼睛,再度向我确认是否所有孩子都遇难。答案很清楚,这个朝鲜族的男人埋下了头,我伸出手放在他的肩膀上以示安慰。

这位遇难孩童的叔叔之前误去了隧道的另一个出口,也一直没敢给哥哥嫂子打电话,他不知道该如何张口。

事发地:陶家夼隧道(2)

18:50左右,我们从校门口乘车前往隧道,此时阴雨刚刚停歇,天边出现晚霞。

我们请司机师傅打听下有没有朋友早上路过,好给我们提供点消息。他拿着对讲机吆喝了几声,没有回应。然后他告诉我们,威海市区的晚高峰一般在17点到18点30,因为上午事故导致的交通管制,现在19点多还在堵车。不过,我们到市区的一段行程倒是通畅。

当我们往西行驶到青岛路时,一条堵塞的车流从南到北延伸过来。我们的目的地——环山路陶家夼隧道就在前方。不过,从北往南的右侧车道十分通畅。市区已经灯火通明。

事发地环山路陶家夼隧道在市区东南部山腰上,西北—东南走向,是本市经区通往高区的交通要道。司机师傅把车开到山下一处建筑工地,表示只能开到这里。他指着山上路灯绵延的地方说,那儿就是环山路。

我们在附近小卖部老板的指引下,徒步爬上环山路,这里离北面的隧道口还有约500米。道路不是很陡,三面环山,已经没有来往车辆。一辆消防车从北往南开去,在隧道口停下。那里已经停有一辆警车,隧道口被绳索拦住。

消防车下有五个消防员和一个交警。我们到洞口约百米时,交警将我们拦下。问他发生了什么,只说现在不让通过,何时解封不清楚,他说自己从早上就在这里,等待上级命令。五位消防员坐在车尾,没有说话。

陶家夼隧道口的消防车

气温下降得很快，路右侧的铁护栏上已经全是水珠，我们的摄像机也湿了。

这时东南方飞来一架无人机，闪着红灯，在空中盘旋了两个来回，又飞回去了。

一位身着黑色运动服的中年男子往隧道方向走去，不久也被拦了回来。我向他打招呼，他说自己是一家服装店老板，晚上过来爬山。

这位不愿透露姓名的先生告诉我们，早上发生事故时附近有很多居民赶来围观，他想拍照却被自己父亲制止。事发时，他的朋友正好在起火车辆前方，录下了约十几秒的视频。我们在请求获取视频时被婉拒。不过，他还是向我们展示了这段视频。画面显示，一辆巴士在隧道内燃起大火。

接着他说，这一带经常起火，以前就有森林火灾燃烧到隧道口，导致交通管制。在那以前经常有些学生来山里野营、烧烤。最近几年严禁火种，才不见有人露宿。这时我们注意到，环山路旁的绿化带里随处可见烟头。

和这位先生聊了近20分钟后，我们回到隧道口。刚才和交警搭讪的地方已经无法进入，隧道口100米处设立了新的路障，一辆警车横停在马路上，两名警察在把守。

离开环山路时，另一对在附近居住的夫妇告诉我们，环山路旁的统一南路自早上车祸发生后就出现了罕见的大拥堵，"从9点堵到晚上7点,全是车"。

伤者救治地:威海市立医院

  5月9日晚19点左右,我们在校门口拦车赶往接收伤者的威海市立医院,此时距离校车失火已10个小时。

  到达医院后我们首先奔向四楼手术室。手术室外的电子屏上闪动着信息,其中一条是烧伤整形科于娜在复苏室。我们不确认她是否就是那名重伤教师。

  这时一名保安向我们直接走来,询问来历。从后方又过来两位保安,示意我们离开,并一路跟随我们,直到我们退出医院大门。

  随后我们在医院侧面找到了急诊室大门。这次我们直接走向五楼的烧伤科。

  五楼大厅十分安静,一个人也没有,只开了一盏灯。过道中放着一张病床,旁边坐着一位憔悴的妇女。她衣着朴素,一头齐耳短发,体型微胖,双手放在并拢的双腿上,看起来十分局促紧张,表情透露着痛苦、焦急、无奈、慌张。她的对面便是烧伤科重症监护室,我们猜测她可能是于娜的妈妈。

  "阿姨我们给您准备了一张床,你过会儿去那休息。"护士对她说道。我们试探性地往前走,刚走几步到护士台处,从里面的通道就走出两名保安,问我们是谁、来找谁,并要我们交出身份证。他肩上的对讲机不停响起,我们听到"两个学生走了上去"这样的字眼。

  这时整条走廊突然变得嘈杂起来,护士试探性地问我们,"你们是来找早上的那个病人吗?就微信上的那个病人?你们回去吧,不让见的"。

  在我们寻找下楼的地方时,碰巧进入四楼大厅,一堆人拥挤、搀扶着,在大厅左侧等待电梯。混乱中掺杂着哭声,哭声最大的是一名蓝衣年轻女子,旁边还有一位老太太被人们搀扶着。我们走过去想问她们在谈论什么,一名中年妇女告诉我们:"听不太清,就只能听清那个年龄大的女人说什么'老天怎么这么不开眼啊,我们做了什么伤天害理的事啊!'"另一位戴眼镜的年轻姑娘说:"那已经不是哭了,那根本就已经哭不出来了,站都站不住了,一看就是快要崩溃了。"不一会儿,三名年轻女子从楼梯上了五楼,其中就有那位蓝衣女子,她眼眶通红,黑色的眼线都花了。四楼的大厅寂静起来。

离开医院时我们留意到身旁一棵树下的泥土里插着五炷香,于是来到医院对面的寿衣店打听。老板娘说,今天有几个人来买纸钱,那些人还提到了事故中逝去的那些孩子,他们可能不是本地人,因为他们虽说中国话,却掺杂着韩国口音,买的时候还在念叨"可怜孩子了"。

家属安置地:长威大酒店

5月9日晚20:15分,长威大酒店灯火通明,门口十余辆大巴排列在道路一侧,几位警察在交叉路口指挥交通。

大厅内人头攒动,嘈杂的多国语言充斥着酒店大堂。前台、走廊、卫生间、沙发、台阶坐满了人,家属们弯腰点头示意。一对高个子黑人夫妇格外显眼。

前台不停有电话声传来,一位中年妇女反映房间钥匙被人拿走。临时安置的桌子上摆着十八岭牌矿泉水及韩国饮料,酒店服务员往桌旁的暖瓶中不时添加热水。

电梯口的按钮不停更换着数字,以5、6楼居多,不断有哭声从里面传来。数名保洁人员聚集在三楼会议室对面卫生间门前,焦急地等待如厕人员出来,她们强调着力打扫男厕。酒店女服务员神情疲倦,与人通话时抱怨道:"今天一下午屁股没粘椅子。"

厅内大部分家属神情肃穆,团坐着小声交谈。其中一位家属双手合十,紧闭红肿的双眼嘴里念叨着什么,似乎在祷告。几人手指名单,红着脸争论,眼睛里充满愤怒。一位身穿中学校服的女生泪水浸湿眼眶,蹲下身子握着身边老人的手不停抚拭。两名黑衣男子眼神坚定地互拍肩膀,强忍着眼泪。一位女士坐在桌旁轻声道:"孩子那么小,哪会失踪呢……前前后后车里面……"

这期间不停有人被叫入某个房间——屋内在确认死难者信息。

手执名单匆忙穿梭在酒店内外的蓝色耐克短袖男子用中韩双语

与人交涉,在安置完多位亲属上楼休息后,他走下酒店门前台阶,倚在柱子上失声痛哭,用于掩面的名单被折成方形。

风扬起的窗帘里面,遇难者家属正在等待DNA鉴定结果。

三、危险情景处置

调查负面事件遭遇围追堵截时,保证记者的人身安全是头等大事。记者应该灵活应对,不要慌乱。本书作者早年做记者时,曾遭遇过一次围堵,说来与读者分享一下。

当时,河北省滦南县一位村民向报社反映,他所在村庄村支书新扩建工厂的4亩多地没有土地使用证,属于非法占用集体耕地。提供线索的村民还说,村支书动用了挖掘机和翻斗车,从村南侧好地挖土,去垫他的工厂。这位村民认为村支书领头破坏耕地,将27亩良田变成了大坑。

为了了解事实真相,我前往该村采访调查。本着先易后难、层层聚拢的原则,我决定先采访爆料人、村支书的对立面,再去现场观察,然后采访这位村支书及土地管理部门。

采访中我了解到这个村子派系斗争比较严重,爆料人也提醒我得小心点,"他手下可是养着不少打手"。

只是最令我担心的事情还是发生了。

我刚从一户村民家出来,从西边迎面开来一辆农用三轮车,挡住了我的去路。

这辆农用三轮车我认识。我去那个所谓的27亩大坑现场拍照时,这辆农用三轮车恰恰开进去,车上的一男一女就在那里挖土。

现在这辆车挡住了我的去路,车上除了那一男一女外,还多了一个男子。如果打架的话,我肯定会输得很惨,就连那位妇女我都难以对付;如果逃跑的话,我感觉自己胜算的把握也不大。

"你是干什么的,凭什么给我照相?侵犯了我的隐私权!"那个男子大吵大闹,他甚至还利索地脱下了棉袄,对陪我采访的那个农民推推搡搡。

我迅速出示了工作证件,希望对方不要阻挠正常采访活动。对方看了看我的工作证,给没收了。他又开始让我交出胶卷来,我说我没有胶卷。他说明明看你照相了,不信没有胶卷。

其实我没有骗他,虽然那个时候胶片照相机还算盛行,但我用的却是数码相机,真的没有胶卷。

想到记者挨打的事情时有发生,我觉得这个时候就别太强硬了,否则吃亏的肯定是我。我看另外一个男子还比较温和,便把他搂在一旁,说不就是为了村支书的事情吗,咱们可以好好商量一下。

只是有些遗憾的是,我竟然把那位村支书的姓给说错了。幸亏对方没有过多计较,看来我向他表示友好是正确的。我想让他成为一个缓冲地带,这样可以减少我跟那两位看起来很火爆的人接触,有利于缓和紧张气氛。

正在僵持不下的时候,从西边又开来一辆面包车,把路口堵得更严实了。

车门打开,跳下几个小伙子。

我想,这三个人我已经很难对付了,还要来人?

小伙子们很壮,穿着宽大的蓝色棉服。我好好看了看,原来是警察叔叔!

我的心里一下子轻松了,说话的语气也明显强硬了。不管怎么说,在这种情况下,人民警察还是要保护人民记者的。我说到你们这里来采访,这位村民居然还没收我的工作证,发生这样的事情太遗憾了!

这个时候,东边的两个胡同里出来了几个人,其中就有该村村支书和治保主任。

幸亏当时我没有往后跑。我根本就跑不出去,他们早把我给围起来了。

警察把我们拉到了派出所,在派出所里我采访了那位村支书。

回到报社后我写了一篇稿件《村支书占用集体耕地建工厂,引来村民不满》,编辑安排稿件时把它修改成了一篇消息,题目变成《滦南一村支书非法占用耕地,大胆毁田》。这个标题里用了"非法""大胆"等要命的副词和"毁田"这样高强度的动词,这个题目就变得太刺激了,这样的处理降低了原新闻的客观性。

村支书一方很快派人来到报社投诉我,而且带来了村里的公章,说你们记者去管村里的事情好了。

总编辑决定另外派两位记者同我一起去调查,同时派了一位司机开车送我们去村里。

我们开玩笑说,到了村口请司机把车调过头来,车门也要打开,方便我们逃跑。司机问:如果有位记者落下了,怎么办?我们都说那就不管他了,你只管加油门快跑就行了!

只是这次没那么危险,虽然电话里村支书说要会会大家,可是这次他一直没露面,也没有其他人来威胁我们。提供线索者说,村支书被告上法庭,正忙着打官司呢。

四、深度报道实战

对自己感兴趣的社会问题或事件进行深入的调查研究,撰写调查性报道或解释性报道。应该采用讲故事的方式推进报道,提升报道的可读性。要格外注重稿件的深刻性。

由于本书篇幅所限,以下推荐一些深度报道范文,供读者参阅。

王瑞锋、李倩:《刺死辱母者》,《南方周末》2017年3月23日。

杨迪、刘子倩、高敏、甄宏戈:《那些被北京赶出去的孩子:坐在北京门槛上读书》,《中国新闻周刊》2015年12月17日。

腾讯报道组:《生在美国》,腾讯新闻,2015年11月12日。

张国:《牺牲》,《中国青年报》2015年8月22日。

于冬:《朝鲜逃兵掠过的中国村庄》,《南方周末》2015年1月15日。

钱杨:《卢建平:死刑复核 灵魂折磨》,《人物》2015年1月。

龙志:《安元鼎北京截访"黑监狱"调查》,《南方都市报》2010年9月24日。

鲍小东:《"制造"弃婴》,《南方都市报》2009年7月1日。

陈峰、王雷:《被收容者孙志刚之死》,《南方都市报》2003年4月25日。

王克勤:《揭开北京出租车业垄断的七大黑幕》,《中国经济时报》2002年12月6日。

第十四章　广播电视报道

第一节　理论精要

一、广电采访的特征

（一）现场与时间的约束

与单纯的文字报道相比,广播电视新闻采访具有非常强的现场约束性,它要求记者的采访应该在事发现场完成。

离开了新闻发生的现场,广播电视报道所需要的特定音响和画面就无法采录,后期的新闻报道效果就要大打折扣。

与文字报道相比,广播电视对时间的要求更高。它要求记者在更短的时间内到达事发现场,记录和传播新闻事实的原始音响与画面。

（二）技术设备的依赖

广播电视报道自然更生动形象,但它们对技术、设备的依赖也最强,音频、视频的采集离开录音、摄像等技术设备是无法完成的。没有媒介技术设备的支撑,再好的声音、再精彩的画面都无法采集、无法传播。

（三）团体协作性

文字报道通常可以由一个记者完成,广播电视采访尤其是电视采访却常常需要借助团体的力量,需要多名新闻工作者的协作配合,共同完成。

广播电视采访与报道中需要安排的人员包括记者、主持人、摄像师、灯光师、录音师、制片人等。

虽然有的广播报道也可以主要由一名记者完成,但大型的广播新闻报道还是需要更多新闻工种的配合,需要团体的协作才能完成新闻采访与报道。电视新闻采访的团体协作性更加明显,即便是最普通的新闻采访通常也至少需要记者和摄像师合作才能完成。

二、广电采访的准备

(一) 机器设备的准备

广播电视采访使用的机器设备比较多,采访前应该检查设备是否能够正常工作,做好机器设备的准备。

(二) 音视频素材搜集

搜集与本期报道主题相关的,以前的音频、视频素材,作为背景材料备用。

(三) 考虑镜头效果

思考提问与回答的镜头效果,设计提问方式,满足镜头效果优化的需求。

(四) 预先采访

在正式采访之前预先到现场,查看场地,走访相关人士,确定最佳采访时机,寻找报道和摄录角度,进行必要的前期调研和采访。

(五) 选择访问对象

选择普通话好的访问对象,让更多的听众容易听得懂。但是,核心新闻人物的采访则不能顾忌方言问题,即使核心新闻人物的方言很重,也要采访他(她)。

三、音频的采集

(一) 搞清楚麦克风类型

录音的前提是搞清楚麦克风的不同类型,要熟悉所用麦克风对拾取什么距离范围内的声音有效,把麦克风放在一个恰当的位置:放在嘴边还是更远一些的距离,是在室内使用还是可以在室外使用。

(二) 戴上耳机

音频采集的时候要戴着耳机,随时监控录音的质量。录音的时候要多用眼神、微笑、点头和其他表情给予回应,而不要回应过多的"嗯""啊""是"等短促的声音,拿麦克风的手指不要摩擦出声响,要让音频素材显得干净利落。

（三）控制好距离

"采访录音过程中无须不断地让拿着麦克风的手臂移来移去,必须缩短与采访对象之间的距离。椅子以 L 形摆放,这样,当你坐下时,你们的膝盖几乎要碰到一起了。除了站着采访,这是采用手持麦克风进行采访最有效的安排方式。"①手持麦克风采访时两个人的距离很近,这种亲密距离可能会让被采访者不适,而话筒伸到了被采访者嘴边,更会让被采访者感觉受到了冒犯。这个时候不妨向对方做一个解释,简单讲一下录音的工作原理与要求,让对方明白,一切都是为了获得更好的音质。

（四）避免噪声

不要对着麦克风吹气,不要让录音产生刺耳的声音,不要让被访者抢去记者的话筒,失去了采访控制权。

把话筒在衣服上固定好,避免摩擦声、撞击声。

话筒不要来回摆动,录音对象也不要来回摇晃身体。"有时说话人摇晃身体也会使声音发生变化,在采访中要告诉对方尽量保持身体的稳定。"②

（五）迅速检查录音

采访结束后要迅速检查录音,如果发现有问题,可以与被访者沟通解释,重新提问,重新录音。这个所谓的技巧适合仅仅补录几段更高质量的音频,它通常花费不了太长的时间。不要指望用它来代替你的采访全程记录,其中的道理是显而易见的。

（六）结束后重问技巧

如果采访结束后你对录音并不满意,可以先关上录音笔,与采访对象做一个沟通,请对方就几个问题重新回答一下。被访者第二次回答问题,语言会更加紧凑,条理性更强,记者能够得到更好的音频素材。

---

① 〔英〕安德鲁·博伊德、彼得·斯图尔特、瑞·亚历山大:《广播电视新闻报道》,嵇美云译,北京:清华大学出版社 2012 年版,第 186 页。

② 周小普主编:《广播电视概论》,北京:中国人民大学出版社 2014 年版,第 158 页。

四、视频的采集

视频采集要有蒙太奇思维,在拍摄之初就要设想画面剪辑效果,计划好拍摄什么样的画面,每个画面拍摄的时长。视频采集具有声画一体的特征,在采集图像的同时还要兼顾对音频的采集。

(一)多用固定镜头

摄像有推、拉、摇、移、跟等镜头运动手法,这些运动镜头配合固定镜头摄取画面,带来镜头表达的变化。不过,新闻拍摄还是应该多用固定镜头。

从影像质量的角度来讲,固定镜头摄取的画面更加清晰稳定,如果没有足够的把握,还是应该慎重使用其他运动镜头。尤其在光线不足、大焦距镜头、操作不稳等情况下,推、拉、摇、移、跟等运动镜头就很容易让所摄画面虚化,给观众以眩晕感。

从镜头画面的表达效率角度来讲,多使用固定镜头能够加快新闻表达的节奏,提高镜头语言表达的效率,在相同的时间内传达更多的新闻信息。

(二)横幅拍摄

视频与照片虽然都是对画面的拍摄,但照片的拍摄可以采用横幅与竖幅形式,而视频拍摄通常却只能采用横幅形式,因为竖幅拍摄的视频在电视屏幕上是躺倒的,人们又不可能像欣赏照片那样轻松地把电视屏幕正过来。

不过,到了移动互联网时代,一些用户用手机拍摄视频时仍然习惯竖拍,这样的视频在手机屏幕上显示并无大碍,只是如果这些视频通过计算机屏幕观看就会暴露出影像躺倒的缺陷。所以,为了保证在多个屏幕上的通用性,即便到了移动互联网时代,用手机拍摄视频最好还是采用横幅形式。

(三)采集设备多样化

视频采集设备已经多样化,包括专业摄像机、DV、手机、平板电脑、笔记本、摄像头等。

专业摄像机是电视台等专业影像机构采集视频的重要设备,能够获得高质量的影像。DV即普通数码摄像机,便于携带,便于操作,早已成为普通家庭用户及业余爱好者的首选。专业摄像机价位较高,甚至高达几十万元,而DV只需几千元,采集到的图像质量也比较高,所以受到人们的欢迎。

具有摄像功能的平板电脑、手机更是方便了用户随时采录影像,极大地提升了用户生产影像产品的能力。

手机在采集视频方面的便捷性尤其值得称道,"手机的简便性和便携性促进了动态描述类文本的普及和推广"①,手机配上自拍神器甚至成了2015年全国两会报道的靓丽风景。

笔记本通常都带有摄像头,也可以采录一些影像资料。遍布大街小巷的摄像头更是成为忠诚的无休止摄像师,采录的一些影像也能成为新闻报道的资料来源。

五、为听而写

(一)双音节词还是单音节词

汉语中一个汉字就是一个音节,单音节词音感低,读起来不上口。双音节词说的时候舒缓、匀称,听起来也舒服,广播新闻里应该多用双音节词。但有的时候为了口语化的需要,广播新闻里也经常把双音节词改为单音节词。

(二)多用口型大的字词

口型小的字词,声音往往不是太响亮。口型大的字词,声波振幅大,发音则要响亮得多。多用口型大的字词,播发出去的声音响亮清晰,掷地有声,听起来也令人振奋。

(三)将书面语改成口语

口语符合广播电视新闻的媒体特征要求,记者在撰写广播电视新闻的时候应该注意将书面语改成口语,方便受众收听。

(四)避免同音误听

汉语里有很多同音异义字,受众在听新闻的时候不像看报纸那样可以看到文字,有时就会由于同音误听产生困惑。

---

① 余效诚:《数字读物论:论公众学习效率反馈模式的变革》,北京:中国社会科学出版社2013年版,第63页。

（五）谨慎使用简称

听众不理解或容易产生误解的简称,会严重影响他们对新闻的收受。广播电视新闻里尤其需要慎用简称。

（六）读出声来

广播电视新闻是写给耳朵听的,在撰写完稿件之后,你应该试着大声朗读出来,听一听是不是顺耳。还可以念给自己周围的人听一听,看看他们的反应,请他们给你提提意见。

六、简化报道

（一）篇幅要简短

广播电视消息一般不超过1分钟(200字左右),通讯多控制在5分钟(1000字)以内。

（二）使用简单句式

简单句式即"主语—谓语—宾语"句式,使用简单句式撰写的句子最容易被理解。

（三）不要用倒装句

现代汉语中常见的倒装句有:主语和谓语倒置,定语、状语和中心语倒置。倒装句打破了语句的正常顺序,听众稍不留神漏听了某个成分就容易产生混淆。

（四）减少代词的使用

广播电视新闻中如果代词使用多了,往往会给听众造成混乱,让他们搞不清楚代词到底指的是什么。代词"他""她""它"发音一样,在广播电视新闻里听众有时候并不好辨别这些代词的具体指代对象。

（五）简化数字

在广播电视新闻稿中,阿拉伯数字一般要改写成汉字形式,和读音一致起来。广播电视新闻中尤其应该将一个复杂的数字简化为一个近似数,数字零头用"多""不到""大约""以上"等词语来表示。

七、写作的技术

（一）导语的写作

用简练的语言撰写一个导语——集中展示核心新闻信息，避免过多的细节——让收受者在第一次听到报道时就能迅速理解新闻。

（二）使用时间顺序结构

广播电视新闻语言本身具有线性特点——随着时间的推移不断推进报道进程，在撰写广播电视新闻的时候一般也都采用线性叙事结构，按照时间顺序一个环节一个环节地讲述新闻故事。

（三）怎样写引语

（1）先介绍消息来源的身份。

（2）消息来源放在引语前面。

（3）将长引语做短。

（四）必要的重复

重复是广播电视的一个原则或技巧。重复方便了那些中途收听广播收看电视的人，让他们得以尽快跟上报道的步伐，重复也可以加深听众对新闻内容的理解和记忆。

陌生的名字、消息来源要多次重复。

重点内容、核心要点要适当重复。

（五）与音响、画面融合起来

除了纯口播新闻以外（无音响无其他画面），广播电视新闻中应当注意多使用音响和画面。将记者的描述、解说与音响、画面有机结合起来，使之浑然一体，充分发挥广播电视新闻的技术优势，增强传播效果。

第二节 实践训练

一、录音剪辑讨论

美国国家公共广播电台的霍华德·贝尔克斯采访了一位男子，这位男子结巴得厉害。采访的内容并不是有关口吃的，霍华德问这位男子："如果我剪辑一下这卷录音,让你听起来不结巴,你觉得如何?"这位男子非常高兴地同意了,录音被剪辑了。①

请问,你觉得记者的做法是欺骗了听众,还是照顾了听众的感受?你赞同记者的这种做法吗?

二、语句修改

修改下列语句,使其符合广播电视新闻报道的要求。

(1)"种着20亩地,16亩莜麦、4亩山药,养着8只羊、两头猪,"喜顺沟村民王秀兰说,"收成还可以,一家收入六千五百块钱"。

(2)"公司赔钱了,我确实疼得慌,但我们觉着,这钱赔得值,赔得心安。"国欣农研会董事长卢国欣说。

(3)25岁的宋晓明因为500块钱工资捅死了梁建红唯一的儿子,但大义母亲梁建红却泯仇为爱,在法庭上为凶手求情。梁建红还送给宋晓明一本《弟子规》,希望他好好改造,善待他人。这些天,每晚睡觉前,他总要从枕头底下掏出她送给他的那本《弟子规》,读上几页。

三、撰写广播稿

认真阅读并合理安排、运用下列材料,以承德人民广播电台记者名义撰写广播新闻稿,注意音响录音的使用。

核心事件:

面对贫困落后的状况,青石垛村村班子多方探讨后认为,经济要发展,就要更新观念,发挥自身优势。现在,他们抓住了国家实施农村电网改造和通信设施建设的契机,把骡子运输队重新组建起来,走出了一条有自己特色的致富之路。

相关事件:

(1)昨天,国家投资24个亿的重点建设项目——承德136电网建设工程承包方北辰电力公司负责人,与青石垛村签订了300万元往高山上运输砂石料的

---

① 这一事例来自罗伊·彼得·克拉克:《事实与虚构的界线》,见马克·克雷默、温迪·考尔主编:《哈佛非虚构写作课:怎样讲好一个故事》,王宇光等译,北京:中国文史出版社2015年版,第216页。

合同。

(2) 现在,付营子乡的三成店、凡西营两个村的村民自发购进上百头骡子,申请加入这支骡子运输队伍。

(3) 今天,天刚蒙蒙亮,小山村就传出了咔嗒咔嗒的骡子走路的声音。村里人知道,他们村的骡子运输队又出发了。

进展情况:

随着电力、通讯、公路等需要高山运输的基础设施建设的飞速发展,青石垛村运输队的骡子也由最初的十几头发展到现在的 350 多头,而且名声越来越响。山东、山西、湖南、湖北、贵州等地都有与他们的合作关系,大家抢着接送这支骡子运输队。近几年,光骡子运输一项每年就能驮回 300 多万元。现在,这个村人均收入已达 4000 多元。村支书张玉金告诉记者,骡子运输队驮出的是希望,带回的是信息。

背景材料:

河北省承德市滦平县付营子乡青石垛村从清朝起就有骡子运输队,但那时是为了驮粮食、运柴火。

青石垛村有 407 户人家,1400 多口人,这些人家分布在 20 多公里长的两条山沟里。山多地少、十年九旱的自然条件和保守落后像两条无形的绳索,牢牢捆住了农民的手脚,到 1995 年,这里的人均收入还不足 300 元。

录音材料:

(1) 鸡叫声。

(2) 骡子走路声。

(3) 农民刘淑珍录音:"原先我们这个村可穷了,光棍汉就 50 多人。"

(4) 农民宋玉文录音:"吃粮靠返销,还有 20 多户搬到了山外。"

(5) 村民王兴录音:"以前是没什么钱,我们这村支书张玉金扶助点无息贷款,后来我还上了。我家现在骡子发展到 5 头,一头骡子一年收入 1 万左右吧。"

(6) 村支书张玉金录音:"我们的农民头脑也活了,眼界也宽了。山东的大蒜、贵州的药材、云南的花卉都在我们这山沟里落了户。"

(7) 村支书张玉金录音:"高山上架电线,山尖上架手机塔,没有道,就一尺来宽那小蚰蜒道。运砂石料、水泥,这些汽车上不去,人扛,得花费很大力气,也是扛不了多少,只好用骡子给驮。"

(8)北辰电力公司负责人宋玉清录音:"它属于小运这部分,必须得使用它。他们不支持我们,我们就干不了。"

四、广播电视新闻实战

以广播或电视为平台,完成下列新闻实战任务:
(1)专访、直播、广播电视新闻编辑与播报;
(2)广播电视跟踪报道或连续报道;
(3)重大活动报道。

第三节 操作参考

一、录音剪辑讨论

这是一个两难问题,见仁见智。读者可以各抒己见,展开充分的讨论和思考。从保守的角度考虑,采访结巴的男子,而内容又无关语言障碍时,可以采用转述的形式报道相关内容。

二、语句修改

(1)喜顺沟村民王秀兰说:"种着 20 亩地,16 亩莜麦、4 亩山药,养着 8 只羊、两头猪,收成还可以,一家收入六千五百块钱。"

(2)国欣农研会董事长卢国欣说:"公司赔钱了,我确实疼得慌,但我们觉着,这钱赔得值,赔得心安。"

(3)25 岁的宋晓明因为 500 块钱工资捅死了梁建红唯一的儿子,但大义母亲梁建红却泯仇为爱,在法庭上为凶手求情。梁建红还送给宋晓明一本《弟子规》,希望他好好改造,善待他人。这些天,每晚睡觉前,宋晓明总要从枕头底下掏出梁建红送给他的那本《弟子规》,读上几页。

三、撰写广播稿

下文是承德人民广播电台记者采写的广播新闻报道,2007 年获得中国新闻奖三等奖。读者在做完练习后,可以将自己撰写的广播新闻报道与这篇例文加以对比,寻找差距,多加揣摩、玩味。

驮背上的希望
汪贵　赵启林　王剑辉

　　昨天,国家投资24个亿的重点建设项目——承德136电网建设工程承包方北辰电力公司负责人,与青石垛村签订了300万元往高山上运输砂石料的合同。

　　今天,(鸡叫声压混)天刚蒙蒙亮,(骡子走路声渐起)小山村就传出了咔嗒咔嗒的骡子走路的声音。村里人知道,他们村的骡子运输队又出发了。

　　(出录音)

　　(农民刘淑珍)"原先我们这个村可穷了,光棍汉就50多人。"

　　(农民宋玉文)"吃粮靠返销,还有20多户搬到了山外。"

　　(录音止)

　　青石垛村有407户人家,1400多口人,分布在20多公里长的两条山沟里。山多地少、十年九旱的自然条件和保守落后像两条无形的绳索,牢牢捆住了农民的手脚。到1995年,这里的人均收入还不足300元。

　　面对贫困落后的状况,村班子多方探讨后认为,经济要发展,就要更新观念,发挥自身优势。

　　据了解,这个村从清朝起就有骡子运输队,但那时是为了驮粮食、运柴火。现在,他们抓住了国家实施农村电网改造和通信设施建设的契机,把骡子运输队重新组建起来,走出了一条有自己特色的致富之路。

　　村支书张玉金:

　　(出录音)

　　"高山上架电线,山尖上架手机塔,没有道,就一尺来宽那小蛐蜒道。运砂石料、水泥,这些汽车上不去,人扛,得花费很大力气,也是扛不了多少,只好用骡子给驮。"

（录音止）

北辰电力公司负责人宋玉清：

（出录音）

"它属于小运这部分，必须得使用它。他们不支持我们，我们就干不了。"

（录音止）

随着电力、通讯、公路等需要高山运输的基础设施建设的飞速发展，青石垛村运输队的骡子也由最初的十几头发展到现在的350多头，而且名声越来越响。山东、山西、湖南、湖北、贵州等地都有与他们的合作关系，大家抢着接送这支骡子运输队。近几年，光骡子运输一项每年就能驮回300多万元。现在，这个村人均收入已达4000多元。村民王兴：

（出录音）

"以前是没什么钱，我们这村支书张玉金扶助点无息贷款，后来我还上了。我家现在骡子发展到5头，一头骡子一年收入1万左右吧。"

（录音止）

村支书张玉金还告诉记者，骡子运输队驮出的是希望，带回的是信息。

（出录音）

"我们的农民头脑也活了，眼界也宽了。山东的大蒜、贵州的药材、云南的花卉都在我们这山沟里落了户。"

（录音止）

现在，付营子乡的三成店、凡西营两个村的村民自发购进上百头骡子，申请加入这支骡子运输队伍。[1]

---

[1] 参见段录沛等主编：《河北新闻佳作选》，石家庄：河北人民出版社2011年版，第69—70页，本书在采用时稍微做了编辑、修改。

第十五章　融合新闻报道

第一节　理论精要

一、融合新闻及其特征

（一）融合新闻的界定

融合新闻是运用融合思维与方法采集、呈现事实信息的互联网新闻样式，它建立在媒介融合技术发展的基础上，综合而又灵活地运用文字、图片、音频、视频等多种媒介元素来报道新闻，注重互动设置、关键词、超链接的运用，强调提升新闻服务品质、用户体验和呈现效果。

融合新闻并不是刻板地追求媒介元素运用得多，而是同时意味着应该选用适宜的媒介元素进行报道。狭义上的融合新闻是多媒体化的新闻，广义上的融合新闻则同时包含着细分新闻的运用和传播，它是分与合的统一体。

（二）融合新闻的特征

1. 多媒体化呈现新闻信息

从最明显的特征来看，融合新闻是多媒体化的新闻，融合新闻是充分而又灵活地运用多媒介元素加以报道的新闻。

2. 媒介元素运用具有交融性

交融性是指用于呈现融合新闻的媒介元素或媒介技术有机融合在一起，而非是简单地堆砌在一起。换言之，融合新闻发生的是媒介元素或媒介技术运用的化学变化，而不是物理变化。

3. 注重互动、服务和用户体验

融合新闻重视用户互动过程中的信息增值，强调用户对内容的创造。

新闻的运作需要提升服务意识，一切都要围绕用户的需求和体验出发。

重视用户体验是指将为用户服务放在首位，而不是将与竞争对手的抗衡放在首位。融合新闻必须注重提升新闻服务品质，高度重视用户体验问题，不断改进和优化新闻信息的呈现。

二、网络新闻写作

（一）写好融合新闻报道的标题

融合新闻标题的制作非常关键，它在很大程度上决定了网民是否会阅读这条新闻。另外，好的标题更容易清晰地显现在搜索引擎上，更容易被网民检索阅读。

（1）标题结构通常应该简单些。可以考虑多采用一行式标题，少采用复合式标题，不采用完全式标题。

（2）用尽可能少的字描述新闻的核心内容。

（3）把最吸引网民的内容呈现在新闻标题中，把最具新闻价值的内容呈放在标题中。

（4）务必清晰准确地描述新闻事实，突出新闻中最为重要的新闻因素。

（5）通讯标题消息化。通讯标题多是静态标题，信息确定性差，信息含量小。而消息标题更强调变动性，信息更加明确具体，也更容易引起网民的注意。将那些静态的通讯标题做消息化处理，使其动起来，可以提高新闻点击率。

（6）标题语言要朴实。不要矫揉造作地做新闻标题，因为这样的标题容易让读者反感，也不利于传播效率的提高。

（二）不要生硬割裂文章

受到教条理论影响的网站工作人员喜欢生硬割裂文章，他们把一篇长的新闻报道截成更多的页面，有时甚至截成了9个以上的页面，这反而给阅读带来了不便。本来就是同一篇文章，放在一个页面反而更容易浏览和阅读，你非得为了遵守所谓"网络新闻篇幅要短"的教条，把它拆成更多的页面，给网民完整阅读新闻带来了困难。网民看完一页，他要额外点一个链接，然后这个新的页面就弹出来了，他要等一小会，等全部显示之后，再继续阅读，然后他再点下一个页面的链接，依次类推。这叫为了短而短，网民往往没有那么大的耐心，他可能点到第三个页面的时候就放弃阅读了。

（三）让新闻便于扫描

网民阅读新闻主要是扫描式阅读，突出重要的新闻要素，让融合新闻便于扫描显得格外重要。

（1）突出关键词语，以引起网民注意。

（2）一个段落描述一个主要的内容，不要试图在一个段落里讲述太多的意思。

（3）为篇幅较长的网络新闻写一个简短的概要。

（4）为篇幅较长的新闻列一个目录，可以为这个目录做链接，读者对哪块内容感兴趣就可以点击哪个链接。

（5）简洁、准确、清晰地表述新闻事实。

（6）越是重要的新闻要素越要置于新闻的前端。

（7）要想方设法让读者感到你提供的信息对他们有用。

（8）不要使用斜体字。斜体字在屏幕上辨认难度较大，网络新闻使用斜体字是不明智的。可以使用下划线、加粗等方式代替斜体字，使相关文字凸显出来。

三、关键词、超链接与互动

（一）关键词的使用

关键词的运用通常被看作搜索引擎优化（SEO,Search Engine Optimization）过程中至关重要的环节，作为互联网产品形式的融合新闻也应该加强关键词的研究及运用。

1. 适度运用，掌握分寸

不要不加控制地滥用关键词，滥用关键词也有可能导致搜索引擎的惩罚。搜索引擎的优化应当不露声色，自然得体。不要生硬地使用关键词，不要因为使用关键词而破坏掉文章的顺畅感和可读性，使写作变得僵化、别扭。

2. 反对"伪原创"

一些网站采用"伪原创"的方法，将一篇文章改头换面，加进去关键词，把这样的文章当成是自己网站的原创稿件，以求蒙骗搜索引擎给予好的排名。"伪原创"的做法不值得提倡，这种投机取巧的做法终究不是长久之计，况且"伪原创"在本质上属于抄袭、剽窃，是一种欺骗用户的行为，依靠"伪原创"从事互联网新闻传播工作,归根结底是没有发展前途的。

(二)超链接与分层报道

传统媒体都是以线性结构来传达信息,网络媒体则打破了新闻文本的线性结构。利用超链接技术,网络新闻可以采用分层报道的方式,立体地展现新闻信息。

把最关键的新闻信息放在第一个层次里,更为详细的相关信息放在第二个层次里。第一层次里设置超链接,让读者自己决定是否进入下一个层次阅读更加详细的信息。链接的内容一般包括:

各种新闻要素的详细描述;

相关的统计数据及表格;

论据说明及其解释;

直接的背景资料;

其他更加广泛的参考资料;

对专业术语、机构缩写的解释与描述。

(三)互动:制作成为"可参与文本"

网络媒体的一个最为突出的优势是它的互动性,没有哪一个传统媒体具有网络媒体这样方便的互动功能优势。网民在收受新闻的时候喜欢随时发表自己的观点和看法,融合新闻应该制作成为"可参与文本",让网民更加快捷方便地参与内容生产。

四、职业主体配备

(一)背包记者

1. 什么是背包记者

背包记者又被称为超级记者、全能型记者,记者个人全面掌握文字、图片、音频、视频采集与呈现技能。采访报道过程中一个独立的记者个体能够身兼文字记者、摄影记者、摄像记者、广播记者等数种角色,熟悉多种媒介采编设备与编辑软件,后期胜任文字编辑、图表编辑、音视频编辑工作,能够快速加工相关材料,及时发回融合新闻报道及相关素材。

2. 工作价值的突出表现

背包记者在记者主导型融合新闻报道中占据核心位置,发挥主导作用,其工作价值突出地表现在以下几个方面：

减少沟通协调成本，提高传播效率；

更为迅速地提供多媒体素材报道；

减少人力资源成本，提高运营效益。

3. 任务情况与报道类别

新媒体时代赴国外采访、战地采访的任务可以更多地交由背包记者承担，背包记者在小型媒体里也将有一番大的作为。

背包记者采制的融合新闻报道多见于突发新闻、特稿、调查性报道等新闻报道类别或形式。

（二）超级团队

除了背包记者单独作战以外，融合新闻的采制还有团队组合方式。而从业界融合新闻实践来看，团队作战的重要性也显得越发重要。

1. 小团队与大团队

团队规模有大小之分，超级团队人员构成数量问题也是融合新闻操作过程中应该考虑的问题。小的团队不超过五人，大的团队在五人以上，甚至会有数十人。

最小的团队是二人团队，这种团队小巧紧凑，便于协作，可以快速完成对音视频、文字信息的采集和后期报道的制作传播工作。

大多数的融合新闻报道以小团队作战为主，人员数量可以控制在二人或三人；非常规报道、特别重大的事件报道可考虑大团队作战，人员数量适当增加。

2. 团队成员的选择

从新闻专业技术角度讲，对团队成员的主要要求是技术互补。

也就是说，必须确保团队成员足以胜任不同媒介介质的采集与呈现任务，不同的成员均有在某个方面的出色表现，有自己的专业特长，从总体上确保文字采写、摄影摄像、图文编辑、音视频编辑、融合呈现均由擅长的成员主导。媒介专业技术上的成员差异程度要足够大，方能显示团队合作取长补短的效用，凸显团队作战的优势，释放更大的能量。

除了专业技术的差异要求以外，还应注意对团队成员个性因素的考察。超级团队的成员必须具备良好的团队合作意识，新闻记者个性因素差异较大，未必每个人都适合加入超级团队。

以员工风险厌恶程度作为指标,测量新闻工作者的团队合作意识是一种值得尝试的做法。员工风险厌恶程度越高,团队合作程度也会越高。① 可以通过性格测试来了解和确认新闻工作者的风险厌恶程度,吸收风险厌恶程度较高的新闻工作者加入超级团队,协同完成融合新闻的采集与呈现工作,鼓励风险厌恶程度低的记者成为背包记者或从事其他合作要求低的工作。

还应注意对新闻工作者公平偏好的考察,选择公平偏好强的记者,让他们成为融合新闻团队成员。

五、报道的融合

融合新闻的最终呈现表现为页面集成,从规模上看,页面集成主要分为报道的融合和专题的融合。

报道的融合是指页面集成的核心任务是为了完成某一新闻的报道,它具有鲜明的主体新闻报道形式,主体新闻报道居于统领地位,其他媒介元素则紧紧围绕主体新闻报道,承担补充、深化报道的作用。

专题的融合则主要强调对同一主题众多多媒体新闻资源的整合,其呈现规模更加庞大,编辑组织更加复杂。

(一) 媒介元素的组合

融合新闻的媒介元素包括文字、图片、音频、视频、互动设置等,在日常报道中融合新闻不一定全都具备这些元素,可以根据具体情况适当简化。融合新闻的组合模式中通常不能缺少文字、图片、互动设置,如果能有视频就再好不过了。

媒介元素的组合模式:

1. 完全的组合模式

文字+图片+音频+视频+互动设置。

2. 理想的组合模式

文字+图片+视频+互动设置。

3. 简单的组合模式

图片+音频+互动设置。

---

① 魏光兴、余乐安、汪寿阳、黎建强:《基于协同效应的团队合作激励因素研究》,《系统工程理论与实践》2007年第1期。

文字+图片+互动设置。
文字+音频+互动设置。
文字+视频+互动设置。
文字+图片+音频+互动设置。

媒介元素的组合应当注意尽量将相关的元素做靠近处理,使之成为一个有机整体。不能仅仅满足于将多种媒介元素堆砌在网页上,而应该将不同的媒介元素完美结合在一起。

对链接的处理既不要过于突兀,又不能过于隐蔽,要让用户能够方便找到链接。

音频的安排要注意考虑用户听力的适应情况,设置音量控制按钮,让用户可以方便地调节音量大小,可以灵活地开关声音。视频窗口的大小要恰当,过小会让用户看起来费力,过大又会与整体页面不协调。可以设置调节按钮,由用户来调节视频窗口的大小。页面文字大小也要顾及用户的视力情况,设置调控文字大小的按钮,方便用户选择使用。

除了常规技术的应用以外,还要探索运用新的技术、新的手段,增强新闻呈现方式的融合性和冲击力。

(二)基本措施:添加

融合新闻呈现的基本措施是添加,即以主体新闻报道为核心,恰当添加新闻增值内容、新闻延伸内容、制作信息、推广设置和互动内容。

(1)主体新闻报道是指占据核心位置或地位、以某种具体媒介元素呈现的新闻报道,主体新闻报道可以是单一的文字报道、视频报道、音频报道或图片报道,但通常以文字报道和视频报道为主。主体新闻报道的添加通常以手动添加的方式进行。

(2)新闻增值内容是指围绕主体新闻报道而添加的以其他媒介元素呈现的新闻信息,如在主体新闻报道为文字报道时增加图片、音频、视频等新闻报道素材。新闻增值内容与主体新闻报道的内容具有同一性,它是对主体新闻报道进行的多媒介元素呈现的补充。新闻增值内容的添加通常以手动添加的方式进行。新闻增值内容与主体新闻报道具有紧密的关联性,其内容主题通常与主体报道具有一致性。

（3）新闻延伸内容主要是指"相关专题、相关新闻、关键词超链接、热词超链接"[①]等内容，它虽然也与新闻主题相关，但与新闻增值内容相比关联性要差一些。新闻延伸内容本身通常并不是本次新闻报道的对象内容，它是与本次报道对象内容相关的其他新闻信息，它延伸了用户收受新闻的触角，满足了用户扩展收受类似或相关新闻信息的需要。新闻延伸内容的添加通常以手动添加的方式进行。

（4）制作信息是指对本次融合新闻报道的编辑人员、报道来源、报道时间等内容的具体描述，其功能类似于新闻头，用以标明新闻产品的制作生产情况。制作信息的添加通常以手动或自动添加的方式进行。

（5）推广设置主要包括新闻推广和广告推广设置。新闻推广通常是对本媒体以前新闻报道的链接推广，如新闻排行榜等内容；广告推广主要呈放媒体自身的形象广告、付费商业广告或搜索联盟广告、电子商务广告等。推广内容的添加通常以自动添加的方式进行。

（6）互动内容包括直接互动设置和间接互动设置，直接互动设置主要是指用户对新闻报道直接发表意见的评论区（留言板或论坛）、投票区或在线调查，间接互动设置主要是指一键分享、打印、复制按钮。互动内容的添加通常以自动添加的方式进行。

表 15.1　添加内容与方式

内容类别	具体内容	添加方式
新闻	主体新闻报道	手动
	新闻增值内容	
	新闻延伸内容	
	制作信息	自动或手动
推广	新闻推广设置	自动
	广告推广设置	
互动	直接互动设置	
	间接互动设置	

---

① 詹新惠：《新媒体编辑》，北京：中国人民大学出版社2013年版，第57页。

（三）报道融合的操作

首先，采集并占有足够的新闻素材，确立合适的主体报道形式。

在决定进行融合新闻报道后，就要迅速出击，采集并占有足够的新闻素材，获取以不同媒介元素呈现的新闻原材料。除了媒体记者采集的素材以外，还要密切关注网络平台上其他新闻源的动向，不排斥"拿来主义"，大力发掘与本次报道相关的文字、图片、视频、音频等材料。

在此基础上，统筹考虑并确立主体新闻报道形式——选择以哪种媒介元素作为主打形式。无论以何种媒介元素作为主体报道的形式，都要注意新闻报道的视觉冲击力问题，要善于形成画面感，用形象的方式而不是抽象的方式呈现新闻信息。若以文字为主体报道形式，也应该注意为其配置大幅图片，增强主体新闻报道的吸引力。将视频、图片与文字相互贴近，相得益彰，增强融合报道的易受性。

其次，增添内容，注重互动。

添加新闻增值内容和新闻延伸内容，使得报道的融合厚重起来。

融合新闻是强调富关联的新闻样式，要努力为主体新闻报道寻找增值内容和延伸内容，为本次报道的融合找到新闻背景资料、其他的相关新闻与评论等资源，将其添加到主体新闻报道周边恰当的位置，为用户提供丰富的新闻大餐。

同时还要注意增强互动功能，为用户发表意见、创造内容提供渠道和平台，添加评论、留言、网络调查和一键分享按钮。也可以摘编部分用户精彩的评论，将其呈放在新闻页面上。

最后，适度与合理。

做得不足达不到融合的要求，新闻报道显得单薄，无法满足用户的信息需求；做得过度则会使页面臃肿繁杂，让用户心生厌烦。

不能为了融合而融合，把一些没有关联性的东西一股脑塞到新闻页面里，让用户不堪其扰。融合新闻工作者仍然需要帮助用户做好挑选工作，而不是把最多的材料推给用户，将挑选的重任压在用户的肩头。报道的融合必须尊重新闻材料的关联性，实施合乎逻辑的新闻资源整合，注重融合的合理性，恰到好处地配置相关资源。

六、专题的融合

专题的融合是指围绕特定主题而对众多多媒体新闻资源加以整合的新闻呈现形式,专题的融合强调运用融合新闻思维与方法,采取多媒介元素呈现方式。如果新闻资源的整合并未贯彻融合理念,并不以多媒体形式出现,即便聚拢了很多新闻资源,也很难说是做到了专题的融合。

专题的融合具有三个典型特征,即大容量、汇聚态、富关联。特征即要求,不具备这样的特征就无法实现真正的融合操作,专题融合操作过程中应该注意这些特征要求。

(一)专题判断

并非所有的新闻都适合以专题融合的形式加以呈现,这一方面受制于新闻报道对象内容性质的限制,另一方面也是基于对可操作性、传播效率、经济成本以及用户关注等现实因素的考量而不得不有所节制。具备下列特征的新闻题材可考虑做专题融合处理:

题材重大:新闻具有重大性、持续性,重大的事情才值得进行专题融合。

影响力:新闻事实影响广泛,牵涉更多人群、阶层的利益,具有普遍性。

关注度高:新闻内容饱受社会各界人士关注,用户数量足够多,用户密切关注这一新闻事实的发展变化,有比较强烈的信息需求。

报道量大:操作者有足够的把握,在进行专题融合过程中能够获得大量的相关新闻报道,这些新闻报道能够从各个角度、各个侧面迅速及时地反映新闻事实的最新进展状况。新闻报道的介质形式要丰富,文字、图片、音频、视频等新闻素材要完备。

(二)整体策划

前期策划工作做得越细致越周密,后期实施就越容易成功。策划是行动的纲领,应该从整体上把握住对主题确定、框架结构、栏目设置、媒介元素、互动设计、页面风格、网页技术、美术编辑、信息资源、媒介渠道整合、人员分工等关键环节的筹划与安排。专题的策划尤其需要注意贯彻以下专业理念或操作原则,即深度报道理念、周到服务意识、媒介融合操作和清晰简洁呈现。

1. 深度报道理念

专题的融合不同于普通的新闻报道,专题融合汇聚了庞大的报道资料,必须在报道的深入方面凸显优势。

这就要求专题融合的策划必须站在一个较高的高度,以深度报道理念作指导,策划和设置具有个性特色的栏目,深入地表现新闻报道主题,在全面剖析新闻要素、有力扩展新闻报道对象、深入挖掘和揭示新闻事实真相等方面有所突破。

2. 周到服务意识

媒介融合时代新闻工作者必须注意角色的转换,由原先定位的单纯的新闻采制者转换为新闻信息服务提供者,专题策划时就要特别注重服务问题。

服务是新闻工作的价值所在,专题策划时要站在用户需求的角度考虑问题,要有换位思考意识,尽量满足用户的需求。

3. 媒介融合操作

专题融合策划必须注重发挥多媒介传播的优势,充分释放文字、图片、音频、视频、互动设置的媒介能量,还要注意多种媒介元素在新闻呈现过程中的协调问题,使不同的媒介元素融为一个整体,而不是互相割裂,生硬堆砌在一个页面上。

4. 清晰简洁呈现

专题汇聚了庞杂的新闻资料,其优势是信息丰富,但专题信息丰富的优势也容易变成呈现杂乱的劣势。

专题策划与制作必须注意这个问题,无论有多么庞杂的内容,都要做清晰简洁的呈现,不要让用户看了之后产生一头雾水的感觉,理不出头绪。

(三)专题融合的实施

1. 确定名称

专题名称即专题的标题,放置在页面顶端,要凸显新闻价值,要有看点。专题名称应当简洁有力,能够概括专题的核心内容,字数最好控制在 10 个字以内。

专题名称通常以主谓句、省略句或短语等形式出现,如新浪《韩亚航空波音 777 旧金山失事》是一个主谓句,网易《起底王林》可看成省略句,新浪《互联网 20 年演变史》是一个名词性偏正短语。专题名称是专题的统帅和灵魂,应该字斟句酌,精心制作。

2. 架构设计

梳理采集到的信息，形成清晰的认识，列出专题页面的逻辑主线，设计相关内容所处的位置，分列板块并以标题形式统领每个板块。

文字放在显著位置，但考虑到电子媒体收受过程中用户注意力的易分散性，所以还要注意文字量的控制，文字通常不应占满一屏，否则容易让用户产生畏难情绪，放弃专题内容的继续收受。

图片和视频放在显著位置，并给予足够大的版面空间。多幅图片采取幻灯展示形式，多个视频采用视频集形式。

文字、图片、视频、音频、互动设置等的位置相对固定，设置成几种不同的页面模式，日常组织融合专题时从这几种模板中选择，逐步培养用户的浏览习惯。

专题的融合通常包括首页、栏目页和文本页等三层架构，这三层架构应当有共同的色调风格，以保证整体的平衡协调。

设计的重中之重是专题首页，专题首页集中了内容精华，鲜明地体现着编辑思想，在最大程度上决定了专题的融合能否成功。首页的设计应当根据专题报道的内容材料恰当设置栏目，对首页页面进行分区规划并界定分区功能，画出页面架构图示，交由美术设计和网络技术人员完成具体的设计制作。

栏目的设计非常重要。栏目的作用是将散落的内容加以归类，使之有序化，便于用户选择收受，提高新闻传播的效率。栏目可分为基本栏目与个性化栏目。基本栏目是一些通用栏目，一般可以设置"全部或最新新闻""图片报道""视频新闻""评论""互动"等。个性化栏目则需根据专题报道的内容性质单独设置，不好一概而论。

3. 添加与维护

媒体日常信息的采集基础非常重要，要有足够多的报道资料、不断更新的页面。如果没有平时扎实的信息采集基础，媒体就很难做出内容充实的专题报道。日常新闻工作中要注意浏览和搜集相关信息，注重采集多种媒介形式的信息，及时发布，夯实日常的报道基础，专题链接来源才有可能依赖自家媒体完成。

可以为专题撰写一个导语，概括核心新闻事实，给用户一个整体认识，让用户在最短的时间内迅速了解事实梗概。导语要简短，凸显新闻价值，吸引用户的目光。导语还可做链接扩展阅读内容，链接的页面语言也要凝练，不可过于复杂烦琐。

专题融合需要新闻编辑、美术设计与网络技术人员的通力合作,美术设计与技术人员根据架构设计图示制作完成专题页面,但此时的专题尚没有填充内容材料,只是一个半成品框架,还需要新闻编辑人员添加相关内容。从内容性质的角度来说,添加的内容主要包括新闻报道、新闻评论、背景资料等;从媒介介质的角度来说,也就是要添加文字、图片、音频、视频等内容。

在这些基本内容都添加完成以后,专题页面方可择机推出。但这并不表示专题融合已经完成,万事大吉了。很多专题仍然需要根据事态的发展,不断补充更新报道,这就进入专题的维护阶段了。专题维护要注重及时更新新闻报道,同时还要根据具体情况对栏目设置作增删等微调,并注意互动设置的运作效果,将用户创造的有价值的内容凸显出来,对用户创造的内容加以集纳、整理和归类,适时予以推荐展示。

第二节 实践训练

一、网络新闻标题评析

下面是网易新闻频道 2013 年 7 月 2 日的部分新闻标题,请分析这些标题,提出自己的见解。

斯诺登向中俄等21国寻求庇护 普京提条件
玻利维亚称愿意提供庇护 斯诺登机密资料或在香港留副本 专题

新疆:提供重要恐怖犯罪线索奖5至10万元
知情不举将被追究刑责 收缴管制刀具危爆物品和涉恐涉暴宣传品
叙大使:至少30名"东突"分子潜入叙利亚 如其获胜必将回中国作战

埃及总统穆尔西拒绝军方最后通牒
民众游行要总统下台 军方限政府48小时回应诉求 外长已辞职

曝内蒙古统战部长包养女学生 遭情妇联名举报
· 唐慧案择期宣判 永州劳教委主任致歉 庭审回顾
· 今年全国洪涝灾害已致157人死亡 2719万人受灾
· 4家洋奶粉遭发改委反垄断调查 中国对欧葡萄酒双反调查
· 石刚兼任总理办公室主任 贺军科任团中央常务书记
· 俄罗斯火箭搭载3颗卫星发射升空后爆炸(图) 视频曝光
· 倪发科被举报近10年 据称有关方面实在保不住了

二、媒介元素评析

看一则网络新闻报道,从融合新闻思维角度看,分析这则报道缺少什么媒介元素,论述你的意见。

迁安版《农村 style》唱响央视

迁安版《农村 style》唱响央视(照片)

　　身穿小花袄、骑上小毛驴,和着风靡全球的 style 舞曲,大秀迁安农民的幸福生活……日前,来自迁安市沙河驿镇红庙子村的 12 位农民舞者,跳起了迁安版《农村 style》,参加中央电视台"2012 三农记忆"晚会录制(如图)。据悉,该节目将于明年 1 月 1 日在央视七套农业频道播出。

　　要说迁安版《农村 style》,还得从爆红网络的"理发大妈"李秀英说起。今年 50 岁的李秀英是迁安市红庙子村的一位农村理发师,"边理发边唱歌"的快乐生活让她相继走上了央视三套《向幸福出发》等国内知名节目的舞台,被网友们称为唐山版的"苏珊大妈"。今年 11 月份,她和村里十几位爱好文艺的大叔大妈们一起排练时下正火的《江南 style》舞曲时,被迁安拍客拍到,传上了网络,很快得到了近万名网友的力挺,不久前,央视"2012 三农记忆"晚会编导组向李秀英发出了参与节目录制的邀请。

　　"编舞和作词都充满了浓郁的农村地方特色,更展现出了迁安现代农民的新风采。"说起选中《农村 style》参与录制的缘由,央视"2012三农记忆"晚会的编导之一张蕾给出了上述回应。《农村 style》没有照搬《江南 style》的原舞,而是融合了唐山皮影、跑驴等地方民间舞蹈元素。除了编舞,歌词中还加进了利农惠农新政策的内容,这些元素综合起来,再用充满冀东特色的地方话一演绎,让人顿觉耳目一新。

12月20日下午,迁安版《农村 style》舞曲在央视农业频道演播大厅一响起,全场观众的激情瞬间便被点燃,演播大厅顿时沸腾起来。

评论　分享到微博　标签:迁安版　农村 style　央视①

三、思考与讨论

如何理解用户关注度成为显著性的衡量指标?

四、互动设置练习

下面是一则网络新闻的文字材料,请为其增加互动设置。

易建联复出砍下 22 分 8 板　篮网憾负森林狼遭遇 8 连败

北京时间12月24日,易建联复出,全场投中4个三分球,砍下22分,可惜篮网在主场以99∶103败给森林狼,本赛季遭到横扫。

篮网(2-27)八连败。易建联在缺阵24场之后复出,虽然替补出场,可是表现不俗,三分球6投4中,全场贡献22分,并抓下8个篮板。德文-哈里斯得到23分8次助攻,库特尼·李20分6个篮板,肯扬·杜林12分。

……

哈里斯突破将差距缩小到2分,威尔金斯两罚两中,森林狼仍领先4分。此后,易建联投篮不中,比赛结束。

[直播实录]　[技术统计]

---

① 《唐山晚报》2012年12月26日。

五、融合报道页面设计

韩国韩亚航空公司的波音777客机7月6日在美国旧金山国际机场降落时坠毁并起火燃烧,机上307人中有141名中国乘客。2人不幸遇难,遇难者均为中国学生。机场方面介绍说,失事客机是从首尔仁川机场前往旧金山的214航班。失事前,这架飞机尾翼脱落,虽成功着陆,但仍不幸冲出了跑道,最后停在机场的草坪上冒烟起火。

假如你是新浪网编辑,请你为这一事件设计融合新闻报道页面。

六、适宜媒介元素运用

自行确定新闻选题,分析新闻事件性质,然后选择最恰当、最适宜的媒介元素报道新闻。在网络平台发布作品,点击量最好能达到1000以上。

七、背包记者实战

自行确定新闻选题,一人独立完成多媒介素材采集与融合新闻报道任务,在网络平台及时发布新闻,点击量最好能达到1000以上。

八、超级团队实战

自行确定新闻选题,组建2—5人团队,分工协作,完成融合新闻素材采集与报道任务,在网络平台发布融合新闻,点击量最好能达到2000以上。

第三节 操作参考

一、网络新闻标题评析

前三个标题采用多行形式,且不惜笔墨,敢于突破字数限制。网易打破常规对重要新闻标题加以特殊处理,采用主副式多行标题展现新闻信息,主标题字号达到13.5磅(接近四号字),厚重醒目;副标题通常至少包括2个句子,多则达到4个句子。

一般认为新闻标题最好不要超过25个字,因为过长的标题容易使受众阅读疲劳,不便于迅速抓住重点。可是网易新闻标题却动辄超过25个字,有的标题字数竟然达到七八十个字,令人惊叹。

网易新闻标题完全颠覆了传统观点对标题字数的限制,可是它的传播效果也是不错的。可见新闻写作不能墨守成规,只要传播效果好字数也可以增多。网易式标题的好处是增加了信息量。虽然标题长了一点,但是主标题字号大,而处于同行的副标题又补充了新的信息,这样做标题反而能够让读者更迅速地掌握新闻的内容,提高了传播效率。

二、媒介元素评析

这则新闻报道缺少视频元素,对于网络媒体报道来讲,这是一个很大的缺憾。

在这则新闻发布之时,央视或许不会提供这个节目的录像,这是可以理解的。但是对于从事新闻报道的媒体尤其是数字新媒体来讲,应该有一个融合新闻的思维。报道中说,11月份,村里十几位爱好文艺的农民一起排练时下正火的《江南style》舞曲时,"被迁安拍客拍到,传上了网络,很快得到了近万名网友的力挺"。这就说明,网络上是有相关视频材料的。在网络上做这个报道不能简单地拷贝、粘贴报纸稿件,而应该试着去寻找这个视频,至少要加一个视频的链接。

对于媒介融合时代的新闻工作者来说,你是文字记者,同时也需要摄影和摄像技能,也应该配备这些采录设备。文艺演出报道,再好的文字也比不过音视频来得直接,来得过瘾。记者应该到现场去为这个节目录一段视频,它所花费的时间应该不会太长。即便记者当时没有去现场,也可以事后联系这些农民,重新拍摄,或者找到以前拍客传到网上的视频做链接处理。

这样的话,既有文字和图片报道,又有视频元素的直接呈现,这条新闻的传播效果就更好了。这就是一种融合新闻的思维,融合新闻需要发挥各种媒介形式的优势,找到最适宜的媒介元素来呈现新闻事实,就这个案例来讲,怎么能少得了视频呢?

三、思考与讨论

用户关注度具体地讲就是页面点击量、跟帖评论数、微博转发数量、分享数量等量化指标,我们可以通过查看这些指标来评判显著性的大小,这些量化指标越高,说明用户对新闻的关注度越高,新闻的显著性也越高。

如果一条信息还没有被记者报道,但用户关注度指标却很高,记者可以根据这些指标数据做出显著性判断。

四、互动设置练习

易建联复出砍下22分8板　篮网憾负森林狼遭遇8连败

北京时间12月24日,易建联复出,全场投中4个三分球,砍下22分,可惜篮网在主场以99∶103败给森林狼,本赛季遭到横扫。【**您对易建联全场拿下22分、8个篮板的表现有何评价?**】>>>>

篮网(2-27)八连败。易建联在缺阵24场之后复出,虽然替补出场,可是表现不俗,三分球6投4中,全场贡献22分,并抓下8个篮板。德文·哈里斯得到23分8次助攻,库特尼·李20分6个篮板,肯扬·杜林12分。

……

哈里斯突破将差距缩小到2分,威尔金斯两罚两中,森林狼仍领先4分。此后,易建联投篮不中,比赛结束。

[直播实录]　[技术统计]

```
欢迎参与调查
您对易建联在复出战中22分8板的表现是否满意?
◎ 满意,易建联的表现令人振奋。
◎ 观望,一场比赛说明不了问题。
◎ 不满,他没帮助篮网赢得胜利。
◎ 其他
        [提交]      [查看]
```

[评论]

[分享]设置一键分享按钮,让用户可以方便地将新闻分享到腾讯、新浪、搜狐、网易等客户端

五、融合报道页面设计

韩亚航空波音 777 旧金山失事	
事发时正在降落,载 141 名中国公民	
重要及最新文字报道模块 2 名中国公民遇难 ……	**主题新闻图片** 中国公民遇难报道
动画模拟/视频 [实时空地对话录音][航拍着陆时坠毁现场]	
最新消息	救助信息 各方反应
视频模块	视频集成 视频标题 1 视频标题 2 ……
确认安全中国公民名单 (分批次呈现)	
图解本次事故	
图解世界空难史	
现场图片展厅/幻灯	
空难逃生术	
专题内搜索	一键分享　　用户评论

新浪网对这一事件做了专题报道,有兴趣的读者可以浏览,建议将你的设计与新浪网专题报道页面做对比,体会其中的差距。

六、适宜媒介元素运用

融合新闻操作应该注意媒介元素与报道题材的适宜性问题——用适宜的媒介元素报道适宜的新闻题材。

使用文字报道文艺演出通常不如使用视频来得直接,而在深度报道方面视频有可能不如文字来得痛快;残忍血腥的场面不宜用视频直接展示,可以用文字做笼统的交代;图表可以整合复杂的统计数据,照片可以直接展现人物面貌;超链接便于将用户导向相关背景材料,动画可以模拟无法拍摄的新闻场景。

针对具体的新闻选题,选用一种最恰当的媒介元素进行新闻报道,也可同时辅以其他媒介元素呈现新闻信息。

七、背包记者实战

一人独立完成摄影、摄像、文字稿件撰写与媒介素材的编辑整理,可开通博客、微信公众号及时发布多媒体新闻信息。

八、超级团队实战

注意分工协作,发挥每个团队成员的优势,提升工作效率,完成融合新闻报道任务。

第十六章　社交媒体应用

第一节　理论精要

社交媒体是用来发布、分享和评价信息的数字化媒介工具或平台,社交媒体具有便捷的沟通和对话功能,主要包括微信、微博、社交网站、博客、播客、论坛等。本书主要以微信为例来论述社交媒体的应用。

一、积极使用社交媒体

为什么要重视新媒体?为什么要高度重视社交媒体?因为新媒体、社交媒体已经成为信息消费入口!

为什么说传统媒体要融入互联网?融合的价值是什么?媒体融合的一个重要价值表现为,如果传统媒体不走媒体融合之路,就会丧失信息消费入口,就将被时代所淘汰。

必须高度重视社交媒体,将其提升到信息消费入口的战略地位。否则,媒体组织将丧失话语权和社会影响力。

将融合新闻制作过程中采集的信息制作成微产品,通过社交媒体及时发布出去,可以扩大新闻的影响。利用社交媒体与用户密切交流、开展对话,有利于提升融合新闻的互动效果。应该鼓励新闻工作者申请账号,积极使用社交媒体。

二、账号维护与交友

(1) 微信号的注册。微信号要便于记忆,不要太长。用数字作微信号是一种好方法,比如用 QQ 号作微信号。要把微信号和 QQ 号、手机号绑定在一起,便于好友查找添加。

（2）姓名公开。微信是熟人社交媒体，应该使用真实姓名。可还是有很多人喜欢用网名，让人猜来猜去也猜不明白，降低了沟通效率。

公开真实姓名有利于增加信任感，昵称要用自己的真实姓名，不要使用虚假的网名。可以在昵称中植入关键词：公司、职业、产品、地点、电话等，姓名一定要放在最前面，如：刘波—耐磨件铸造、冯莹—"私享家"为你写书、高峰—太歌创意。

（3）头像真实。社交媒体应该使用本人的真实头像；如果使用真实头像确有不便，也可使用本人的漫画头像或著作封面。

（4）自我介绍。应该在社交媒体账号中主动介绍自己，不应该模糊自己的真实身份。可介绍自己供职的媒体、担任的职务，也可介绍自己的职称、学历和有影响力的作品。

（5）账号的认证。认证社交媒体账号有利于促进公众信任，鼓励对账号作认证。

（6）让别人扫你二维码的快捷办法。把微信号二维码截图设置成手机桌面，点亮手机就能让别人扫码。

（7）为新朋友设置备注信息。"备注名"一栏标注对方的真实姓名，同时还要记录其工作单位、职位、专业、地域等信息。

（8）打败脸盲症。与对方合影留念，进入与对方聊天窗口，将合影照片设置成当前聊天背景。以后每次聊天时就能看到对方的照片，不怕记不住对方。

三、内容发布与传播

（1）信息期待。网民希望在新闻工作者的社交媒体上看到新闻内幕、新闻工作者的个人评论和有关采访过程的信息。此外，用户对新闻工作者在社交媒体上发布的个人感受、趣闻趣事、新闻花絮也比较感兴趣。

（2）真实为首。信息的真实性依然是最重要的问题，记者在社交媒体上发布信息时应该加强对信息的核实，确保发布的信息真实可靠。时效性虽然也很重要，但发布速度必须让位于真实性，记者不应该为了追求时效性和独家性，草率发布信息。

（3）表述要求。新闻工作者在社交媒体上的表述，应该注意遵循客观原则。发表评论时要有独立见解,语气要平和,要善于以理服人而不是以气势压人。在此基础上,可考虑提升语言的生动性和美感。

(4)谨慎拆分。很多社交媒体会限制信息长度,比如将文字长度限制在140字左右。如果内容过多,也只能拆分成几个帖子,但拆分帖子的行为却未必能够得到欢迎。为了保持表述的连贯性,提升帖子的全文阅读率,在社交媒体发布信息时最好一帖搞定。

(5)影像刊播。社交媒体刊播影像的首要要求是清晰,图片、视频应该容易辨认;其次也是非常重要的则是伦理要求。变态的、血腥的、残忍的、丑陋的、尸体的、色情的图片或视频容易引起不适,也违背了新闻伦理,应该尽量避免刊播。

(6)文字说明。大多数用户在看照片、看视频时喜欢阅读文字说明,文字说明让影像传播更加清晰明了,能够提高影像收受的效率,在社交媒体发布影像时应该配发相关文字说明。

(7)社交媒体优化。搜索引擎优化关注读者和机器人,社交媒体优化关注读者和共享者。要创造值得分享的内容,让分享便捷、容易。平时也要主动评论、分享他人的内容,有鼓励分享的举措。

(8)微信传播矩阵。打造"媒体企业微信公众号+老总个人微信号+员工个人微信号"微信传播矩阵,采用"公众号+朋友圈"发布传播模式,公众号发布专业产品,个人微信号转发扩散,力争传播覆盖面最大化。个人微信号转发要有时间差,避免对共同好友的狂轰滥炸。

四、社交互动的诀窍

(1)点赞。点赞传达了积极信号,但不要成为点赞党。要对自己确实欣赏的内容点赞,要让对方察觉你的点赞是认真的、是有选择的,而不是见到什么都点赞。

(2)发表评论。新闻工作者使用社交媒体发表评论时应该注重公正、客观和理性等专业原则或要求,其次才是有趣、个性和开放。

(3)回应跟帖。如果时间和精力允许,新闻工作者应该积极回复网友的跟帖。对网友跟帖的回应越及时就越能满足用户的心理需求,大部分回应可以在一天之内完成,如果能在一个小时内做出回应,效果会更好。

(4) 谨慎删帖。有的社交媒体不允许对已经发布的信息做出修改,如果发现缺陷也只能任其存在或者删除帖子。很多用户会对删除帖子的行为产生反感,所以删帖还需慎重。这就要求我们在发布信息时尽量做好检查和校对,将缺憾减少到最低程度,一旦信息在社交媒体上发布就尽量不要删除。

(5) 交往品质。记者在社交媒体上与网民交往时,诚实守信、平等交往、尊重网民等品质非常重要。另外,在使用社交媒体时还要注意语言文明,注意形象的维护。

(6) 度的把握。不要频繁地通过个人窗口推送信息,推送红包除外。不要强迫对方转发你的垃圾信息,不要强迫对方关注某个公众号之后给你投票、给你的孩子投票。

(7) 互动的新尝试。应该对新的互动形式保持积极的态度,善于使用新媒体互动形式,不断优化新闻互动的效果。

五、社交媒体写作

(一) 与印刷媒体有所区别的标题

公众号文章通常必须写标题,标题是吸引用户、促使用户继续阅读下去的首要元素。

印刷媒体标题写作通常都会严格限制字数,追求短的标题,社交媒体里公众号文章的标题字数却没有那么严格的要求,标题相对来讲要长一些。

印刷媒体标题的表述通常中规中矩,社交媒体的标题没有那么多束缚,更加口语化,更有亲切感。

微信标题写作的方法和技巧至少包括以下类别:

(1) 作对比,如:"那年头,大学老师是讲学而不是教学"。

(2) 直接喊话,如:"你的住宅布局合理吗?听听专家怎么说""山东高校教师请关注 政府部门不再组织评审高校教师职称"。

(3) 换算,采用个性化表达方式,如:"新疆=河南+山东+河北+北京+天津+山西+陕西+湖北+安徽+江苏+上海+浙江+湖南?"。

(4) 引诱和催促阅读,如:"东北三轮车夫在复旦大学读完博士,现在过着这样的生活……"。

(5) 诉诸挑战,采用激将法,如:"咱沂南人天天说的这 13 个字,只有 0.1% 的沂南人会写!"。

(6) 突出"最""第一",如:"人类史上最有名的十大思想实验""清华大学工程类专业首居世界第一位"。

(7) 揭示内幕,勇敢表达,如:"'一带一路'是空架子?中国当冤大头?用这些事实怼回去!"。

(8) 实用、贴近,关注健康、环境等因素,如:"早晨洗脸水中加点'料' 六十岁不长斑、不长皱纹不显老"。

(9) 名人效应,如:"柴静:绝不在看到真相前号啕大哭""柴静雾霾纪录片引各方争议,这是目前最全面的汇总""习近平:我是如何跨入政界的"。

(10) 触碰内心最柔软的地方,触动读者的情感,带来感伤或愉悦,如:"他才 12 岁,靠吃野草塘鱼生存 6 年的孩子,8 亿人看完都哭了""让我们汗颜的日本前首相的退休生活""被张学良的东北英语萌哭了"。

(二) 表达必须快节奏

社交媒体写作必须适应手机阅读的需求,加快表达的节奏。

纸媒写作也是讲究节奏的,电子媒体写作当然就更应该注意这个问题了。

使用短句子,使用最简单的主谓句来表达。

使用短的段落,甚至一句话一段。勤按回车键,多分段。

多留空白,段落之间要有空行,充分缓解阅读的疲劳感。

印刷媒体段首通常空两个字符,网络媒体段首一般不用空两个字符,顶格书写快速行文即可。

(三) 亲和力

社交媒体写作需要亲和力,不能再像传统媒体那样板着一副脸孔,拒人于千里之外了。

(四) 推介有诀窍

那种天天在朋友圈生硬推销产品、发小广告的行为很容易招致厌烦,甚至会被拉黑。

推荐产品或文章其实是有诀窍的,诀窍就是少用硬推的方式,多用软推的方式。不要急功近利,而要从目标群体需求出发,给他们提供其感兴趣的故事、知识,在为他们提供有价值的信息过程中顺便完成推广。要善于研究目标群体心理,巧妙地加以推介。

六、朋友圈与公众号

(一)怎样发朋友圈

1. 格式

朋友圈信息的完全格式是"【标题】+正文+#延展#",正文是必备的结构成分,其他部分可以根据具体情况灵活删减。

标题:标题概括了核心内容,用方括号括起来。标题通常放在正文首处,顶格书写,不用居中。朋友圈的标题通常比公众号标题短。

正文:为读者讲故事,提供有用的知识或者阐释新鲜的观点。如果正文过长,就使用数字序号分层次写作。

延展:这部分的写作很简短,主要功能是画龙点睛。延展部分的写作要增加新的信息,并且可以考虑换一种表达方式。如果正文采用讲述的方式,延展部分就采用议论的方式,亮明观点。

延展部分也可以发送"指令",如"请点赞""请转发到你的朋友圈",写明指令会明显增强表达效果。还可以加注"附录",重要内容加上微信号、联系方式,方便拷贝时不遗漏。如果没有必要,则可省略"指令"和"附录"。

朋友圈的写作应该惜字如金,每个部分的写作都要开辟新的角度,呈现新的信息,不要重复表述。写作中使用【】##等符号是很有必要的,如果去掉这些符号,文字就连成了一片,读者容易厌倦,中途放弃阅读;而添加了这些符号,则会对文字段落进行有效切割,增强阅读的轻松感,更有利于全面阅读。

2. 配图片

图片要呈现不同的拍摄对象,同一个拍摄对象要采用不同的景别。可以发1张、3张、6张或9张照片,最好不要发5张、7张、8张照片,否则每行照片会出现不相等状态,出现空缺,让某些读者抓狂。

3. 是否限制字数?

朋友圈虽然没有字数限制,但超过一定字数、行数时需要点击"全文"才能完全打开。若不想让对方费事,那就控制一下字数。

(二) 公众号的编撰

(1) 做一个有足够诱惑力的标题。

(2) 找到吸引眼球的首图,它能有效影响打开率。

(3) 亮点前置,开头处一定要呈现有吸引力的内容。

(4) 迅速进入主题。

(5) 每300个字就加一个小标题。

(6) 结构要简单,可以使用并列结构,传统媒体的报道并不欢迎采用阿拉伯数字序号,公众号没有这样的约束,可以大胆地列1、2、3,更加清晰地呈现信息。

(7) 正文中融合图片、视频、音频,减缓用户的疲劳感。

(8) 注重搜索引擎优化,将关键词嵌入文章,不断强化关键词。

(9) 注重社交媒体优化,呈现值得分享的内容。

(10) 排版要简洁、清晰。

(11) 有用、有趣很关键,不要像传统媒体那么严肃。

七、新闻的变化

(一) 从新闻生产到知识生产

在社交媒体里新闻有必要向知识转型,这种转型要求我们将理解新闻的关键点,由时新性转向真实性和新鲜性。

可以将新闻更加宽泛地理解成真实的、新鲜的知识,而不必刻意将新闻的内容局限于"新近或正在发生"的事实信息。

必须扩展对新闻的理解,并高度重视用户分享问题。让新闻从易碎品升级为更加持久的知识产品,以延长这种产品的寿命。应该对叙事策略做出恰当的调整,弱化时间要素,软化叙述,增强产品的有用性、趣味性和相关性。

(二) 对时间问题的处理

将时新性概念演化为时效性概念——时间上的有效性,除了尊重时新性的价值和地位以外,这里的时效性主要是指新闻产品或知识产品在很长一段时间里都有被知悉的效能或价值。

第一,突发性新闻、能成为话题的新闻可以强化时新性,产品以硬新闻面目出现,用最快的速度发布和分享。

第二,非突发新闻宜弱化时间要素,注重知识创造,以延长产品寿命。

（三）对传媒人转型的启发

由新闻转向出版,由易碎品的生产者转型为持久产品的生产者和版权的掌控者。信息产品的知识性特征越明显,其竞争力就越强。要解决知识产权问题,通过知识产权的转让获取报偿才是可持续之道,由新闻的生产转向知识的生产值得我们尝试。

第二节 实践训练

一、朋友圈发布

在微信朋友圈发一条信息,将你所在地的天气情况介绍给你的朋友。

二、公众号发布

采集校园新闻信息,在微信公众号发布相关作品。

三、创办自媒体

创办微信公众号等自媒体,在具体运营的实战过程中真正掌握专业技能。

四、编辑与写作

阅读下列材料,对相关材料加以编辑整理,撰写微信公众号报道:

(1) 失信被执行人俗称老赖,目前这样的老赖可是不少。4月12日发布的《中国法院信息化第三方评估报告》显示,截至今年2月29日,全国法院已公布失信被执行人302万人,失信信息查询4011万人次。

(2) 2016年,44个国家部委、中央机关联署下发了《关于印发对失信被执行人实施联合惩戒的合作备忘录的通知》,通知的正文字数为469个,附件共45页。

关于印发对失信被执行人实施联合惩戒的合作备忘录的通知

发改财金〔2016〕141号

各省、自治区、直辖市有关部门、机构：

为深入贯彻党的十八届三中、四中、五中全会精神，落实《中央政法委关于切实解决人民法院执行难问题的通知》（政法〔2005〕52号）、《国务院关于促进市场公平竞争维护市场正常秩序的若干意见》（国发〔2014〕20号）、《国务院关于印发社会信用体系建设规划纲要（2014—2020年）的通知》（国发〔2014〕21号）等文件精神及"褒扬诚信、惩戒失信"的总体要求，促进大数据信息共享融合，创新驱动健全社会信用体系，国家发展改革委、最高人民法院、人民银行、中央组织部、中央宣传部、中央编办、中央文明办、最高人民检察院、教育部、工业和信息化部、公安部、安全部、民政部、司法部、财政部、人力资源社会保障部、国土资源部、环境保护部、住房城乡建设部、交通运输部、农业部、商务部、文化部、卫生计生委、国资委、海关总署、税务总局、工商总局、质检总局、安全监管总局、食品药品监管总局、林业局、知识产权局、旅游局、法制办、国家网信办、银监会、证监会、保监会、公务员局、外汇局、共青团中央、全国工商联、中国铁路总公司联合签署了《关于对失信被执行人实施联合惩戒的合作备忘录》。现印发你们，请认真贯彻执行。

附件：关于对失信被执行人实施联合惩戒的合作备忘录

（落款并盖44个公章，盖公章的页数共计4页。带有国徽图案的公章37个，有党徽图案的印章4个，最大的两枚公章是最高人民法院和最高人民检察院。）

（3）《备忘录》要求，一旦被列入失信被执行人名单，开公司，做高管，坐飞机、高铁时的位置，去夜总会、高尔夫球场都会受限，而且不仅自己遭罪，还会影响到自己所在单位的利益。国资委和中国民用航空局要求中国各航空公司，禁止向老赖出售机票。铁路部门对于限制老赖高消费等行为高度重视，老赖将被限制购买列车软卧车票。《最高人民法院关于限制被执行人高消费的若干规定》第三条规定：被执行人为自然人的，被限制高消费后，不得有以下支付费用的行为——在星级以上宾馆、酒店、夜总会、高尔夫球场等场所进行高消费，支付高额保费购买保险理财产品、旅游、度假,购买不动产或者新建、扩建房屋,租赁高档写字楼、宾馆、公寓等场所办公,购买非经营必需车辆,坐轮船二等以上舱位等。

(4)《备忘录》共提出八类55项惩戒措施,对失信被执行人设立金融类机构、从事民商事行为、享受优惠政策、担任重要职务等全面进行限制。原来由一个部门在一个领域对失信当事人实施惩戒,现在变为由多个部门在多个领域对失信当事人共同实施惩戒。惩戒的对象既包括失信的自然人,也包括失信的单位及其法定代表人、主要负责人、影响债务履行的直接责任人员、实际控制人。涉及金融机构审批、民商事交易安全、食品药品经营、安全生产、政府优惠性补贴、国有企业监督管理、法定代表人任职、工作人员招录、文明单位参评、旅游、度假、限制出境及定罪处罚等30多个重点领域。

第三节　操作参考

一、朋友圈发布

京津冀是雾霾重灾区,我在那里的一位朋友发了一条图文信息,很有意境:

　　噫,今天换衣服时又不用拉窗帘了。看不见我,看不见我,看不见我……

我经常在内陆地区雾霾来袭时"拉仇恨",发几张山大威海校区上空的蓝天照片,然后炫耀一番这里的清新空气。比如我就曾这样矫情地发过朋友圈信息,把很多小伙伴气得够呛:

>今天空气质量又是优。嗨,马路上连点尘土都没有,衣服也不脏。

二、公众号发布

暴雨之后,同济大学校园积水成潭。"上海暴雨看杨浦,杨浦暴雨看同济",2015年6月17日"同济大学生"公众号发布《今日同济之最》,推出"最敬业|教师""最靠谱|外卖小哥""最感人|情侣背""最淡定|嘉定黑天鹅""最躺枪|给排水专业""最稳定军心|裴校长"等图文信息,在幽默调侃中有效传播了校园新闻信息。

该作品点击量为10万+,传播效果明显,可作为运用公众号发布校园新闻的参考。

最敬业|教师

老师蹚水到教室,裤子湿透、光脚坚持给学生上课!

第十六章 社交媒体应用

最淡定|嘉定黑天鹅

全校师生都着急了,你们竟然如此淡定地畅游起来!

最稳定军心|裴校长

一大早,裴校长就在校园里视察,与我们同舟共济!
不少学生粉丝纷纷留言,求裴校长同款雨伞!

扫描《今日同济之最》二维码,查看完整内容。

三、创办自媒体

创办和运营自媒体是新闻传播类专业学生进行专业学习的有效途径，媒体业务运作要按照职业化媒体的要求来开展，高标准，严要求。要报道真正的新闻，要在新闻实战中提升自己的专业技能。

中山大学传播与设计学院微信公众号"布谷岛"、南京大学新闻学院"新潮""新记者""南大网台NTV"、中国人民大学新闻学院"RUC新闻坊"等都是学生运营的自媒体，这些自媒体在报道2015年巴黎暴力恐怖袭击案时均有不俗表现。

2015年11月2日至11日，汕头大学长江新闻与传播学院的同学们在缅甸报道大选，得到了很好的锻炼。汕大学生记者直接对话昂山素季，在发布会上与《纽约时报》记者交流。"此行得到的锻炼，是上多少课、读多少书都换不来的！"报道团一个成员说。

四、编辑与写作

一份不到500字的通知，为什么盖了44个那么权威的公章？

一份由多达44个国家部委、中央机关联署的文件出现在人们的视野中，这份文件盖有44枚大红公章，盖公章的页数就有4页。

其中，带有国徽图案的公章达37个，有党徽图案的印章4个，最大的两枚公章是最高人民法院和最高人民检察院。

盖了44个国家部委、中央机关联署公章的文件原来是一份通知，这份通知的内容只有469个字，而这份通知的附件内容占该文件总页数却超过九成，达45页。

44个单位联署盖公章为哪般？

原来，这是一份要对"失信被执行人"实施联合惩戒的合作备忘录，说白了，就是针对"老赖"祭出了撒手锏。

据了解，中国这样的老赖还真不少。4月12日发布的《中国法院信息化第三方评估报告》显示，截至今年2月29日，全国法院已公布失信被执行人302万人，失信信息查询4011万人次。

300多万老赖怎么治？

《备忘录》要求，一旦被列入失信被执行人名单，大到开公司、做高管，小到坐飞机、高铁时的位置，以及去夜总会、高尔夫球场这些消费行为都会处处受限，而且不仅自己遭罪，还会影响到自己所在单位的利益。

用一句话总结就是：一旦失信，寸步难行。

不信，往下看！

你想坐飞机？

不行！因为——国资委和中国民用航空局要求中国各航空公司，禁止向老赖出售机票。

飞机坐不了，火车睡软卧总可以吧？

没门！因为——铁路部门对于限制老赖高消费等行为高度重视，老赖将被限制购买列车软卧车票。

今后，老赖想在星级以上宾馆、酒店、夜总会、高尔夫球场等场所进行高消费？想支付高额保费购买保险理财产品？想旅游、度假？想购买不动产或者新建、扩建房屋？想租赁高档写字楼、宾馆、公寓等场所办公？想购买非经营必需车辆？想坐轮船二等以上舱位？……

一旦老赖被列入失信被执行人黑名单，被法院限制高消费后，上面的"梦想"通通都要幻灭了！

因为，《最高人民法院关于限制被执行人高消费的若干规定》第三条规定：被执行人为自然人的，被限制高消费后，不得有以上支付费用的行为。

今后，失信意味着破产！

首先是惩戒对象：《备忘录》共提出八类55项惩戒措施，对失信被执行人设立金融类机构、从事民商事行为、享受优惠政策、担任重要职务等全面进行限制。

首先是惩戒对象：原来由一个部门在一个领域对失信当事人实施惩戒，现在变为由多个部门在多个领域对失信当事人共同实施惩戒。惩戒的对象既包括失信的自然人，也包括失信的单位及其法定代表人、主要负责人、影响债务履行的直接责任人员、实际控制人。

首先是惩戒对象： 涉及金融机构审批、民商事交易安全、食品药品经营、安全生产、政府优惠性补贴、国有企业监督管理、法定代表人任职、工作人员招录、文明单位参评、旅游、度假、限制出境及定罪处罚等30多个重点领域。①

---

① 参见人民日报微信公众号，收入本书时有改动。记者黄涛，编辑崔鹏、石磊，2016年4月29日。

第十七章　新闻评论

第一节　理论精要

一、新闻评论的要素

新闻评论是评论新闻事实或新闻话题的议论文体，它有三个要素：论点、论据和论证。

论点是新闻评论的核心观点。论点要新颖，但新颖不等于偏激和错误，要注意论点的正确性、合理性。

论据是用来证明论点的材料，包括事实性论据（新闻事实）和理论性论据（知识），其中的知识又分为常识和专业知识。

论证是用论据证明论点，论证联结着论点和论据。新闻评论写作的过程也就是论证的过程。

二、新闻评论的选题

1. 选取新近发生的事情做评论。

2. 为真实的新闻做评论。

警惕虚假新闻，不要评论了半天才发现新闻是假的。对象是虚假的、不存在的，评论也就没有意义了。

3. 选题应该顾及大多数人的兴趣，要有足够多的人关注，具有普遍性。否则，评论写完了，却没有几个人关注，评论的影响力和价值也就很小了。

4. 选题包括事件性话题和非事件性话题，多选取事件性话题，多选取人们疑惑的问题、有冲突的话题和热点新闻事件做评论。

5. 选题应该让评论者有说话的欲望,而不是觉得没话说。没有说话的欲望,新闻评论就容易空洞枯燥,也不好操作。

三、论证的方法

(一) 演绎推理

演绎是从一般到个别。从一般事理推出个别结论,由大前提到小前提再到推出结论来。如毛泽东《为人民服务》中的一段论证①逻辑是:

"为人民利益而死,就比泰山还重。"(大前提,人们的共识)
"张思德同志是为人民利益而死的。"(小前提,这是一个事实)
"他的死是比泰山还要重的。"(得出的结论)

(二) 归纳推理

归纳是从个别到一般,从多个个别性知识推出一般性事理。

老子《道德经》中有这样一段语句:"三十辐共一毂,当其无,有车之用。埏埴以为器,当其无,有器之用。凿户牖以为室,当其无,有室之用。故有之以为利,无之以为用。"这段话就是采用归纳推理的方法,完成了论证。老子先是讲了车轮、器皿、房屋等三个个别事物的知识:

(1) 三十根辐条汇集到一根毂中的孔洞当中,有了车毂中空的地方,才有车的作用。

(2) 糅合陶土做成器皿,有了器具中空的地方,才有器皿的作用。

(3) 开凿门窗建造房屋,有了门窗四壁内的空虚部分,才有房屋的作用。

然后,由上述三个个别性知识,推出一般性事理,总结出了"有""无"的辩证关系,亮明了观点:

所以,"有"给人便利,"无"发挥了它的作用。

(三) 类比推理

类比是从个别到个别。两个事物甲和乙具有相同或相似的诸多属性,其中

---

① 《毛泽东选集》第三卷,北京:人民出版社 1991 年版,第 1004 页。

甲还具有别的属性,由此推断出乙也具有这样的属性。

四、新闻评论的写作

1. 文章要有新观点、新认识、新表述。

2. 要增强文章的说服力,让人读了之后心悦诚服,感觉说得有道理。

3. 要讲究逻辑。不可以偏概全,不可偷换概念,不可把两种并无关联的现象强扯成因果关系。

4. 要冷静、理性,不要强词夺理,不要胡搅蛮缠。

5. 不要靠扣帽子和愤怒的气势来吓倒持不同观点者。

6. 不要用比喻代替论证。

比喻会让表达更生动,但也有可能转移话题,偷梁换柱。用比喻来代替论证,有时会将论证变成蒙蔽和绑架,终究是站不住脚的。

7. 注重逻辑推理的同时,还要顾及社会现实,把握表达的分寸。

8. 要体现人性的温暖,不要太冷血。

9. 与新闻报道强调使用第三人称不同,新闻评论可以自由地使用第一人称和第二人称。

如马少华在《〈辽日〉事件,喜欢讨论,厌恶斗争》一文开头采用了第一人称"我":"求是理论网昨日刊文《围攻〈辽宁日报〉为哪般?》,再次触动了我对于《辽宁日报》公开信风波的表达欲望。"

用第一人称写作,以作者的亲身经历来推进评论的写作,可以增加"我"的附加值。"'我'的故事,'我'的经历,说出来与大家分享,让大家在生活的'共鸣'中悟到一个道理,这就是'我'的附加值。"①

用第二人称写作,可以增强面对面式的交流感,让评论更加亲切。

10. 提高表达的效率。

(1) 进入评论主题要快。

(2) 使用短小的段落,第一段、第二段尤其要短小。

(3) 要直截了当,不要太含蓄,不要曲折费解地表达。

---

① 曹林:《时评写作十讲》,上海:复旦大学出版社2011年版,第32页。

五、评论的标题

1. 在标题中亮明观点。不能只有事实性信息,却体现不出观点性信息。
2. 多为一行题,如:

《急性短暂性精神障碍证》,你领了吗?

(王文志,微信公众号"记者王文志", 2015年9月8日)

少数标题是多行题,如:

扑下身子 苦干实干
——三论学习廖俊波同志先进事迹

(新华社评论员,新华网,2017年6月9日)

3. 可以是句子,如《今后能否不再搞"985""211"工程》(熊丙奇,《新京报》2014年11月14日)。

也可以是短语,如《地方官员可怕的"推土机政治"》(曹林,黄河新闻网2010年5月25日)。

六、评论的开头:引论

评论的开头由新闻事实和观点组成,有以下两种操作方法:
1. 第一种方法:先概述新闻事实,再亮明观点。
2. 第二种方法:先亮明观点,再概述新闻事实。

看一个开头的例子:

北方公众用得起暖气,南方民众同样也用得起。这且不说,作为一种公共产品,南方许多民众对集中供暖也有迫切需求。

随着天气转冷,南方人开始翻箱倒柜找过冬衣服,同时不免老话重提:什么时候南方才能实现集中供暖?(魏英杰:《南方供暖应提上议事日程》,《新京报》2014年11月18日)

不管采用哪种方法,以下建议值得参考:
1. 新闻事实与观点表达可分成两段,把最能吸引读者的材料放在最前面。
2. 新闻报道已经报道了相关新闻事实,评论中的事实吸引力通常要差一些。评论的开头叙述事实时应该尽可能简短,尽早把主观性信息表达出来。

3. 评论的开头叙述事实时强调高度概括,或者只讲述事实当中最有吸引力的部分,以凸显核心和新闻价值,吸引住读者。

七、评论的主体:正论

1. 每个论证单元都要与其他论证单元明显区分开来,让文章显得眉清目秀,容易记住要点。

2. 每个论证单元的第一句话都以明确的判断语出现,亮明文章的分论点。不要将多个论证单元混在一个大段落里。

3. 结构方法一:并列结构。
论证材料各自独立,属于并列关系,共同为论证总论点服务。

4. 结构方法二:递进结构。
前一个论证单元得出的结论,是后一个论证单元的前提,前后论证单元支持,层层递进,最终得出全文结论。

八、评论的结尾:结论

与新闻写作中的"倒金字塔"不同,评论注重结尾的写作,强调首尾呼应。

结尾往往重申论点,加深读者的印象,但结尾不能简单重复前面说过的话,而应给人以新鲜、自然和深化的感觉才好。

比如,毛泽东在《评蒋介石在双十节的演说》开头写道:"空洞无物,没有答复人民所关切的任何一个问题,是蒋介石双十演说的特色之一。"[1]结尾还要重申观点,但它不是简单重复开头,而是在表述形式上做了拓展,提供了更为丰富的信息,给人以新鲜的感觉:"蒋介石的演说在积极方面空洞无物,他没有替中国人民所热望的改善抗日阵线找出任何答案。在消极方面,这篇演说却充满了危险性。"[2]

九、编者按

编者按是编辑对发表的文稿所加的评论性或说明性文字,标上"编者按"字

---

[1] 《毛泽东选集》第三卷,北京:人民出版社1991年版,第1007页。
[2] 同上书,第1010页。

样,大多不加标题。

(一) 编者按的特性

(1) 依附性:编者按依附于所发表的新闻报道或其他稿件,它不能独立存在,它不是独立的新闻评论。

(2) 专用性:编者按的作者是职业编辑,而不是其他作者个人;编者按代表了媒体立场,作者应该具有岗位意识。

(二) 编者按的位置类型

根据编者按与主体文稿的相对位置关系,可将编者按分为文前、文中、文后三种类型。

文前按语最为常见,居于发表的文稿之前,不拟标题,不署名,常以楷体字排版。

文中按语直接插入文中需要论说的地方,放在某句话的后面,用括号括起来,随时进行评点。

文后按语又称编后、编辑后记,可拟标题也可不拟标题,可署名也可不署名。

(三) 编者按的写作

采用议论或说明的方式展开写作,不要面面俱到,不必重复叙述主体文稿中的事实材料,直接鲜明地提出评说。语言必须言简意赅,说必须要说的话,百十字以内搞定,文中按语则要更加简短。

十、配评论

配评论是指为重要的新闻报道配发简短言论,它也是一种职业岗位写作,代表新闻媒体的立场。

(1) 配评论的分量比编者按要重,它是完整的新闻评论,应该有标题、开头、主体和结尾。

(2) 从依托的新闻报道中寻找最有意义的某一点展开议论,不要什么都谈。

(3) 因为是与新闻报道一起发表,所以配评论不用另外单独叙事。

（4）配评论配的是简短言论，篇幅通常比编者按长，但比所依托的新闻报道短。

第二节　实践训练

一、撰写评论

阅读下列新闻稿件，然后撰写新闻评论，800字左右。

弃北大读技校　自定别样人生①

11月4日，第六届全国数控技能大赛决赛开幕式在北京工业技师学院举行。在会场，一个看起来很沉稳的男孩代表参赛选手进行宣誓，他的一举一动时刻吸引着媒体记者们的眼球。他就是周浩。

周浩有足够让人惊讶的经历。3年前，他从北京大学退学，转学到北京工业技师学院，从众人艳羡的高才生到普通的技校学生，从北大生命科学研究院人才储备军到如今还未就业的技术工人。这样的身份转变，就足以让人不敢相信。周浩这样做了，并且谈起当年的决定，"毫不后悔，很庆幸"。

遵父命上北大　没兴趣痛不欲生

2008年8月，顶着如火的骄阳，周浩踏上了去往北京的火车。

在当年的高考中，周浩考出了660多的高分，他是青海省理科前5名。本来他想报考北京航空航天大学，但这个想法遭到了家人老师的一致反对，父母觉得这样高的分数不报考清华北大简直就是浪费，高中班主任也一直希望他能报考更好的学校。"我从小就喜欢拆分机械，家里的电器都被我重装过。在航空航天大学，有很多实用性的课程，这比较对我的胃口。"但是，周浩最终还是妥协了，"当时还小啊，再有主见也还是听家长的"。没想到，当年的妥协竟困扰了他两年多。

到了北大，周浩以为可以有一个新的开始，会习惯这里的生活。事实证明，他错了。

---

① 彭燕、吴雪阳：《弃北大读技校　自定别样人生》，《中国青年报》2014年11月17日。

大一上学期，周浩努力地适应一切，浓厚的学习氛围、似乎永远也上不完的自习、激烈的竞争环境……从小就喜欢操作和动手的周浩开始感受到了不适应。到了第二学期，理论课更多了，繁重的理论学习让周浩觉得压力很大。"生命科学是比较微观的一门学科，侧重于理论和分析，操作性不是很强。而我又喜欢捣鼓东西，喜欢操作。所以我们互相不来电。"

没有兴趣的专业让周浩痛不欲生，每天接受的都是纯粹的理论更让他头脑发胀，对于未来也变得非常迷茫："不喜欢学术，搞不了科研，但是生命科学系的很多学生未来几乎都会读研究生，这样的路并不是我想走的。"于是，周浩学习开始不那么积极了，不再像刚入大学那会儿跟着室友一起去上自习，"越来越迷茫，不知道自己的出路在哪儿"。就连作业，周浩也不再认真完成，每次都是敷衍了事。

一开始，周浩觉得问题的关键在于自己适应环境的能力太差。于是，他试了各种办法让自己习惯这种学习氛围。

同学告诉他可以尝试去听工科院系的课程，从中找到自己的兴趣。他便去旁听北大工科院和清华工科院的课，却发现这些课基本上也是纯理论，而实践操作课只有工科院本院的学生才能去上。然后，他开始谋划转院。但是在北大，转院并不是一件容易的事。想转的院和所在的院系公共课要达到一定的学分才能转院。周浩想转的工科院和他所在的生科院基本上没有什么交集，周浩知道转院这条路终究是走不通了。接二连三地遭受打击之后，周浩开始陷入了绝望。

休学一年体验人间冷暖　选择转校艰难说服父母

第一年的尝试失败了，于是，他决定大二先休学一年。到了深圳，周浩觉得自己应该认真规划一下自己的未来。

休学期间，他当过电话接线员、做过流水线工人，没有一技之长又不擅长交际的周浩感受到了社会的残酷。"对于人间冷暖有了初步的体会，大家不会因为你是大学生就尊重你，就会多给你一次尝试的机会。"周浩以为初入社会的挫败感让自己能喜欢上北大的生活，静下心来学习，能再次接受自己不喜欢的专业。

然而,重新回到校园的时候,周浩有了比以前更大的不适应感,他越来越觉得自己实在不适合学习这门专业。"现在看来,我休学一年所做的思考基本上都是失败的",周浩苦笑道。

在旁听、转院、逃避都没有解决问题的情况下,周浩开始打起了转校的"算盘"。从大一开始,他就已经在网上对中国的一些技师学院进行了了解,并且还翻墙去看德国数控技术方面的网站,对比了中国与德国这方面的差距,初步对中国的数控市场进行了判断。"我觉得中国是比较缺知识技能复合型人才的,就像德国很多技术工人都是高学历,而中国的技术工人基本上都学历不高。"

了解了自己高学历的优势,周浩开始选择适合他的学校。"在网上搜到了北京工业技师学院,它的水平在行业内是领先的。既然想学点技术,尤其是数控技术,那这里就是最好的地方。"

从北京大学退学,要去一个听都没有听过的技术学校,这样的想法一定是疯了!当时,周浩身边的亲戚朋友同学都这样认为。父亲知道周浩的想法以后非常反对,打了很多电话劝他,让他再坚持坚持。劝不动周浩,意识到儿子是认真的以后,父亲开始妥协。"他开始退让,同意让我转到父亲所在的深圳大学,就是不让去技校。"

周浩却坚定了去技校,"北京大学这样在国内算是比较自由的学府都没有给予自己希望,那么去别的学校万一又出现同样的问题呢?难道到时候又转校吗?"周浩觉得要找一个可以真正学到技术的学校。

周浩从小和母亲关系很好,几乎无话不谈。于是,周浩决定先说通母亲支持自己。在知道周浩在北大的经历以后,母亲震惊了,她没想到儿子在人人向往的北大竟然过得这么痛苦和压抑。她决定帮助儿子摆脱烦恼。终于,在母亲的劝说下,父亲同意了周浩的决定。

在得到父母的支持以后,周浩觉得自己离梦想近了一大步。"我一直比较在乎别人的看法,但是如果一辈子都要做自己不喜欢的事,你的一生就毁了。"周浩说:"如果我过得很精彩,总有一天,可以证明给当初质疑自己的人看。"

转校成功拾回学习热情　　不后悔选择淡定面对未来人生

2011年冬天,周浩收起铺盖从海淀区到了朝阳区,从北大到了北京工业技师学院,开始了人生新的起点。

对于北京工业技师学院来说,这无疑是一个天大的喜讯。"你想想,为了增加生源,我们学校给农村户口的孩子减免学费,却还是没有起到多大的效果。这样一个北大学生的到来,当然是很惊天动地了。"学校党委副书记仪忠谈起自己的得意门生很自豪:"考虑到周浩之前有一定的操作基础,学校没有让他从基础课学起。为了让周浩接受更大的挑战,他直接进入了技师班,小班授课,并且给他配了最好的班主任。"这种小班式、面对面地和老师交流,让他找到了很强的归属感。

除了学院的培养,找到兴趣点后的周浩重新拾回了对学习的热情,这让他在这里得以大显身手。"大学的生活很散漫,而技师的生活就是'朝八晚五',一切都靠自律。"实验室十几台瑞士进口的数控机器,老师面对面的亲自指导,直接上手的机器操作,这一切都令周浩兴奋不已。由于之前没有接触过数控技术,而别的同学都已经学了两年,为了赶上大家的进度,他学得格外认真,"每天都把老师教过的技术重复练习,有不懂的就及时问。"很快,周浩便成了小班中项目完成速度最快、质量最好的学生。

周浩的努力没有白费。凭借北大的理论基础和北京工业技师学院的技术学习,周浩慢慢朝着自己努力的知识技能复合型人才的道路发展,他成为学院最优秀的学生之一。尽管有很多企业向周浩伸出橄榄枝,但对于未来,周浩有自己的设想,"现在还不想就业,我还是想继续深造,对数控技术了解得越深我就越觉得自己学的太少,还是要再多充充电"。

"我所学的技术在人们的生活中起着很大的作用,我不会后悔自己的选择。而且三百六十行,行行出状元、每个人只要在适合自己、自己感兴趣的岗位上工作,都会很强大的!"周浩说。

二、综合应用

阅读下列材料,完成下列任务:

1. 将其改写成一则消息,字数控制在500字以内;

2. 为消息制作新闻标题；
3. 撰写新闻评论。

现场 "上千老鼠到处乱窜"

"好恶心,老鼠在田间乱窜",14日中午1时许,地处郊野的广州市从化鳌头镇黄茅村田间仍旧平静。这时,106国道车流忙碌,一辆不起眼的面包车静静停靠在路边,没想到却打破了这个小乡村的宁静。村民刘先生表示,"我们当时没留意到面包车到来,只是突然发现农田里突然多了老鼠。顺着老鼠的叫声,田间那边五人提着铁笼,正从笼子中将整笼黑乎乎的老鼠放出来,上千只老鼠到处乱窜,好可怕"。"那些人不仅在农田间放老鼠,还跑到村边的房屋边放……"

村民围捕放鼠人

"有人在村里放老鼠啊!"一些村民自发喊了起来,大家通过叫声、电话等呼朋唤友,"当时,附近村民闻讯,纷纷赶来。一会儿,就聚集了上百村民,大家堵在田间、村中小道等,不让放鼠人离开"。

参与围捕的村民说,"放鼠人见状,惊慌失措,四处逃跑。停靠在路边的面包车原本已经逃窜,看到放鼠同伙没能走掉,这辆面包车又从106国道中掉头回来,向村民靠近,企图接走正在逃跑的同伙"。

村委:放了127斤老鼠

经过村民们点算,放老鼠的五人一共提了五大笼老鼠过来,"比家中的米老鼠大一点,比田鼠又小一点,放的那些都是我们常见的坑渠老鼠"。从化鳌头镇黄茅村有关负责人表示,他们初步盘问了抓到的两个放鼠人,"他们说放了127斤老鼠,而村民则表示,他们放了上千只老鼠"。

村委会:深埋大半袋死老鼠

放鼠人放出老鼠到哪里去了?"由于老鼠出笼后,活蹦乱窜,一下子都不知道跑到哪里去了。我们鼓励村民自发灭鼠。"从化鳌头镇黄茅村有关负责人说,放鼠人笼子里本来就有些死老鼠,"我们组织村民将这些死老鼠收拾起来,大概有半个蛇皮袋那么多"。

"为了妥善处理这些死老鼠,我们在山里深挖了一个大土坑,将这些死老鼠放进土坑,然后覆土掩埋。"

农业部门:送老鼠药

到了昨天,距离放鼠活动已经将近一天。黄茅村有关负责人向记者表示,接到一些村民投诉,说"村里、屋旁,多了很多死老鼠。我们村委会将逐一核实,商量安排好妥善处理方案"。

为了更好地防老鼠,黄茅村向鳌头镇农业等部门汇报事件,"鳌头镇农业部门当天下午,就送来了老鼠药。我们向村民分发了老鼠药,希望尽快捕杀这些老鼠"。

当地一些村民希望卫生部门能够积极介入,保障村民健康,"这些老鼠不知道有没有病,希望卫生部门多做检疫、防控,防止病毒入侵"。

放鼠人自称是"放生"

五人放鼠究竟是什么目的?参与放鼠的两人已经被扭送到当地派出所,派出所正在对两人进行调查,真相有待查明。村民刘先生表示,参与放老鼠的共有五人,四男一女,"外地口音,我看到他们其中一个人的身份证是湖南省的,但不知道真假"。黄茅村有关负责人向记者否认了村民与别人有恩怨或者利益纠纷等猜想。"这两名放鼠人坚称,自己做善事,求赎罪而放生老鼠!"

村民:希望有关部门管理当地乱倒、乱放事件

从化鳌头镇黄茅村比邻花都梯面镇,是山区,车辆顺着106国道,经过花都梯面境内,再走五六公里,即可到达黄茅村。

一名不愿意透露姓名的村民表示,由于地处从化、花都两个行政区域交界地,"过往车辆乱倒垃圾、死狗、死猪等事件时有发生。这些车辆突然停车,看村民不注意,就立刻往田里扔垃圾。我们希望当地部门能够严格监管,安装摄像头,现场执法,处罚这些乱倒垃圾的司机。"①

---

① 《广州日报》2014年11月15日。

三、加编者按

阅读下列报道,为它加一个编者按:

南开大学学生创业团队与山西当地农民联手卖出红枣250万斤
线上线下发力　滞销变畅销①

本报记者　朱虹

红枣丰产却滞销,枣农束手无策

山西临县红枣滞销,南开大学学生创业团队"农梦成真"伸出援手。"1月11日以来,不包括电话订购,我们已经在淘宝和微信平台上卖出了至少250万斤滞销红枣,销售额达到了1500余万元。"团队负责人彭俊告诉记者。

据介绍,"农梦成真"是南开大学的学生创业团队,一直致力于解决农村农产品滞销问题。2015年11月,他们曾通过网络帮助天津蓟县农民卖出价值几十万元的滞销苹果。彭俊说,他们团队从媒体报道中了解到,2015年山西临县红枣大丰收,产量达到3.6亿斤,但严重滞销。经过充分了解和市场调查,"农梦成真"团队决定通过网上销售的方式帮助枣农卖枣。

"2015年12月下旬,我们赶赴临县,眼前的情景让我惊呆了。没人收的枣树林,满地是枣,走在上面可以听到'噗噗'的声音",彭俊说,家住临县沈家沟村的一位老大爷告诉他,家里主要的经济作物就是20亩枣树,2015年产量达到了16000斤,往年收购价为1.6—1.7元,但现在最好的枣也只卖3毛钱,还没人要。"我们详细了解了当地红枣的种植和滞销情况后,进一步坚定了帮助他们卖枣的决心。"彭俊告诉记者。

网上推送引发关注,爱心网友踊跃购买

下定决心后,彭俊开始了"组队"。

柳林顺,山西临县的青年创业者,他曾在北京一家互联网公司工作,得知家乡红枣滞销,于去年11月辞职回乡义卖红枣。"一开始,我

---

① 《人民日报》2016年1月23日。

与各地枣商联系,他们一般都要求先寄两箱样本过去,我前前后后寄出了7000多块钱的枣,可没有一家有购买意向。"

柳林顺苦于打开市场无门,直到遇到彭俊,二人一拍即合。就这样,柳林顺负责组织人力进山收枣,彭俊则负责打开市场。

1月11日,"农梦成真"团队在社交网络上推送了文章《紧急救助大山老农:不让山里农民红枣喂牛羊,"农梦成真"请你伸手来帮忙》。该文立刻引起了广泛关注,当天浏览量即超过10万。经过网上推广以后,"农梦成真"的两个客服电话被"打爆"。"一开始觉得能达到100万元的销售额就很不错了,没想到大家这么关注'三农',这么踊跃地购买。"彭俊说。

南开大学校团委在了解了"农梦成真"帮助山西枣农的事情后,立即组织20余名志愿者担任客服,并将客服电话增加到了10部,还专门提供了一间办公室供团队使用,处理来自海内外的大量订单和咨询电话。

公益力量汇集,形成产业链条

"第一车枣发出来了,但供应、资金与物流链,仍是横在面前的难题。"彭俊说。"农梦成真"网店的销售额很大,需要大量发货,可现有的人力、运力远远达不到需求,况且临县山路崎岖,只能用农用三轮车往外拉。更为紧迫的是,由于网店的订单在消费者未收货前,无法拿到现金,因此无法支付收枣、纸箱、人力等费用。

彭俊与柳林顺大致估算了一下,要想实现顺利供货,启动资金至少需要400万元,对他们而言,这无疑是一个天文数字。

与此同时,网上出现了很多不理解"农梦成真"的声音:"临县有那么多枣吗?""这个价格比超市低,不会是假的吧?"……1月15日,转机终于出现了,社会公益力量汇聚起来的强大暖流帮助彭俊与柳林顺渡过了难关:"水木年华"歌手缪杰得知"农梦成真"的困境后,答应筹款100万元。

此外,共青团山西省委还组织了吕梁大学生志愿者10多人前往临县协助,山西的一些物流公司也在临县设立了办事处,帮助运输红枣……目前,"农梦成真"团队收枣网点已遍布临县的各个乡镇,每天可发出60吨红枣,一条产地直供、网络销售、收益惠农的产业链初步形成。

彭俊说,"农梦成真"团队在每箱红枣中都放置了一封感谢信,以临县全体枣农的名义感谢人们对临县枣农的关注,感谢人们对大学生创业的支持,也感谢人们力行公益的爱心。

产业化高品质,助力枣业突围

"现在需要思考的是如何建立临县红枣品牌?如何增强临县红枣竞争力?如何让缺乏资金的大学生创业者更多地参与这样的项目?"临县红枣滞销的事引发了彭俊的深入思考。

彭俊认为,只有转变粗放、品种单一的种枣方式,才能让枣农增收致富。柳林顺说,近年来,临县枣业病虫害很严重,打击了枣农的信心,"原来临县有300多家枣厂收枣卖枣,目前大多数都停工了",他认为,"最重要的是对枣业精细化管理,重树枣农信心"。

电商从业者高利明认为,种红枣最重要的是"懂红枣",必须通过与农科机构合作建立种植专业合作社,引进有机红枣种植技术,采用精细化管理,才能生产出高品质的红枣,逐渐打开国内外市场。山西吕梁市一位政府部门负责人则认为,只有建立龙头企业与农户的紧密经济联系,组成完整的经纪人队伍,才能实现临县枣业的可持续发展。

四、新闻评论

2016年3月16日,四川省阆中市人民法院在阆中市江南镇召开公开宣判大会,8名农民工由讨薪演变为妨害公务而分别被判处6—8个月不等有期徒刑,其中两名宣告缓刑。请对这一新闻展开评论。

第三节　操作参考

一、撰写评论

下文是清华大学学生杨臻臻撰写的一篇新闻评论,文章刊发在2014年11月18日的《新京报》,供读者参考。

"退学北大读技校"并非不可思议

未来消除社会对技校的"偏见",使其得到与普通高校同等待遇,需要社会转变对技校的固有观念,更需要技校本身提高教育质量。

据《中国青年报》报道,2008年,青海学生周浩高考以省理科前5名"被迫"进入北大生命科学专业就读,3年前,爱好"鼓捣东西"的周浩因为在北大学习"痛不欲生",退学转到北京工业技师学院。

"退学北大读技校",除了可给大家戏谑关于蓝翔这一老梗的谈资,调侃"挖掘机到底哪家强"之外,从全国著名高等学府退学,到名不见经传的技校,这一在旁人看来不可思议的"转型",或许才是其真正走红的原因。

实际上,据报道,周浩在北大学习的三年间曾努力适应所学专业,但迷茫与痛苦依旧,也曾有转专业的尝试,最终无果。而从北大退学到技校后,他找到了自己的方向,有浓厚的学习兴趣并取得了较好的成绩,弃名校读技校这一选择似乎更契合周浩的个人追求。

敢于追寻自己兴趣的周浩受到了赞扬,当然,质疑之声也不断,"面对社会现实吧,以后就会后悔的"。所谓社会现实,大概就是长期以来学历至上的人才市场,而质疑声背后,则是大众对技校低"大学"一等的固有观念。

但回归教育本质,无论是著名高等学府还是普通技术教育学院,都是对社会需求之人才的培养,地位应是平等的。

今年6月,国务院就颁布了《关于加快发展现代职业教育的决定》,并提出"到2020年形成适应发展需求、产教深度融合、中职高职衔接、职业教育与普通教育相互沟通,体现终身教育理念,具有中国特色、世界水平的现代职业教育体系"的目标。在现代教育体系中,职业技术教育与普通教育更应平等对待。

未来消除社会对技校的"偏见",需要社会转变对技校的固有观念,更需要技校本身提高教育质量。如进行校企合作、工学结合,强化教学、学习、实训相融合的教育教学活动;建立专业教学标准和职业标准联动开发机制;完善教师资格标准,实施教师专业标准,健全教师专业技术职务评聘办法等。

如此再来看周浩"退学北大读技校",也就没那么"不可思议了"。

二、综合应用

1. 消息改写

下面是本书作者改写的消息例文,供读者参考。

老鼠也放生　村民不答应

本报讯　五名放生者来到广州农村田间,放生了大约千只老鼠。

14日中午1时许,放鼠人乘坐一辆面包车从106国道开来,停靠在广州市从化鳌头镇黄茅村路边。

他们提着铁笼,将整笼黑乎乎的老鼠放到田间,"上千只老鼠到处乱窜,好可怕。"村民刘先生说,除了在田间放生以外,放鼠人还跑到村边房屋附近放老鼠。

上百村民开始围堵放鼠人,大家堵在田间、村中小道等,不让放鼠人离开。

停靠在路边的面包车原本已经逃走,看到同伙没能走掉,面包车又掉头回来,向村民靠近,企图接走正在逃跑的同伙。

放鼠者共有五人,四男一女,"外地口音,我看到他们其中一个人的身份证是湖南省的,但不知道真假"。

村民抓到了两个放鼠人。这两名放鼠人说,他们是在做善事,求赎罪而放生了127斤老鼠。

黄茅村有关负责人说,放鼠人笼子里本来就有半个蛇皮袋死老鼠。村民在山里深挖了一个大土坑,将这些死老鼠放进土坑,复土掩埋。

当天下午,鳌头镇农业部门送来了老鼠药,分发给村民,希望尽快捕杀这些老鼠。

2. 标题制作

如果不是特别较真的话,比如在考试答题的时候,可以将消息的标题定为《从化鳌头五人放生上千只老鼠为求赎罪》。

如果考虑到放鼠人与村民对老鼠数量的说法并不完全一致——村民说是上千只,但放鼠人只说放了127斤,并未说个数,所给材料也没有给出精确数量——新闻标题不妨采用顺口溜的形式,定为《老鼠也放生　村民不答应》。

3. 评论撰写

下文是中国地质大学学生王江涛撰写的评论,发表于2014年11月17日《新京报》,供读者参考。

放生老鼠:伪善何时入正途

从放生乌龟到放生毒蛇,原本以行善为出发点的放生行为却动辄让人产生又怜悯又惊恐的复杂心态。近日,广州从化有五人放生上千只老鼠引"鼠灾",遭百余村民围捕后称是"赎罪",再次引发人们对放生的关注。

同以往放生龟和蛇等"灵物"相比,此次广州发生的放生老鼠事件,实在让人难以同"善"联系起来。毕竟,坑渠鼠是不少致命病毒宿主,也易繁殖。这也让人质疑:这般放生善举何时才能步入正途?

从放生者的角度而言,放生行为大多被赋予"行善""赎罪"等意义,但从当前的情况来看,放生者大多只关注放生这一动作,并不去关心放生的内涵及放生后的影响。就此次广州放生老鼠事件而言,五人选择坑渠老鼠作为放生对象,就没有考虑到其可能对人们的生命安全和环境生态构成威胁;更没有考虑到,放生行善并非满足自身道德优越感的路径,而是一种关乎生命的价值取向,不论放生老鼠招致哪些生命的生存受影响,其行善的目的都是达不到的。因此,真正认识放生行善的意义,才是告别伪善的第一步。

而从社会治理者的角度而言,在放生屡次成为危害公共安全的潜在威胁时,对这种行为如何界定,如何从社会管理乃至法律层面上对此类事件进行防控和监管,应该有所行动。此次放生大量老鼠的案件,当地警方已经将五人中的两人抓获,虽然放生者的真实动机仍然不能确定,但不少村民家中遭受鼠患,不少人还担心有传染病的危险,此次事件已经造成的危害却显而易见。然而,如何在"蓄意"和"过失"之间进行认定,如何权衡"放生"这种"善举"的正义性和危害性之间的关系和权重,如何针对此类事件的特点对广大群众进行说明和提示,显然比事件本身更重要。

放生行善是一种利他行为,原本无过。可如果帮了一个,害了一群,乃至伤害了人的生命,就是一种虚伪的善良。对于此类放生行为,不论是参与者还是监管者,探究其本源,研判其后果,做好预防和补救,都应该成为一种自觉,如此,放生老鼠这样的伪善才能有所缓解。

三、加编者按

编者按:日前,南开大学学生创业团队"农梦成真"通过网络帮助山西临县农民解决红枣滞销难题,引发社会广泛关注。截至目前,已卖出逾250万斤红枣。农产品销售,既需要畅通的渠道,也需要对种植情况有深入了解——这次南开大学学生创业团队的爱心行动,为枣农送去温暖与希望;而他们"线上线下联动"的合作方式,也为我们今后应对农产品滞销难题,提供了新的经验。[①]

四、新闻评论

3月17日,浙江省检察院副巡视员岳耀勇专门在其个人公众号"劳月夜聊"推出一篇评论《公判大会说明了什么?》,严批阆中法院通过召开公审大会的形式宣判讨薪者的行为,这篇评论值得新闻学子借鉴和学习。

岳耀勇是一名资深法律工作者,熟悉司法实践,深谙法律专业知识,他的评论有理有据,直截了当地点出公判大会不合法不合理,令人信服。新闻评论需要专业知识力量的支撑,岳耀勇的评论在这方面堪称典范,他的评论也是一个传递法治精神的过程,值得我们学习。

公判大会说明了什么?
岳耀勇

今天看到报道,3月16日,四川省阆中市人民法院在阆中市江南镇公开宣判一起妨害公务案,8名被告人分别被判处6—8个月不等有

---

① 参见《人民日报》2016年1月23日第6版。

期徒刑,其中两名宣告缓刑。

至此,这起在当地轰动一时的农民工讨薪演变为妨害公务的事件尘埃落定,8名被告人均对自己不理智的行为追悔莫及,事件也再次敲响了理性维权的警钟。

看完这篇报道,只有一声叹息。从事司法工作30多年,亲眼看到中国法治建设的进步,但也亲身感受到中国法治建设的艰难。

在全面推进依法治国的今天,依然还有"公判大会"存在,心中不由得涌上一阵悲凉。

那些嘴上高喊"依法治国"的领导们,那些口口声声"法律至上"的法官们,你们心里究竟有多少"法治"的理念?

一个星期前,看到有人大代表建议在《刑法》中增设"伪造、变造民用机动车号牌"罪时,我在这里发过议论,认为"依法治国"不是"刑法治国"。动辄以"入刑"了事恰是缺少法治理念的表现。中国古代社会也有法律,但那是面对普通百姓的严刑峻法,是"刑不上大夫"的"酷刑治国",与现代法治理念强调的公平、公正、权利、义务有着天壤之别。此法非彼法也!而我们有不少同志不了解这一点,居然把从封建社会遗留下来的"示众"作为警告、遏制犯罪的法宝,始终不肯放弃。

我以为,公捕、公判大会与把囚犯人头挂在城楼上示众没有本质的区别。

早在1988年,最高法院、最高检察院和公安部就联合下发《关于坚决制止将已决犯、未决犯游街示众的通知》。

1992年,最高法院、最高检察院和公安部又规定"严禁将死刑罪犯游街示众。对其他已决犯、未决犯和其他违法人员也一律不准游街示众或变相游街示众"。

可是,时至21世纪,居然还有公判大会,并且上网大肆宣传。岂非咄咄怪事?

今晚我之所以要就此发一通议论,更深层的原因是,这个公判大会既不是地方党政领导召开的,也不是基层法院召开的,而是堂堂一个人民法院召开的!

在法律尚未普及到位的今天,基层党政领导不了解法律程序规定还情有可原,但一个人民法院也会召开这样的公判大会就不可原谅了。依照法律规定,法院审理刑事案件应该"开庭"宣告判决,而不是"开大会"宣告判决。这是刑事诉讼的基本程序规定。现在的法院都有完备的法庭,无须像30年前那样借用剧院开庭了,更不应该到广场上去"公判"。此案本可以在法庭里判决,然后通过各种媒体告诉公众。这样既符合程序规定,又能达到宣传效果。

可是,我们的法官们偏偏要到广场上去"公判",变相地让被告人示众!当司法体制改革正在研究提高法官检察官的待遇时,法官检察官如果还如此缺少法律专业素养,缺少基本法治理念,怎么让人服帖!

这次公判大会至少说明两点,第一是"依法治国"的路还很长,第二是法官检察官的法律专业素质实在还很欠缺。

主要参考文献

刘冰：《新闻报道写作：理论、方法与技术》，广州：南方日报出版社2016年版。
刘冰：《融合新闻》，北京：清华大学出版社2017年版。
刘万永：《调查性报道》，北京：人民日报出版社2015年版。
曹林：《时评写作十讲》，上海：复旦大学出版社2011年版。
马少华：《新闻评论》，长沙：中南大学出版社2005年版。
丁法章：《新闻评论教程》，上海：复旦大学出版社2002年版。
於春：《主持人即兴口语传播》，北京：中国传媒大学出版社2012年版。
彭兰：《社会化媒体：理论与实践解析》，北京：中国人民大学出版社2015年版。
蔡雯：《新闻编辑学》，北京：中国人民大学出版社2006年版。
肖森舟、李鲆：《微信营销108招》，北京：人民日报出版社2015年版。
高钢：《新闻采访写作》，北京：高等教育出版社2012年版。
李希光：《新闻采访写作教程》，北京：清华大学出版社2011年版。
武斌：《新闻写作案例教程：范例、思路与技巧》，广州：南方日报出版社2014年版。
郭光华：《新闻写作》，北京：中国传媒大学出版社2006年版。
章宗栋：《消息论》，北京：中国广播电视出版社1995年版。
洪天国：《现代新闻写作技巧》，北京：中国新闻出版社1986年版。
胡志平：《新闻写作创新智慧》，北京：新华出版社2003年版。
黄晓钟：《新闻写作：思考与训练》，成都：四川大学出版社2002年版。
张征：《新闻采访教程》，北京：中国人民大学出版社2008年版。
刘孟宇、诸孝正：《写作大要》，广州：中山大学出版社1997年版。
杨保军：《新闻理论教程》，北京：中国人民大学出版社2005年版。
陈力丹：《新闻理论十讲》，上海：复旦大学出版社2008年版。
陈力丹、周俊、陈俊妮、刘宁洁：《中国新闻职业规范蓝本》，北京：人民日报出版社2012年版。
张威：《比较新闻学：方法与考证》，广州：南方日报出版社2003年版。

黄伯荣、廖序东主编:《现代汉语(下册)》,北京:高等教育出版社 2002 年版。

〔美〕马克·克雷默、温迪·考尔主编:《哈佛非虚构写作课:怎样讲好一个故事》,北京:中国文史出版社 2015 年版。

〔英〕大卫·兰德尔:《全球新闻记者》,上海:复旦大学出版社 2013 年版。

〔美〕谢丽尔·吉布斯、汤姆·瓦霍沃:《新闻采写教程:如何挖掘完整的故事》,北京:新华出版社 2004 年版。

〔美〕杰里·施瓦茨:《如何成为顶级记者——美联社新闻报道手册》,北京:中央编译出版社 2002 年版。

〔美〕密苏里新闻学院写作组:《新闻写作教程》,北京:新华出版社 1986 年版。

〔美〕卡罗尔·里奇:《新闻写作与报道训练教程》,北京:中国人民大学出版社 2004 年版。

〔美〕布雷恩·S.布鲁克斯等:《新闻报道与写作》,北京:新华出版社 2007 年版。

〔美〕杰克·海敦:《怎样当好新闻记者》,北京:新华出版社 1980 年版。

〔美〕塞缪尔·G.弗里德曼:《媒体的真相——致年轻记者》,北京:中信出版社 2007 年版。

〔美〕梅尔文·门彻:《新闻报道与写作(第 9 版)》,北京:华夏出版社 2003 年版。

〔美〕威廉·E.布隆代尔:《〈华尔街日报〉是如何讲故事的》,北京:华夏出版社 2006 年版。

〔美〕罗伯特·赫利尔德:《电视广播和新媒体写作》,北京:华夏出版社 2002 年版。

Bruce D. Tule, Douglas A. Anderson, *News Writing and Reporting for Today's Media*, Sixth Edition, the McGraw-Hill Companies, Inc, 2003.

Leiter, K., Harriss, J., Johnson, S. *The Complete Reporter*: *Fundamentals of News Gathering, Writing, and Editing*, Seventh Edition, Ally & Bacon, 2000.

后 记

山东大学文化传播学院开设了"基础新闻实务""高级新闻实务"等课程,学院安排我承担相关课程的授课任务,为了更好地满足教学所需,我撰写了这本书。

现在,我想将这本书分享给更多的新闻学专业师生和读者。

新闻学教师可以将本书作为训练学生的课本,将其作为教学参考书。

新闻传播类专业学生可使用这本书加强采访、写作、编辑、评论等业务课程的训练,此外,本书也安排了章节用于对广播电视和新媒体报道的训练。

如果时间非常紧迫,或者具有其他强烈的目的,比如考研,读者也可选择使用本书的部分内容。参加考试的同学可以重点阅读和训练标题制作、新闻导语、新闻结构、消息、新闻评论等内容。

如果时间充裕,那就系统地学习和训练,那样效果会更好!

感谢北京大学出版社武岳老师,我们虽然未曾谋面,但她依然积极地督促我修改完善了书稿,她的专业精神令我钦佩。

本书不少训练内容来自本人的新闻实践和教学工作,在成书之时,我将其加以改造,并以恰当的形式呈现给读者。对于引用和参考其他作者、其他媒体的案例,本书也做了标注,向这些同行、老师致敬,感谢他们!

感谢我曾服务过的各类媒体,这些媒体培养了我的新闻实践能力,非常宝贵。

感谢我的学生,他们是我科研和教学的动力源泉。

感谢读者朋友!读者朋友购买和阅读我的书,我必须尽最大努力为读者服务才行。我希望与读者交朋友,欢迎读者分享阅读和使用本书的体验,我希望能够和读者朋友一起创造更加完美的图书。

由于时间仓促和个人水平所限,书中难免会有缺漏和谬误,欢迎广大专家、读者不吝赐教。希望这本书能够不断刮垢磨光,日臻完善。

刘　冰(Woody)

教师反馈及教辅申请表

北京大学出版社本着"教材优先、学术为本"的出版宗旨,竭诚为广大高等院校师生服务。为更有针对性地提供服务,请您认真填写完整以下表格后,拍照发到 ss@pup.pku.edu.cn,我们将免费为您提供相应的课件,以及在本书内容更新后及时与您联系邮寄样书等事宜。

书名		书号	978-7-301-	作者	
您的姓名				职称、职务	
校/院/系					
您所讲授的课程名称					
每学期学生人数	_____人_____年级			学时	
您准备何时用此书授课					
您的联系地址					
联系电话(必填)				邮编	
E-mail(必填)				QQ	
您对本书的建议:					

我们的联系方式:

北京大学出版社社会科学编辑部

北京市海淀区成府路 205 号,100871

联系人:武 岳

电话:010-62753121 / 62765016

微信公众号:ss_book

新浪微博:@未名社科-北大图书

网址:http://www.pup.cn

更多资源请关注"北大博雅教研"